humanística

45

AINDA A QUESTÃO DA VONTADE EM SANTO AGOSTINHO
WALTERSON JOSÉ VARGAS

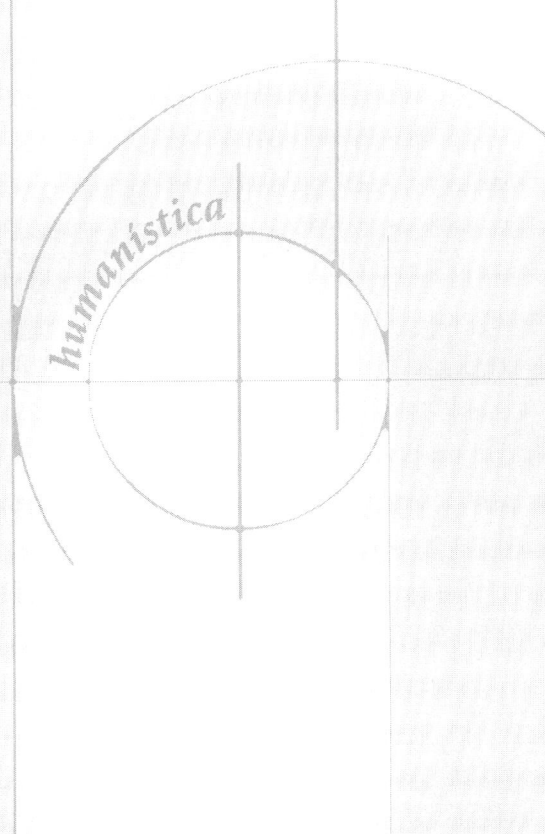

Edições Loyola

Dados Internacionais de Catalogação na Publicação (CIP)
(Câmara Brasileira do Livro, SP, Brasil)

Vargas, Walterson José
 Ainda a questão da vontade em Santo Agostinho / Walterson José Vargas. -- São Paulo : Edições Loyola (Aneas), 2025. -- (Coleção humanística ; 45)

ISBN 978-65-5504-436-2

1. Agostinho, Santo, Bispo de Hipona, 354-430 2. Vontade - Filosofia I. Título. II. Série.

25-256940   CDD-128.3

Índices para catálogo sistemático:
1. Vontade : Filosofia   128.3

Cibele Maria Dias - Bibliotecária - CRB-8/9427

Diretor geral: Eliomar Ribeiro, SJ
Editor: Gabriel Frade

Capa: Ronaldo Hideo Inoue
Diagramação: Sowai Tam
Revisão: Mônica Glasser

Projeto gráfico original da capa da coleção idealizado por Manu Santos e posteriormente atualizado por Ronaldo Hideo Inoue.

Trabalho executado com utilização de fontes BW (BibleWorks)*.

*BW (BibleWorks) PostScript® Type 1 and TrueType fonts
Copyright ©1994-2015 BibleWorks, LLC. All rights reserved.
These Biblical Greek and Hebrew fonts are used with permission
and are from BibleWorks (www.bibleworks.com).

Edições Loyola

Rua 1822 n° 341, Ipiranga
04216-000 São Paulo, SP
T 55 11 3385 8500/8501, 2063 4275
editorial@loyola.com.br, vendas@loyola.com.br
loyola.com.br, 🅵🅾🅸🅳 @edicoesloyola

Todos os direitos reservados. Nenhuma parte desta obra pode ser reproduzida ou transmitida por qualquer forma e/ou quaisquer meios (eletrônico ou mecânico, incluindo fotocópia e gravação) ou arquivada em qualquer sistema ou banco de dados sem permissão escrita da Editora.

ISBN 978-65-5504-436-2

© EDIÇÕES LOYOLA, São Paulo, Brasil, 2025

Dedico esta obra a Marina Silva,
em gratidão pela presença amiga
em todas as horas da vida, e não só nas boas,
mas especialmente nas difíceis.

Sumário

Apresentação 9

1. Onde encontrar a essência da vontade em Santo Agostinho?........ 13
   1. A essência da vontade entendida como
      busca teleológica da felicidade 16
   2. A essência da vontade entendida como liberdade 22
   3. A essência da vontade identificada pelo querer, pelo desejo 33
   Conclusão 52

2. A vontade na condição original da humanidade
segundo Santo Agostinho 59
   1. A vontade e o seu fim: a busca da felicidade 61
   2. A vontade em si mesma: querer que se duplica em não querer 72
   3. A vontade e sua forma de agir: a sua essencial
      autonomia e liberdade 85
   Conclusão 100

3. O reordenamento dos afetos pelo restabelecimento da *ordo amoris*
em Santo Agostinho 103
   Introdução 103
   1. A terminologia agostiniana sobre os afetos 105
   2. A vontade e os desejos situados no contexto mais amplo
      da metafísica agostiniana 106
   3. A vontade da criatura racional e o seu papel
      na manutenção da *ordo amoris* 112

4. As influências que Agostinho recebeu
 na compreensão dos afetos 129
 Conclusão 131

4. Análise do conceito de "liberdade" no filme
 A liberdade é azul, de Krzysztof Kieślowski, a partir
 da filosofia agostiniana 135
 Introdução 135
 1. Seria o conceito de "liberdade da vontade" o mais apropriado
   para entender a filosofia de Agostinho?
   Seria o conceito mais catalisador? 138
 2. Marco teórico para a leitura da liberdade da vontade no filme
   A liberdade é azul 148
 3. Análise do conceito de "liberdade" no filme *A liberdade é azul* 177
 Conclusão 208

Bibliografia 211

Apresentação

Entre os inícios do ano de 2014 e meados de 2017, desfrutamos de uma bolsa de pesquisa em nível de pós-doutorado na UFBA (Universidade Federal da Bahia). Devido às características específicas da modalidade dessa bolsa (PNPD – Programa Nacional de Pós-doutorado), que previa renovação anual, fomos levados a fazer vários estudos em separado, sem uma continuidade explícita. Resultaram artigos – alguns deles publicados em valorizadas revistas de filosofia –, mais que capítulos de um livro. Certa unidade de conjunto nos assuntos, no entanto, é possível advertir depois da leitura das partes. Apresentamos aqui uma parte do resultado desta pesquisa, contendo estudos reunidos sob o conceito de "vontade em Agostinho". O título escolhido (*Ainda a questão da vontade em Santo Agostinho*) pretende recordar que esse conceito é fundamental no seu pensamento, ainda que a consideração a respeito da importância e da relevância da contribuição agostiniana à história do conceito seja muito controvertida entre os comentadores.

    A obra que ora apresentamos contém quatro estudos. O primeiro e o segundo se complementam mutuamente. Ambos investigam a essência da concepção agostiniana de "vontade". No primeiro, partindo da distinção agostiniana entre os diferentes estágios da humanidade – original, decaída, redimida e bem-aventurada –, investiga-se em qual desses estados se realiza a definição da "essência da vontade"; definição essa que comporta três elementos fundamentais: desejo/querer, livre-arbítrio/ liberdade, felicidade/gozo. Ou seja, analisa-se a vontade a partir do seu fim, entendido como busca da felicidade; a partir do modo como ela busca atingir esse fim, isto é, com plena liberdade; e, finalmente, a partir da estrutura própria que o faz, que consiste na duplicação do querer em não querer. Analisa-se cada um desses elementos naqueles diferentes estágios da humanidade com base no enfoque de diversos estudiosos de Agostinho, para apresentar finalmente um parecer conclusivo resultante dessas leituras. No segundo estudo, partindo agora mais dos escritos de Agostinho que de seus comentadores, analisa-se como se encontram esses três elementos de maneira específica na situação original da natureza humana. Privilegia-se essa situação com relação às outras apresentadas (decaída, redimida e bem-aventurada), porque é somente a partir da compreensão desta que se poderão compreender as outras. Todas as outras condições da natureza humana dependem da decisão fundamental da vontade que se toma na condição original. Por isso mesmo, a conclusão a que se chega neste estudo é de que o homem recebeu originalmente uma vontade plena e íntegra, mas não plenamente realizada, e, assim, ele é chamado a trilhar uma progressiva aquisição de sua realização, o que só se daria de forma acabada em sua condição final.

No terceiro estudo, analisa-se de maneira específica um daqueles três elementos fundamentais da vontade: os afetos. Procura-se mostrar que, ainda que plenamente ancorada na tradição filosófica antiga, especialmente neoplatônica, a contribuição agostiniana ao tema não é só original, mas também consiste em marco fundamental para a evolução dos estudos subsequentes. A razão disso está em sua inserção no âmbito mais amplo da metafísica agostiniana, em que a noção de ordem, especialmente o papel da vontade nesta ordem, é determinante. Imagem da vontade divina, a vontade humana move a alma por meio de seus desejos na busca de aquisição de seus objetos de desejo. Tal movimento segue a ordem do amor, na qual só Deus, como única realidade da qual se pode fruir sem perigo de perda, pode ser amado por si mesmo. Todas as outras realidades devem ser amadas, ou mesmo usadas, em referência a essa única realidade que pode ser amada de forma absoluta. Rompida essa ordem, presente originalmente na criação, pelo pecado, faz-se necessário agora um reordenamento dos afetos pelo restabelecimento daquela ordem do amor, o que se faz pela transformação da *cupiditas* (ou seja, a "concupiscência", que é o amor do mundo como fim em si mesmo) em *dilectio* (ou seja, o "amor", aquele amor do mundo orientado para o amor do Criador).

Finalmente, no último estudo, analisa-se mais um daqueles elementos fundamentais à concepção agostiniana de "vontade": a liberdade. O ponto de partida para a análise é o magnífico filme do diretor polonês Krzysztof Kieślowski *A liberdade é azul*. Utiliza-se, como marco teórico para a análise, a leitura que Hannah Arendt faz da liberdade da vontade, partindo da natural duplicação da vontade em querer e não querer, o que se constitui em verdadeira tensão, só superável por um enfoque da vontade em sua relação com as outras faculdades da alma (memória e inteligência) e com as categorias próprias da temporalidade (passado, presente e futuro). Aliado a essas duas chaves de leitura, utiliza-se o enfoque agostiniano da *ordem do amor*, para chegar a entender que a vontade só se redime de sua natural duplicação quando se lança em ações práticas orientadas corretamente pelo amor e para o amor.

1
Onde encontrar a essência da vontade em Santo Agostinho?

Em artigo relativamente recente, Isabelle Koch, entrando no debate acerca da importância da contribuição agostiniana ao conceito de "vontade" no pensamento ocidental, chegou à conclusão de que Agostinho não deu um passo decisivo na elaboração desse conceito, mas, ao contrário, apenas revalorizou lugares-comuns da tradição filosófica grega: "Agostinho não rompe de modo algum com certo número de traços anteriores. É só na retomada de um lugar-comum das éticas antigas, aquele segundo o qual *a ação humana tem sempre como fim a felicidade*, que Agostinho se distanciará do intelectualismo moral mais ou menos forte em todas aquelas éticas"[1]. A originalidade agostiniana estaria apenas na proposição, em uma forma nova, de um conceito antigo. Estando o conceito antigo centrado no enfoque da ação da vontade orientada para um fim, ou seja, a busca da felicidade, Agostinho teria permanecido apenas no âmbito ético do conceito de "vontade", e não dado nenhum passo que significasse avanço na análise de sua estrutura,

---

1. KOCH, I., O conceito de "voluntas" em Agostinho, *Discurso* 40 (2010), 74; as várias acentuações em itálico nos textos citados em toda esta obra são nossas e têm em vista acentuar ideias que nos parecem importantes.

dos seus componentes formais, especialmente do querer livre; assim, a vontade em seu pensamento teria permanecido apenas como um "'movimento da alma inteira cujo *conceito permanece com contornos muito vagos*' e que não difere fundamentalmente do desejo ou da tendência dos quais falavam Platão, Aristóteles ou os estoicos. Querer é sempre amar, desejar, buscar atingir um *telos* que satisfaça uma falta"[2]. Ou seja, Agostinho teria subordinado completamente a perspectiva psicológica à ética e, assim, não teria contribuído para uma definição da essência da vontade. Ou melhor, a essência da vontade teria sido determinada por ele não em consideração aos seus elementos formais, mas ao fim ao qual ela tende: "*A essência do querer* [em Agostinho] *não é buscada em uma caracterização formal da vontade*, por exemplo, como poder de estabelecer fins quaisquer, ou como poder de consentimento ou recusa em face de solicitações quaisquer. *Tais capacidades formais certamente pertencem à vontade, mas não definem sua essência*; Agostinho encontra essa definição essencial na relação do querer com um fim determinado, na relação do querer com o fim universal que é a felicidade"[3].

Considerando os três elementos que compõem a definição agostiniana de vontade – querer/desejo, livre-arbítrio/liberdade, felicidade/gozo ("A vontade é um movimento da alma, isento de toda coação, dirigido a obter algo e a não perdê-lo"[4]) –, Agostinho, segundo Koch, teria privilegiado como essencial à vontade o terceiro elemento: a busca da felicidade como sua meta. Segundo ela, isso se deve ao fato de que este é o único, entre aqueles três elementos, que permanece em todas as condições da natureza humana: a original, a decaída, a redimida e a bem-aventurada: "A vontade de felicidade é, então, 'a vontade humana ela mesma', *em sua essência*, pois ela não é nem mesmo dependente de um estado histórico do querer humano; ela é a única constante, o único traço plenamente comum a todos os estados nos quais esse querer se exerce no

---

2. Ibid., 92.
3. Ibid., 84.
4. *De Duabus animabus contra Manichaeos* X,14: "Voluntas est animi motus, cogente nullo, ad aliquid vel non amittendum, vel adipiscendum".

curso da história humana"[5]. O critério utilizado por Koch para definir a essência da vontade é, portanto, o da existência do elemento definidor nos diferentes estágios da humanidade. Essa distinção de estágios segundo os quais a natureza é compreendida de forma bem diferente é, de fato, fundamental no pensamento agostiniano, de maneira a ser sempre necessário ter claro a que estado ele está se referindo para não cair em concepções equivocadas.

Na busca de uma definição da essência da vontade em Agostinho, concordamos com Koch na pertinência desse critério da análise dos elementos da vontade nos diferentes estágios da natureza humana e, por isso, o utilizaremos neste nosso estudo; mas não concordamos que Agostinho tenha privilegiado o elemento da "busca da felicidade" como seu fim e que, assim, tenha permanecido em um enfoque apenas ético da vontade, sem avançar na análise de sua estrutura psicológica. Procuraremos defender nossa tese analisando os três elementos nos diferentes estágios da humanidade. Fazemo-lo não através da leitura direta dos textos de Agostinho, mas sim através da análise de alguns autores que privilegiaram ora um, ora outro daqueles três elementos. Trata-se, é claro, de acentuações, pois ninguém nega que todos esses elementos são importantes para um entendimento da "vontade" em Agostinho. No capítulo 2 desta obra, analisamos esses três elementos em textos do próprio Agostinho, concedendo especial atenção à sua presença na condição original, que é a mais trabalhada por ele. Também é necessário deixar claro que essa distinção dos elementos é apenas formal, já que eles se encontram imbricados na vontade, de forma a um só poder ser entendido em sua relação com os outros, especialmente o "querer" em relação à "liberdade", já que se trata de ser o "querer" livre ou não. Depois de apresentar a visão de cada um dos diferentes autores na leitura de cada um dos elementos, concluiremos com uma reflexão pessoal que procura resumir o estudado mostrando como cada elemento se expressa em cada um dos diferentes estágios da natureza humana.

---

5. KOCH, op. cit., 86.

1. A essência da vontade entendida como busca teleológica da felicidade

Como acabamos de dizer, a essência da vontade em Agostinho, segundo Isabelle Koch, consiste na busca da felicidade, porque só esse elemento permanece em todos os estados da natureza humana: "A vontade de ser feliz é tão forte em nós no estado histórico da humanidade decaída que é o nosso, quanto poderá ser a vontade boa dos bem-aventurados; e ela constitui também nossa (boa) herança adâmica, que persiste em nós a despeito e com a herança nefasta da falta"[6]. Os outros dois elementos (querer e liberdade), ou seja, aquilo que seria uma definição da própria estrutura da vontade, a caracterização do seu querer, se plenamente livre ou não, não existe da mesma forma em todos os estados da natureza humana: "Uma caracterização formal do querer, como pode ser o poder dos contrários, não é um traço comum a esses três estados da vontade [Koch não considera o estado dos redimidos em nossa situação atual], porque, por exemplo, os bem-aventurados após a morte não mais o possuirão: o livre-arbítrio deles será incapaz de pecar e não se definirá então como uma capacidade de consentir ou de recusar em face de um prazer"[7]. De fato, a potência da liberdade da vontade, a sua capacidade de fazer o que quer, identificando o querer com o poder fazer, não é a mesma naqueles diferentes estados: no estado original, ela pode não pecar, ainda que houvesse também a possibilidade do pecado; no estado da queda, ela não pode não pecar, e o pecado aparece como uma necessidade inevitável; no estado da redenção, ela tem a possibilidade de não pecar pela ação da graça, mas ainda permanece a possibilidade do pecado; e, finalmente, no estado da bem-aventurança, ela não tem sequer a possibilidade de pecar.

Segundo Koch, o desejo de ser feliz é tal no ser humano que não se constitui apenas em mais uma entre as suas várias volições particulares, mas na volição fundamental que estrutura todo o conjunto de suas outras volições. É em vista da aquisição da vida feliz que o homem

---

6. Ibid., 85.
7. Ibid.

deseja cada uma das coisas particulares e tudo faz para adquiri-las em vista daquele fim último. Koch se refere a um texto de Agostinho no *A Trindade* em que ele define claramente a essência da vontade, ou a "vontade em si mesma", com referência a este fim: "*A vontade humana nela mesma* não tem outro fim senão a felicidade"[8]. A "vontade humana nela mesma" é a vontade de ser feliz, a vontade "que não tem outro fim senão a felicidade"[9]. Isso fica ainda mais claro quando se compara esse desejo com a busca de outros fins que, como a felicidade, partilham a mesma característica de universalidade, tais como a *permanência no ser* e o *conhecimento da verdade*[10]. De fato, em *O livre-arbítrio*, quando seu interlocutor, Evódio, declara ignorar se possui ou não a faculdade de querer, Agostinho em um primeiro momento tenta fazer-lhe reconhecer que tem uma vontade ao interrogá-lo sobre sua vontade de saber, isto é, de verdade; mas essa primeira tentativa fracassa. Em um segundo momento, ele desiste de fornecer uma demonstração sobre o assunto e limita-se a remeter a uma experiência íntima, imediatamente acessível: o fato de que ele quer ser feliz; fato cuja evidência pessoal é tal que basta como prova e torna impossível negar que tenhamos uma vontade:

Ag: Eu te pergunto: há em nós uma vontade?
Ev: Não o sei dizer.
Ag: E queres sabê-lo?
Ev: Também o ignoro [...].
Ag: No que te concerne, vê por ti mesmo se há em ti alguma vontade de ter uma vida feliz.
Ev: Confesso que não é possível negar que tenhamos desejo disso[11].

---

8. *De Trinitate* XI,vi,10: "Ipsa voluntas hominis, cuius finis non est nisi beatitudo".
9. KOCH, op. cit., 84.
10. É importante notar aqui a tríade das áreas da Filosofia (ser, conhecer, querer; Física, Lógica, Ética), que Agostinho herdou da filosofia grega e que, segundo Olivier Du Roy, teria influenciado de tal forma o seu pensamento a ponto de servir de chave de leitura fundamental para a sua compreensão. Ver: DU ROY, O., *L'intelligence de la foi en la Trinité selon Saint Augustin. Genèse de sa théologie trinitaire jusqu'en 391*, Paris, Institut d'Études Augustiniennes, 1966, 351-352.
11. Cf. *De Libero Arbitrio* I,xii,25. Ver também: KOCH, op. cit., 82-84.

Somente a evocação do desejo de uma vida feliz pode fornecer à vontade a consciência de possuir um desejo fundamental que contém todos os outros desejos em unidade e plenitude.

Ora, essa maneira de conceber a vontade em geral a partir do seu fim determinado, que é a felicidade, e não a partir das condições do seu querer livre, é, segundo Koch, um efeito direto da compreensão da vontade como amor que tende para uma satisfação e um repouso. Segundo ela, a vontade para Agostinho "é sempre uma *força intencional* pela qual a alma produz um esforço em vista de uma satisfação. E é pensada como *uma tensão em direção a um objeto desejado que tenta alcançar*, isto é, o qual ela tenta fruir, o prazer sendo definido precisamente como 'vontade em repouso'"[12]. Como terceira faculdade da alma, pela qual o homem é imagem do Deus que tudo criou com "medida, número e peso" (Sb 11,20), a vontade tem como papel específico impulsionar o movimento da alma para que ela se dirija de acordo com o seu peso próprio ao seu lugar específico na ordem criada. No caso do ser humano, o seu peso é o seu amor, de maneira que o amor o move em busca de aquisição de um objeto que possa preencher o seu desejo de plenitude e repouso: "A vontade é da ordem do amor, um amor que, motor de nossas ações, é ele próprio movido pelo fim que é a posse, visada à medida que nos prometemos um prazer"[13]. Não é por acaso, portanto, segundo Koch, que há uma notável sinonímia, em todos os textos de Agostinho, entre *voluntas* e amor ou *dilectio*, assim como a referência à metáfora do "peso", aplicada de igual modo ao amor e à vontade:

A *dilectio* não é senão a vontade ao desejar ou reter alguma coisa para dela fruir (*A Trindade* XIV,8). Não há nada que amemos senão pela vontade (id., ibid., XV,12). Quanto ao Espírito Santo, nada pareceu mais semelhante a ele neste "enigma" (1Cor 13,12) do que nossa vontade ou amor ou *dilectio*, que é a *vontade em seu pleno vigor*, pois nossa vontade, que está por natureza em nós, é afetada diferentemente conforme nos atraiam ou nos afastem as realidades que a envolvem ou que ela encontra (ibid., 41)[14].

---

12. Koch, op. cit., 80.
13. Ibid., 80.
14. Ibid., 80, nota 9.

A vontade, como imagem que é da terceira pessoa da Trindade, o Espírito Santo, amor fruitivo e gozoso do Pai e do Filho, move a alma humana em busca de um objeto que ela possa fruir sem perigo de perda. Assim ela encontra prazer e repouso: "O prazer é a vontade em repouso"[15]. Eis, com efeito, o objeto apropriado do desejo da vontade, o único capaz de preencher a sua busca de plenitude: Deus mesmo. Nisto consiste a felicidade do homem: "A felicidade, objeto dos legítimos desejos da natureza inteligente, comporta conjuntamente duas coisas: o gozo sem perturbação do bem imutável que é Deus, e a segurança sem nenhuma dúvida ou erro acerca da perseverança para sempre nesse gozo"[16]. A posse desse bem e a sua fruição significarão para a vontade o seu repouso (*quies*), o fim de seu inquieto (*inquies*) movimento de busca. Como isso só acontecerá plenamente na eternidade, não se pode pensar a verdadeira felicidade a não ser na eternidade. Agostinho é claríssimo em identificar "felicidade" e "eternidade"; quem quer ser feliz quer ser eterno. Ora, se é assim, é evidente que a realização da essência da vontade só pode ser encontrada na situação final da humanidade, a bem-aventurada: "O único estado no qual possuímos um repouso perfeito, uma satisfação acabada, é a *vita beata*; também a vontade, que *por essência procura o repouso*, no fundo não pode ser senão vontade de felicidade, o único estado plenamente satisfatório em que possa terminar seu percurso"[17]. O desenvolvimento de um segundo elemento na compreensão da felicidade como objeto específico da vontade por Agostinho deixa entrever, no entanto, segundo Koch (ainda que ela não o confesse expressamente), que o lugar onde se deve buscar a essência da vontade é na situação original do homem, ou, quando muito, na sua situação de redimido. Acontece que, segundo ela, nos escritos agostinianos mais maduros não basta para a definição da essência da vontade a busca da felicidade entendida como satisfação completa de

---

15. *De Trinitate* XI,v,9: "Placitum autem quieta voluntas est".
16. *De Civitate Dei* XI,13: "Beatitudinem, quam recto proposito intellectualis natura desiderat, hoc est, ut et bono incommutabili, quod Deus est, sine ulla molestia perfruatur et in eo se in aeternum esse mansurum nec ulla dubitatione cunctetur nec ullo errore fallatur".
17. KOCH, op. cit., 86.

nossas aspirações pela posse daquilo que se quer e não se pode perder, o que só seria possível na eternidade, e se apresenta como elemento também fundamental o fazê-lo através de uma vontade boa, de meios bons e justos, o que está ao nosso alcance em nossa existência mortal. Como ela bem nota, para Agostinho, o homem na atual condição deveria concentrar-se na segunda condição (ter uma vontade boa), a única que está ao seu alcance, já que a primeira só poderá realizar-se plenamente na eternidade. Dessa forma, ele teria uma vida, se não feliz, ao menos a mais perto da felicidade e a mais preparada para recebê-la[18]. Ora, a possibilidade de escolha entre a permanência na adesão a Deus, que torna possível a prática do bem, e a separação dele por uma contemplação cheia de deleite pela própria excelência e o seguinte amor das criaturas inferiores, que dá origem à má vontade, se dá, de maneira verdadeiramente livre, somente no estado original. No estado da queda, a prática do mal em lugar do bem é uma necessidade invencível, uma escravidão, pena própria para uma vontade que antes era verdadeiramente livre; e no estado da redenção, embora a prática do bem seja a possibilidade mais forte pela ação da graça que liberta a vontade, permanece ainda a possibilidade de um retorno à má vontade, já que a vontade, ainda que libertada, não o é plenamente, o que só acontecerá na eternidade. A escolha de bons meios que levem à conquista da felicidade é própria, portanto, do estado original, onde havia plena liberdade para isso; ela pode acontecer também no estado da redenção, embora ali esteja presente a possibilidade da má vontade não apenas como possibilidade, mas também como uma realidade já acontecida e com a qual o homem deve conviver e sofrer todo o peso dela. No estado final da humanidade, nem se pode falar de escolha de meios em vista de um fim, uma vez que esse fim já se encontra plenamente realizado sob a forma de posse segura (sem perigo de perda, nem hipotética, como havia na condição original) e serena (conseguida de forma espontânea, como dom da graça que penetra todos os espaços da vontade).

Quando se considera, entretanto, o primeiro aspecto do objeto de desejo da vontade, o seu fim, a felicidade, que se entende como a posse

---

18. Cf. ibid., 87-92.

segura e permanente, sem perigo de perda, do objeto desejado, então o lugar mais adequado para falar da essência da vontade parece ser o da situação final da humanidade, na qual isso se realiza plenamente, uma vez que na condição original, embora existente, estava exposto ao perigo da queda, caso houvesse uma escolha equivocada da vontade pelos bens inferiores, que não podem preencher o seu desejo de plenitude. Na situação da humanidade decaída, é evidente que isso não se realiza, pois o próprio querer relacionado ao fim está dramaticamente dividido, faltando, além disso, a liberdade do livre-arbítrio para buscá-lo. O desejo do fim, de fato, permanece na vontade, mas não mais o vigor do querer indiviso e do livre-arbítrio íntegro para colocar-se no caminho da busca de sua conquista: "Existe uma liberdade dada ao homem que permanece sempre na natureza, e é essa vontade que nos faz querer ser felizes e não podemos não querê-lo. Mas isso não basta para ser feliz, pois o homem não nasce com essa liberdade imutável do querer, pela qual possa e queira fazer o bem, da mesma forma como é inato nele o desejo da felicidade"[19]. Na situação do homem redimido, a felicidade pode ser conseguida pela ação da graça que vai unificando processualmente o querer da vontade e libertando o seu livre-arbítrio para colocar-se em sua busca, mas essa felicidade ainda não é plena e seguramente duradoura, pois está sempre exposta ao perigo de que o homem possa ceder à tentação do apego a si mesmo e aos bens inferiores, o que acontece até mesmo na vida dos santos.

O que se percebe, portanto, é que Isabelle Koch, para definir a essência da vontade, serve-se de um critério que dá conta somente do conceito agostiniano de "vontade" presente nos primeiros escritos do autor, quando a essência da vontade é identificada com o exercício do livre-arbítrio nas suas escolhas de meios que a levem à sua plena realização; pois, quando, nos escritos mais maduros de Agostinho, especialmente diante da heresia pelagiana, se faz necessário explicitar mais as condições

---

19. *Contra Iulianum opus imperfectum* VI,12: "Immutabilis autem, cum qua homo creatus est et creatur, illa libertas est voluntatis, qua beati esse omnes volumus, et nolle non possumus; sed haec ut beatus sit quisque non sufficit, nec ut vivat recte per quod beatus sit; quia non ita est homini congenita libertas immutabilis voluntatis qua velit possitque bene agere, sicut congenita est qua velit beatus esse".

de exercício dos elementos constitutivos essenciais da vontade (a sua liberdade, os seus desejos), aquilo que Koch chama de sua "caracterização formal", então o critério já não serve mais. Talvez já se possa suspeitar aqui, bem ao contrário do que sustenta Isabelle Koch, adiantando o que se trabalhará mais adiante, que o conceito agostiniano de "vontade" não seja apenas uma revalorização de lugares antigos, do âmbito da moral, através de uma retomada com sentidos novos do conceito de "felicidade", mas seja de fato uma inovação e ruptura que se dá pela formulação de um novo conceito, com uma estrutura própria, cujo fundamento é a liberdade do querer.

2. A essência da vontade entendida como liberdade

Moacyr Novaes, para definir a essência da vontade em Agostinho como a sua capacidade de autodeterminação, a sua liberdade, reporta-se de maneira clara à situação original da humanidade e, quiçá, a Deus mesmo, que a criou como parte essencial e mais elevada do homem, feito à sua imagem e semelhança. Na natureza humana originalmente criada por Deus, a vontade tem como papel que lhe é próprio e essencial o impulsionar o movimento da criatura segundo a *ordo amoris*: amar de maneira absoluta ao Criador, único ao qual não se pode perder; utilizar-se, de maneira a relacioná-las ao Criador, de todas as criaturas inferiores e mesmo das semelhantes. Para isso, ela era absolutamente livre e não se deixava determinar por nenhum elemento externo (por exemplo, uma natureza do mal, como pensavam os maniqueus) ou mesmo interno (por exemplo, a concupiscência, entendida como paixão ilícita, amor desordenado, não de acordo com a *ordo amoris*, paixão que os pelagianos pensavam existir naturalmente na condição original da natureza humana). Querer livremente era a sua essência mais íntima, uma necessidade que paradoxalmente vinha de sua própria natureza:

A vontade é *necessariamente* livre. Essa necessidade identitária não impede, mas sim fundamenta a vontade. Aquilo que pertence à natureza ocorre necessariamente; mas isso não é um obstáculo à vontade, porque diz respeito à sua identidade. A vontade *necessariamente quer*; a vontade é originária, natural e *necessariamente livre*[20].

Há, portanto, um nível de necessidade que não só não é contrário à sua essência livre, mas que também é pertinente à sua própria natureza, porque é essencial e natural a ela a necessidade de querer livremente: "É necessário que a vontade tenha livre-arbítrio, pois é da sua natureza querer por si mesma"[21]. É da natureza própria do querer que nenhum elemento se lhe oponha, externa ou internamente, determinando algo contrário a si mesmo, a não ser a sua própria ação de duplicar-se em não querer para que, tensionado pela divisão, se veja obrigado a decidir e a passar à ação. Só o querer pode determinar-se a si mesmo; sua causa não pode estar senão em si mesmo, e o não querer não pode ser outra coisa que o desdobramento interno desse mesmo querer, sem nenhuma intervenção externa. Ser causa primeira de si mesma, determinar-se a si mesma sem nenhuma intervenção causal que venha de fora é, portanto, essencial à própria vontade: "Não pode haver um querer contrário à vontade, nada pode ser causa do próprio querer senão ele mesmo. Por isso é livre o arbítrio da vontade [...]; a vontade é livre justamente porque há originariamente uma identidade da vontade consigo mesma. Há um domínio em que a necessidade não pode atingir a liberdade da vontade"[22].

Mas há outro nível de necessidade que não é pertinente à vontade, já que é contrário a ela, e por isso mesmo não existia originalmente e passou a existir somente como pena decorrente do pecado original: a necessidade do pecado. O próprio pecado passou a existir não propriamente por um exercício da vontade em seu pleno funcionamento, mas por uma distorção dele. Quando a criatura racional, por meio de sua vontade, se concentra em si mesma e se deleita com a própria excelência, afastando-se de Deus e aproximando-se avidamente das criaturas inferiores em busca de posse delas, ela paralisa o movimento que lhe

---

20. NOVAES, M., Livre-arbítrio e liberdade na condição humana, in: ID., *A razão em exercício. Estudos sobre a filosofia de Agostinho*, São Paulo, Discurso Editorial, 2007, 312.
21. Ibid., 313.
22. Ibid., 312-313.

era natural. Se é função própria da vontade impulsionar o movimento da criatura, levando-a a agir, a concentração soberba sobre si mesma significa a sua paralisação, o seu não funcionamento; só posteriormente a essa paralisação é que surge o movimento equivocado de inclinação gananciosa para as criaturas inferiores. Na verdade, ela só se movimenta de maneira equivocada em direção às criaturas inferiores, em uma dinâmica de posse e não de cuidado, porque antes se concentra soberbamente sobre si mesma, deteriorando-se; já está corrompida quando se inclina para as criaturas inferiores. Mas a paralisação do movimento, assim como o seguinte movimento desordenado, não lhe é natural, e por isso mesmo é ele que dá origem ao mal; mais que uma ação própria da vontade, segundo a sua natureza, é uma perversão dela:

> Que movimento, então, gera o mal? Na verdade, este *quase movimento* é a renúncia ao *impulso*, ou *vocação natural*, de procurar e se dirigir ao Criador. O mal consiste em a vontade voltar as costas ao rumo que deveria tomar segundo a sua natureza. Se o impulso correto pode ser qualificado como conversão, analogamente o mal será caracterizado como *perversão da vontade*, isto é, não apenas um movimento diferente, mas uma *ausência de movimento*, que ofende, que contraria a natureza dela mesma, vontade[23].

Em última instância, o mal não tem substância não apenas por consistir em uma *defecção*, na escolha do que tem menos ser, o que é possibilitado pelo fato de a criatura ter sido feita a partir do nada, mas, sobretudo, por ele ter sua origem última não em uma ação natural da vontade, em seu funcionamento normal, mas em uma perversão dela, em uma falta de funcionamento dela: "Furtar-se ao movimento natural é que consiste em pecado. O mal não é substância porque tem como origem a vontade, ou melhor, a *ausência de vontade*: à medida que, estagnada pela soberba, *não* realiza o movimento para o qual é vocacionada, a vontade se perverte e origina o mal"[24].

O principal efeito do pecado, tendo ele surgido de uma paralisia da vontade, consistiu na danificação desta mesma vontade em seu núcleo

---

23. Ibid., 293.
24. Ibid., 310.

essencial; ela não pode ser mais livre, agir espontaneamente na prática do bem; vê-se forçada a incorrer inevitavelmente em um pecado necessário; percebe o seu livre-arbítrio transformado em "servo-arbítrio": "O pecado original teve a peculiaridade de *imobilizar* completamente a vontade: ele não consiste apenas em uma ausência de movimento [...]. A soberba, 'início de todo pecado' (Sr 10,15), *imobilizou a vontade* quando deu ouvidos à promessa da serpente (Gn 3,5), a promessa de o homem vir a se tornar divino"[25]. O que o pecado original ocasionou foi uma avaria da vontade em sua própria essência; ela não pode mais mover-se segundo a sua própria natureza, mas age paradoxalmente contrária a ela mesma: "Não faço o bem que quero, faço o mal que não quero" (Rm 7,19). Agora, sim, aparece um nível de necessidade que é realmente contrário à sua essência; o querer, que deveria estar ao seu alcance, em seu poder, não está mais, e ela incorre necessariamente no que não quer, no pecado. Mas este não é o seu estado original, natural, e sim uma perversão dele: essa "necessidade é resultado da miséria de peregrinos. *Não é sua natureza que os leva a pecar: pecam porque estão exilados dela*. O livre-arbítrio que têm precisa ser *desatado* dos nós em que ele mesmo, pelo pecado original, se enredou"[26]. A vontade precisa agora ser curada em seu núcleo essencial, em seu querer livre. Na verdade, ao provocar a paralisação do exercício da vontade em sua identidade própria, o pecado original gera uma desordem na ordem criada, precisamente porque atinge aquele que é o ponto mais alto dessa ordem: a vontade livre da criatura racional; ele gera uma situação tal para a vontade absolutamente contrária à sua "*identidade transcendental*, cujo abandono e afronta constituem o pecado original. O pecado original não é meramente uma transgressão. O *orgulho* que o reveste marca a transgressão como *perversão do privilégio da vontade*, ao negar a transcendência (cujo sentido vem a ser restabelecido pela graça)"[27].

Mas esse mesmo fato de negar uma identidade que é transcendental é a condição de possibilidade de reparo e de restituição da condição

---
25. Ibid., 318.
26. Ibid.
27. Ibid., 319.

original. A vontade é danificada efetivamente pelo pecado original, mas sua natureza originária continua intacta em Deus, que a criou. A situação em que ela se encontra após a queda, a sua incapacidade de não cair no pecado, expressa apenas uma *condição* a que foi submetida, e não a sua *natureza* essencial, de maneira que há uma possibilidade de reparação: "A noção de condição permite desvincular a necessidade (do pecado) da natureza humana. Na verdade, permite também afirmar a possibilidade de reparo dessa condição; portanto, da supressão da mesma necessidade [...]. Há uma condição que, abandonada a si mesma, parece necessária. Mas, por ser condição, pode ser removida, não está na natureza"[28]. Se "a *natureza* permanece intocada, no plano da transcendência, enquanto a *condição* humana é viciada"[29], tal como se encontra na situação após a queda, então a reparação da vontade deverá consistir em uma busca de recuperação da identidade perdida, que não lhe é totalmente estranha, pois permanece inscrita ontologicamente no ser do homem e, dela, ele se recorda por uma espécie de "memória ontológica".

Ora, como em sua situação original a natureza da vontade se expressava em esquecimento de si em um direcionamento ordenado para o superior com amor e para o inferior com uso cuidadoso, e, como o pecado original começou precisamente por uma concentração equivocada sobre si mesmo, em um deleitar-se com a própria excelência, então a reparação da vontade deverá consistir na busca de volta àquele esquecimento de si: "Se a liberdade é autodeterminação, *se a liberdade é o exercício pleno*

---

28. Ibid., 308-309. Moacyr Novaes define a atual situação humana, após a queda do pecado original, como *condição*, por oposição à *natureza*, que seria a sua situação original, não danificada. Assim, ele pretende indicar que a situação da queda é passageira, não constitui essencialmente a natureza humana. Paul Ricoeur fala de uma "*quase*-natureza", para indicar quão radicalmente foi afetada a natureza humana pelo pecado original, o que seria explicado pela teoria da transmissão geracional do pecado Adâmico. Com essa teoria, Agostinho teria introduzido no centro do voluntário algo que é natural, dando origem a uma noção de culpabilidade herdada de forma natural (cf. RICOEUR, P., O "pecado original". Estudo de significação, in: ID. *O conflito das interpretações. Ensaios de hermenêutica*, Rio de Janeiro, Imago, 1978, 240-241). Talvez essa expressão de Ricoeur indique mais adequadamente a radicalidade dos efeitos do pecado original na natureza humana, de acordo com o pensamento agostiniano.

29. Ibid., 308.

da identidade [da vontade], ela só pode estar posta ali onde a natureza está preservada, lá onde a memória encontra o que perdera exatamente em razão do orgulho de querer se alçar à natureza de Deus. Sendo assim, *não é contraditório que a liberdade consista em submissão*"[30]. A liberdade da vontade, uma vez perdida e só encontrada íntegra ainda em Deus, só poderá ser readquirida por uma acolhida confiante da vontade de Deus, onde está escondida a sua própria liberdade perdida. A vontade caída só poderá reencontrar a sua identidade natural por uma saída de si, por um exercício constante de não procurar mais fazer a sua própria vontade, e sim a de Deus mesmo: "O livre-arbítrio deverá encontrar a liberdade (autonomia) numa lei que lhe é exterior, e por isso aparentemente alheia a ele (heteronomia)"[31]. De toda forma, para esse processo de recuperação da essência livre da vontade, não basta o esforço da própria vontade; ela precisa ser socorrida pela ação da graça em sua mais íntima profundidade, dilatando-a de forma a que ela espontaneamente faça o bem que deseja. Enquanto criada, ela é sempre essencialmente dependente: se na condição original era dependente do Criador, como seu fundamento, agora ela é dependente da graça do Mediador, para que seja curada[32]. Essa dependência, no entanto, não diminui em nada a sua essencial autonomia e liberdade; ao contrário, é condição de sua plena realização. Considerada em si mesma, ela é essencialmente livre, e, radicada em sua fundamental dependência, ela pode realizar essa sua natureza.

Como se pode ver, na concepção de Moacyr Novaes, a essência da vontade humana parece poder ser encontrada mais em Deus mesmo, onde está a sua natureza original enquanto concebida por Deus, do que em sua própria condição fática de natureza criada. Pareceria, portanto, que o estágio da vontade mais adequado para determinar a sua essência fosse o último, quando ela de fato estiver novamente inserida em Deus, de forma perene, totalmente identificada com o querer de Deus. Ali, com efeito, não haverá mais a possibilidade do pecado, como havia na condição original. Isso é algo que precisa ser mais analisado. De toda forma,

---

30. Ibid., 322.
31. Ibid., 335.
32. Cf. ibid., 319.

é fácil perceber que, para a determinação da essência da vontade, o enfoque de Moacyr Novaes é diferente do de Isabelle Koch: enquanto esta a define a partir do objeto que atrai o seu desejo externamente, Moacyr Novaes a define a partir de sua estrutura interna, especialmente de sua capacidade de autodeterminação, de sua liberdade. E, assim como a visão de Koch era expressão do pensamento agostiniano correspondente ao primeiro período, o de *O livre-arbítrio*, a visão de Moacyr Novaes é testemunha de uma mudança no pensamento agostiniano (encontrado, por exemplo, nas *Confissões*), que se expressa especialmente em uma diversa compreensão do mal: a pergunta "de onde vem o mal?" se transforma na pergunta "de onde vem que façamos o mal". Segundo Paul Ricoeur, essa mudança significou a passagem do enfrentamento da questão do mal metafísico (que resultou na negação da substancialidade do mal) para o enfrentamento do mal moral; significou a passagem da ontologia à ética: "Se a pergunta: *unde malum?* [de onde vem o mal] perde todo sentido ontológico, a pergunta que a substitui: *unde malum faciamus?* ('de onde [procede] o mal que fazemos?') desloca o problema total do mal para as esferas do ato, da vontade, do livre-arbítrio"[33]. A questão já não é mais a origem do mal, mas a origem da má vontade; o que precisa ser explicado agora é a própria estrutura da vontade, o seu funcionamento interno, e não apenas uma causalidade externa que a afete na origem do mal.

Quanto à liberdade da vontade, se por ela entendemos a capacidade de a vontade determinar-se a si mesma, sem impedimento de nada que se lhe interponha interna ou externamente, dificultando a sua ação livre e espontânea, então o lugar mais apropriado para determinar a sua essência parece ser o da situação original da humanidade. Ali, com efeito, a vontade pode agir com facilidade, fazendo o que quer, de maneira a identificar o seu querer ao poder fazer. Ela tem a si mesma em seu próprio

---

33. RICOEUR, P., Le mal. Un défi à la philosophie et à la théologie (1986), in: ID. *Lectures 3. Aux frontières de la philosophie*, Paris, Seuil, 1994, 211-233. Traducción Personal G. Zapata, SJ, disponível em: http://www.pensamientopenal.com.ar/system/files/2014/12/doctrina38821.pdf, 11, acesso em: 07 fev. 2025: "Si la pregunta: ¿*Unde malum?* pierde todo sentido ontológico, la pregunta que la reemplaza: ¿*Unde malum faciamus?* ('¿de dónde [proviene] el mal que hacemos?') hace tambalear el problema total del mal en las esferas del acto, de la voluntad, del libre arbitrio".

poder, determina a si mesma. O fato de ela pertencer a uma criatura que procedeu do nada não a dificultava em nada a manter-se estabilizada e ordenada na ordem criada, amando o Bem Supremo e orientando o amor pelos bens inferiores e semelhantes a si em relação àquele Bem Supremo, mas apenas oferecia a possibilidade de que houvesse um amor desordenado pelo que tem menos ser e, assim, se estabelecesse uma desordem na criação. O fato de ser movida internamente pelo desejo, concupiscência, em nada a atormentava ou condicionava, pois o desejo que ela experimentava ainda não havia sido viciado, de maneira a instaurar luta entre desejos contrários em seu interior; apenas a orientava naturalmente e serenamente a amar os bens segundo a ordem criada. O fato de ela ser prevenida pelo temor do castigo a respeito de uma possível queda provocada pela livre escolha equivocada dos objetos de seu amor, o que geraria desordem na criação, não a provocava como estímulo tentador a proceder dessa forma, pois ela era mais fortemente estimulada em seu interior pelo amor à ordem de justiça que estava inscrita em si mesma. E, em meio a tudo isso, contudo, havia a possibilidade de um amor desordenado, que se explica precisamente pelo fato de ela ser essencialmente livre e determinar-se a si mesma. Mas essa possibilidade não existia em si mesma com a mesma força ontológica que a possibilidade da manutenção da ordem criada, com o livre-arbítrio orientado naturalmente para o bem. O livre-arbítrio não se define fundamentalmente como a possibilidade de escolher entre o bem e o mal, como pensava Juliano de Eclano, mas como o poder de orientar-se espontaneamente para o bem, sem nenhuma coação. É assim que ele existe em Deus: "Atrever-te-ás a dizer que em Deus não existe o livre-arbítrio? O livre-arbítrio é um dom de Deus, não do nada. Em Deus o livre-arbítrio existe essencialmente; por isso Ele não pode pecar. Deus possui, em grau sumo, o livre-arbítrio, e, no entanto, não pode pecar"[34]. Assim ele foi comunicado à criatura como possibilidade de não pecar, mas, como a criatura procede do nada, havia também nela a possibilidade de pecar, pelo amor desordenado do

---

34. *Contra Iulianum opus imperfectum* V,38: "Tu dicere audes, Deum liberum arbitrium non habere. Dei ergo, non nihili, munus est liberum arbitrium; sed in ipso Deo summum est liberum ee arbitrium, qui peccare nullo modo potest".

que tem menos ser e caminha para o nada de onde procede. Poder pecar, entretanto, não é maior expressão de liberdade do que não poder pecar; mais livre é o livre-arbítrio quando é conduzido por Deus de forma a não poder mais pecar, tal como acontece de forma plena na condição final da humanidade e de maneira imperfeita na sua condição redimida, do que quando pode pecar, tal como ele existia na condição original: "A primeira liberdade da vontade foi a de poder não pecar; a última será muito mais excelente, a saber, a de não poder pecar"[35]. A liberdade não consiste apenas em poder fazer o que quer, mas, sobretudo, em poder fazer o que é reto segundo a ordem de justiça impressa na criação. Nesse sentido, o livre-arbítrio na condição original é pleno, porque pode fazer o que quer e pode, portanto, não pecar, mas não se encontra em sua realização última, pois existe ainda a possibilidade de poder pecar.

Parece ser, portanto, que, considerando o elemento da liberdade da vontade, o lugar mais apropriado para falar de sua essência está não tanto na condição original da humanidade, mas na sua condição final. Ali, com efeito, não existe mais a possibilidade de amar desordenadamente e de pecar. A procedência da criatura do nada, como condição de possibilidade do amor desordenado pelo que tem menos ser, terá sido superada pelo fim da morte corporal e pelo surgimento final da criatura espiritual. A liberdade da vontade não estará mais entregue ao querer livre do homem, mas será totalmente absorvida pela graça da vontade de Deus, de maneira a identificar-se espontaneamente com ela. Na verdade, a essência da liberdade da vontade consiste em submissão; ela se realiza plenamente quando se dissolve, ao integrar-se completamente na vontade de Deus. A liberdade não é extinta, mas completamente assumida em sua essência pela graça, alcançando a sua máxima realização. A verdadeira essência da liberdade é heteronomia e não autonomia, se por esta se entende independência com relação a Deus. Cumpre-se, assim, o que propõe Paul Ricoeur: que o sujeito em Agostinho se constitui em sua própria dissolução ou, mais que dissolução, em sua plena integração

---

35. De correptione et gratia XII,33: "Prima ergo libertas voluntatis erat, posse non peccare; novissima erit multo maior, non posse peccare".

no divino[36]. É interessante perceber que esse é o processo da pessoa de Cristo e de sua liberdade: sua verdadeira identidade se manifesta no aniquilamento (ou pelo menos, esvaziamento, escondimento) da natureza divina e pela completa assunção de outra natureza, a humana, que passam a formar uma única pessoa[37]. Uma vez assumida integralmente a natureza humana, a liberdade de Jesus nela consiste em identificar completamente a sua vontade com a vontade de Deus. O processo do homem parece ser o contrário: ele atinge a sua identidade integrando de tal forma a sua humanidade em Deus, de maneira a parecer formar com ele uma só coisa; o próprio querer se identifica completamente com o querer de Deus: "Já não sou mais eu que vivo, mas é Cristo que vive em mim" (Gl 2,20). O que diferencia claramente a nossa relação com Deus e a de Jesus é que nele a união das duas naturezas é hipostática, já que ele tem a mesma natureza de Deus, e nós não.

A identidade da liberdade entendida como autonomia foi precisamente o que ocasionou a queda da humanidade de sua condição original e o que faz com que na condição decaída ela nunca possa ser encontrada em sua essência. Ali, ao contrário, a sua essência é negada. O livre-arbítrio da vontade decaída não é mais livre, mas escravo, "servo-arbítrio", não pode fazer o bem a que é chamado de acordo com a sua própria natureza e se vê forçado a incorrer no mal que não quer por causa do vício que se instalou no âmago de sua natureza. A vontade passou a ser fraca como pena que recebeu pelo pecado que cometeu quando era forte o suficiente para fazer o que quisesse. Agora não tem mais o poder de determinar a si mesma, de mandar ao seu próprio querer com força imperativa. Não pode mais *agir com facilidade*, pois desejos contrários e beligerantes travam batalha em seu interior, dificultando e debilitando

---

36. Cf. BRUZZONE, A., *Hermenêutica e subjetividade, de Agostinho de Hipona a Paul Ricoeur. Três estudos sobre o si, a memória e a identidade*, Dissertação de mestrado, São Paulo, Faculdade de Filosofia, Letras e Ciências Humanas da USP, Departamento de Filosofia, 2012.

37. Albert Verwilghen demonstrou, em sua excelente tese doutoral, a importância e a centralidade do texto de Filipenses 2,5-11 na cristologia agostiniana. Cf. VERWILGHEN, A., *Christologie et spiritualité selon Saint Augustin. L'himne aux Philippiens*, Paris, Beauchesne, 1985.

a força de seu agir. Como era essencialmente heterônoma, ao se pretender autônoma e independente perde o seu substrato ontológico e cai paradoxalmente de livre a escrava (escrava de suas próprias paixões, sobre as quais perde total controle). Sem esse substrato, perdido o vínculo de adesão com aquele que era a fonte de sua liberdade, necessita agora de um mediador que a conduza de retorno à sua fonte: antes "tinha um guia, ao qual abandonou por seu livre querer, e não buscava um Libertador que a livrasse do pecado [...]. Cristo encontrou o homem com o livre-arbítrio muito fraco para poder fazer o bem, de maneira que só pela graça de Cristo a natureza humana pode ser reparada"[38].

É assim que se encontra o livre-arbítrio da vontade na condição da humanidade redimida: em processo de libertação pela ação da graça em seu próprio centro. A graça é algo que se acrescenta à sua natureza, mas não sob a forma de sobreposição a ela, como realidade distinta dela, senão, ao contrário, inspirando-a e estimulando-a desde o seu centro a que se expresse em sua máxima potencialidade de acordo com a sua própria essência. A graça não substitui o papel da liberdade da vontade, mas o inspira internamente para que seja exercido de forma cada vez mais plena; ela liberta o livre-arbítrio da vontade. Isso não significa encaminhá-la para uma situação semelhante à original, na qual, embora tivesse plena liberdade para fazer o que quisesse, estava exposta à possibilidade de agir contra a sua própria natureza, amando desordenadamente e dando origem ao império e à escravidão dos afetos desordenados. Ela é encaminhada agora em direção à meta futura, na qual sua liberdade estará tão plenamente realizada que nem mais experimentará a possibilidade de qualquer escolha que possa atormentar a paz e a ordem em que repousará. Entre a experiência do começo da redenção e esta situação final está a liberdade da vontade ainda imersa na história, submetida aos limites impostos pelas circunstâncias de todos os tipos (espaciais, temporais, psicológicas, sociais...), de maneira que existe a possibilidade de

---

38. *Contra Iulianum opus imperfectum* III,110: "Rectorem habebat, quem libero reliquit arbitrio, non liberatorem quaerebat, per quem fieret liber a vitio. [...] Christus invenit et quod arbitrii liberi infirmitatem ad agendum bonum nonnisi per Christi gratiam potest humana reparare natura".

retrocesso no seu processo de libertação e de maneira que se faz necessária uma constante renovação. Por essa razão, não nos parece ser nesta condição da humanidade que se possa encontrar a liberdade da vontade realizada em sua essência.

3. A essência da vontade identificada pelo querer, pelo desejo

Embora defina a vontade como "a faculdade de dar começo a uma ação inteiramente nova no tempo"[39], o que evidencia o seu papel fundamental de autodeterminação, de liberdade, Hannah Arendt, em suas análises sobre a estrutura da vontade em Agostinho, acentua ainda mais, no entanto, como algo que lhe é essencial, o funcionamento do seu querer, do desejo. Segundo ela, é da natureza da vontade uma duplicação interna do seu querer em não querer, de tal maneira que para haver verdadeiramente vontade é necessário que haja ao mesmo tempo, em contrapartida, uma contra-vontade: "É da natureza da vontade duplicar-se, e, nesse sentido, onde quer que haja uma vontade, há sempre 'duas vontades, nenhuma das quais é plena (*tota*), e o que falta a uma está presente na outra'. Por essa razão, são sempre necessárias duas vontades antagônicas para chegar a ter vontade"[40]. Uma vontade que fosse plena, cujo querer fosse completamente afirmativo e que não apresentasse nenhuma resistência a si mesmo, não poderia se definir como vontade: "Uma vontade que fosse 'plena', sem uma contra-vontade, já não poderia ser adequadamente chamada de vontade"[41]; "Em todo ato de vontade há um 'eu quero' e um 'eu não quero' envolvidos"[42].

Não se trata de uma divisão que diga respeito a objetos que são exteriores à vontade, como seria o caso do exercício próprio do livre-arbítrio

---

39. ARENDT, H., O querer (a vontade), in: ID. *A vida do espírito*, Rio de Janeiro, Relume Dumará, ⁴2000, 267.
40. Ibid., 255-256.
41. Ibid., 256.
42. Ibid., 252.

escolher entre meios diferentes que se lhe apresentam em vista de um determinado fim: "A faculdade da escolha, tão decisiva para o *liberum arbitrium*, aplica-se aqui não à seleção deliberativa de meios para um fim, mas principalmente – e, em Santo Agostinho, exclusivamente – à escolha entre *velle* e *nolle*, entre querer e não querer"[43]. Tampouco diz respeito a uma divisão, no interior da própria criatura racional, entre as partes que lhe conformam, como por exemplo entre o corpo e o espírito, ao qual faz referência São Paulo:

> Santo Agostinho descobriu que a interpretação que São Paulo fazia de uma luta entre carne e espírito estava errada. Pois "meu corpo obedecia mais facilmente à mais fraca das vontades de minha alma, movendo seus membros a um mínimo sinal, do que minha alma obedecia a si mesma para efetuar essa grande vontade que só na vontade pode ser realizada". Assim, o problema não estava na natureza dual do homem, metade carne e metade espírito: encontrava-se na própria faculdade da Vontade[44].

Na verdade, o corpo obedece facilmente a uma ordem da vontade porque é de um nível inferior em relação a ela, de uma constituição diferente dela: "A vontade, comandando o corpo, não passa de um órgão executivo do espírito, e, como tal, não apresenta maiores problemas. O corpo obedece ao espírito porque não possui nenhum órgão que torne possível a desobediência. A vontade, ao dirigir-se a si mesma, desperta a contra-vontade, porque o intercâmbio se dá completamente no espírito; uma competição só é possível entre iguais"[45]. Mas nem mesmo com relação às partes espirituais da criatura racional é que diz respeito essa divisão da vontade, como se houvesse, por exemplo, uma pugna entre a razão e a vontade ou do espírito todo com a vontade. O próprio Agostinho reconhece, ao recontar a experiência de sua conversão, que desde o contato com o *Hortêncio*, de Cícero, tomara conhecimento racional da existência de uma sabedoria à qual se entregar e de que, no entanto, passados já cerca de dez anos, ainda não se vira capaz de realizá-lo.

---

43. Ibid., 252.
44. Ibid., 255.
45. Ibid., 256.

Mas ele mesmo reconhece também que o problema estava não em um conhecimento incompleto ou inadequado daquela sabedoria, mas na existência nele de uma vontade fraca, dividida, que não queria com forças para ordenar a si mesma: "É 'a vontade [que] ordena que haja vontade; não uma outra vontade [como ocorreria se o *espírito* se dividisse entre vontades conflitantes], mas exatamente a mesma vontade'"[46]. Trata-se, portanto, de uma divisão da vontade consigo mesma, de uma divisão interna.

Mas a contrapartida interna gerada na vontade, a contra-vontade, o não querer, não consiste apenas em uma renúncia ao ato de vontade, um não querer/querer, e sim em verdadeira oposição, resistência, que gera uma verdadeira tensão: "Este *nolle* nada tem a ver com o querer/não querer, e não pode ser traduzido como 'eu-deixo de querer', porque isso sugere *ausência de vontade*. Nolle não é menos ativamente transitivo do que *velle*, e não é menos uma faculdade de vontade"[47]. O que acontece no interior da vontade não é um diálogo harmonioso entre partes de uma mesma faculdade, mas sim um verdadeiro conflito: "A cisão dentro da vontade é um conflito, não um diálogo, e independe do conteúdo daquilo que se quer. Uma vontade ruim não é menos dividida do que uma boa, e vice-versa"[48]. Não se trata, portanto, de atribuir valoração e qualificar a vontade como boa e a contra-vontade como má, mas sim de constatar uma divisão que lhe é natural, constitutiva. O que gera o conflito é que a vontade, por ser a faculdade que impulsiona o movimento da alma, a faculdade da ação, naturalmente ordena, e à ordem, ao preceito, responde a liberdade, também constitutiva da vontade, com resistência: "Está na natureza da vontade ordenar e exigir obediência, está também na natureza da vontade resistir a si mesma"[49]; "Isso se comprova pelo simples fato de que a Vontade fala sempre de modo imperativo: 'Tu deves querer', diz a vontade a si mesma. Somente a própria vontade tem poder para emitir semelhantes ordens, e, 'se a vontade fosse plena, não ordenaria que fosse

---
46. Ibid., 255-256; ver *Confessionum* VIII,v,10-12; viii,19-x,24.
47. Ibid., 252.
48. Ibid., 256.
49. Ibid.

vontade'"⁵⁰. Ou seja, o próprio fato de a vontade dar ordens a si mesma comprova que ela tem uma estrutura que se duplica em forma de resistência, de contra-vontade, pois só tem sentido dar ordens a alguém que de alguma forma possa opôr resistência; do contrário, o proposto não necessitaria ser apresentado sob a forma de ordem, de preceito. Gaëlle Jeanmart esclarece o significado desse transfundo jurídico que envolve a essência da faculdade da vontade. Segundo ela, o entendimento que Agostinho tem da vontade como duplicação é resultado da influência paulina em seu pensamento. Paulo, com efeito, concebe a vontade após a queda do pecado original como uma faculdade essencialmente dividida e impotente. E a causa desta impotência está no contexto jurídico em que se constitui a vontade; tal concepção aparece claramente no texto clássico de Romanos 7,7-9, onde se diz: "O que diremos, pois? É a lei pecado? De modo nenhum. Mas eu não conheci o pecado senão pela lei; porque *eu não conheceria a concupiscência se a lei não dissesse: 'Não cobiçarás'*. Mas o pecado, *tomando ocasião pelo mandamento*, operou em mim toda a concupiscência; porquanto sem a lei estava morto o pecado. E eu, nalgum tempo, vivia sem lei, mas, vindo o mandamento, reviveu o pecado, e eu morri". Segundo essa visão paulina, o desejo do homem decaído, em sentido retrospectivo, é tornado consciente por meio do preceito, da lei positiva, e ao mesmo tempo, em sentido prospectivo, é acentuado, pois é agora motivado pela atração do proibido. Querer não é outra coisa que "ser tentado pela transgressão de uma norma jurídica"⁵¹; "querer é, em primeiro lugar, poder desobedecer, é o caminho do pecado, da resistência à vontade divina. *Basta apenas desejar* [a concupiscência]: *a vontade própria do homem e, portanto, a má vontade, se exprime no desejo* [na concupiscência]. A falta não é somente o desobedecer, mas o já ser tentado"⁵². O que produz a duplicação do querer na vontade, fazendo com que este

---

50. Ibid., 255-256.
51. JEANMART, G., La dramatique de la volonté chez Augustin, *Philosophique*. Annales Littéraires de l'Université de France-Comté 8 (2005), disponível em: http://phi losophique.revues.org/100, 3: "Vouloir, ce n'est pas d'abord autre chose que penser ou sentir, c'est être tenté par la transgression d'une règle juridique", acesso em: 07 fev. 2025.
52. Ibid., 2: "Vouloir, c'est d'abord pouvoir désobéir, c'est la voie du péché, de la résistance à la volonté divine. Convoiter suffit: c'est déjà la volonté propre et donc mauvaise

se transforme em não querer, e surja assim a contra-vontade, é o fato de que o conteúdo a ela apresentado o seja feito sob a forma de ordem, de preceito, já que ao mandado corresponde a tentação da transgressão:

O "tu queres" da Lei, seu imperativo moral, implica uma escolha: "Eu quero" ou "eu não quero", "eu obedeço" ou "eu não obedeço". *O que a lei produz, e não existia anteriormente, é a existência de uma vontade* que só é própria do homem porque se baseia na possibilidade da transgressão [...]. A vontade é um conceito nascido de uma "juristização" da relação do homem com Deus, totalmente ausente do mundo grego[53].

No pensamento grego, com efeito, segundo Jeanmart, não há propriamente uma divisão da vontade consigo mesma, mas apenas uma luta entre a razão e a vontade, na qual a razão tem o papel preponderante, pois é ela que deve submeter e ordenar os desejos que vêm, muitas vezes, totalmente desordenados, da vontade:

O problema da vontade não é mais o do autocontrole e do controle das paixões pela razão – como submeter a potência apetitiva da alma à ordem do logos para *desejar de forma adequada e de acordo com a razão?*, questão que anima de maneira exemplar a filosofia de Platão e Aristóteles –, mas é o da resistência à tentação – *como a vontade poderia se ordenar a si mesma para não mais desejar?* Os cristãos forjam uma distinção que não existia anteriormente entre "sucumbir à tentação" e "perder o controle de si"[54].

---

de l'homme qui s'exprime dans la convoitise. La faute, ce n'est pas seulement de désobéir, c'est déjà d'en être tenté".

53. Ibid., 2-3: "Le 'tu voudras' de la *Loi*, son impératif moral, implique un choix: 'je veux' ou 'je ne veux pas', 'j'obéis' ou 'je n'obéis pas'. Ce que la loi produit et qui n'existait pas auparavant, c'est l'existence d'une volonté qui n'est propre à l'homme que parce qu'elle repose sur la possibilité de la transgression. [...] La volonté est un concept né d'une judiciarisation du rapport de l'homme à Dieu, si absente dans le monde grec".

54. Ibid., 3: "Le problème de la volonté n'est plus celui de la maîtrise de soi et de la maîtrise des passions par la raison: comment soumettre la force appétitive de l'âme à l'odre du *logos* pour désirer adéquatement et raisonnablement? – question qui anime exemplairement la philosophie de Platon et d'Aristote –, c'est celui de la résistance à la tentation: comment la volonté pourrait-elle s'ordonner à elle-même de ne plus désirer? Les chrétiens forgent une distinction qui n'existait pas auparavant entre 'succomber à la tentation' et 'perdre le contrôle de soi'".

O que está em questão, de fato, no pensamento grego sobre a vontade é, sobretudo, o controle de si por meio do domínio da razão sobre a vontade. Aristóteles, por exemplo, através do conceito de *proairesis*, pensou uma atividade mediadora entre a razão e a vontade, segundo a qual se escolheria ordenadamente, de forma racional, os meios em vista de um fim que se deseja; o que resulta dessa escolha pode-se dizer que seja fruto, ao mesmo tempo, de um "intelecto desejante" e de um "desejo razoante"[55]. Também para Epiteto, e toda a filosofia estoica, o que se pretende por meio da atividade da vontade é a conquista de um equilíbrio e estabilidade que ponha fim ao caráter naturalmente conflituoso do desejo. Para ele, no entanto, a estabilização só pode ser adquirida através de uma adequação do querer ao que é possível, ao que está em nosso poder: "Para Epiteto, o problema do homem consiste em *estabilizar* e *controlar* o que depende dele, o que está em seu poder"[56]. Como o grande desejo do homem é ser feliz, a felicidade deve consistir em 'viver como se quer'. Sendo isso impossível, para o estoico a solução está em "reduzir o querer ao real poder: 'Querer o que se pode, já que não se pode o que se quer', conseguindo, assim, uma felicidade que se pode definir, se se quer, como *ridenda* ou *miseranda*"[57].

Para Agostinho, o conflito não está somente na relação entre vontade e razão, nem consiste somente em uma adequação do seu desejo com o que lhe é possível conquistar; ele se detém a analisar essa estrutura impotente da vontade, a sua incapacidade de identificar o seu querer com o poder de fato de realizá-lo: "Não se trata mais de autogovernar a vontade, mas de saber como 'pode o livre-arbítrio resistir e depender inteiramente de si se não receber uma suficiente ajuda divina'"[58]. Se em um primeiro

---

55. Cf. Sciuto, I., La volontà del male tra libertà e arbitrio, *Studia Ephemeridis Augustinianum* (1995), 125.

56. Ibid., 115: "Il problema dell'uomo, per Epitteto, consiste nello stabilire e controllare ciò che dipende da lui, ciò che è in suo potere".

57. Ibid., 115: "Riduce il suo vollere al suo reale potere: 'Allora vuole ciò che può, perché non può ciò che vuole', conseguendo cosi una *beatitudo* che si può definire, a piacere, o *ridenda* o *miseranda*".

58. Ibid., 116: "Non se trata più di autogovernare la volontà, ma di sapere 'como può il mio libero arbitrio resistere e depindere interamente da me se non riceve um sufficiente aiuto divino'".

momento de seu pensamento, na época da obra *O livre-arbítrio*, analisando a relação da vontade com os objetos de seu desejo, exteriores a ela mesma, afirmara a potência da vontade, capaz de livremente subverter, contando unicamente com suas forças, a ordem criada, agora, voltando para a análise de si mesma, descobre-se impotente, incapaz de fazer identificar o seu "querer" com o "poder" de fato de realizá-lo. Não há mais uma identidade entre *velle* e *posse*, e isso, precisamente, porque entre os dois se interpõe um *nolle* que introduz um estado conflituoso aparentemente insolúvel. No primeiro período, de *O livre-arbítrio*, o poder da vontade parecia evidente porque a reflexão se limitava ao simples fato de querer, ao exercício concreto do ato volitivo. Agora, ao contrário, relatando a própria experiência, nas *Confissões*, o pensamento reflete sobre esta experiência de querer: "Neste se pensar querente, a vontade torna-se objeto do pensamento e perde aquele poder sobre si que, considerando o puro ato de querer, parecia evidente. Aqui, pode-se dizer que 'a liberdade se priva de si mesma'. O conceito de 'vontade livre', portanto, surge com Agostinho *sob o signo de uma essencial contradição*"[59]. Trata-se da contradição entre o dever, expresso por uma lei que ordena sob a forma de preceito, e o querer, que, por uma dinâmica natural de resistência ao que é mandado, duplica-se em não querer, impossibilitando poder realizar o que é mandado; trata-se de um "contraste racionalmente insolúvel entre o *dever* obedecer à lei e a autocontradição da vontade, que não sabe, ou, ainda, que não *pode*, opor-se ao que não *quer*"[60]. Segundo Sciuto, é nesse contexto jurídico do querer da vontade, interposto entre o dever representado pelo preceito e o poder realizar o objeto de seu desejo (impossível na condição atual da queda), que nasce de forma original o conceito agostiniano de "vontade": "Podemos talvez dizer que nessa determinação do conflito essencial entre dever e poder se encontra o nascimento

---

59. Ibid., 114: "In questo pensarsi volente, la volontà diventa oggetto del pensiero e perde quel potere su di sé che sembrava, considerando in puro atto, evidente. Qui, si può dire, 'la libertà si priva di se stessa'. Il concetto di volontà libera, quindi, sorge con Agostino sotto il segno di una essenziale contradizione".
60. Ibid., 113: "Contrasto razionalmente insolubile tra il *dovere* di seguire la legge e l'autocontraddizione della volontà che non sa, anzi non *può*, opporsi a cio che non vuole".

do conceito de 'vontade', que, desconhecido do mundo grego, se tornará próprio da tradição ocidental"[61].

Tal identificação entre dever, querer e poder no interior da vontade só era possível ao homem em sua condição original, anterior ao pecado. E isso acontecia porque, segundo Jeanmart, não havia ainda uma "vontade própria", já que natural e espontaneamente o querer da vontade humana se identificava com o dever expressado pelo mandamento, que, por sua vez, expressava a vontade de Deus. É como se na condição original a vontade não possuísse desejo, pois este, mais que como falta, era experimentado como plena fruição e gozo. Jeanmart refere-se a um texto de Agostinho, em *A Cidade de Deus*, no qual ele estabelece uma distinção entre *gozar*, que seria próprio da condição original, e *desejar*, que seria expressão do querer da vontade após a queda, exposto à falta e ao medo da perda. Segundo ele, Adão e Eva viviam no paraíso em um estado de perfeita tranquilidade que os tornava estranhos a todo desejo e a todo medo; eles gozavam, em um puro presente, os benefícios da terra que Deus lhes tinha dado: "E desse amor nascia uma grande alegria, porque tinham sempre presente, para o gozarem, o objeto do seu amor (*A Cidade de Deus* XIV,x)"[62]. Não havendo desejo, em face do qual se instaurasse o contra-desejo, não se pode dizer que na condição original houvesse uma duplicação da vontade: "Agostinho concebe que antes do pecado *a lei de Deus impunha naturalmente sua necessidade e não suscitava nenhuma resistência*: obedecia-se a ela como os corpos obedecem à lei da gravitação universal (um querer necessário, sem liberdade e sem contingência)"[63]. A obediência ao mandado e a identificação do querer com o dever eram de tal forma espontâneos, pela ação da graça na

---

61. Ibid., 113: "Possiamo forse dire che in questa determinazione del conflitto essenziale tra dovere e potere si trova la nascità del concetto di volontà che, ignoto al mondo greco, diventerá proprio della tradizione occidentale".
62. *De Civitate Dei* XIV,10; citado por JEANMART, op. cit., 10: "Et ex hoc amore grande gaudium, non desistente quod amabatur ad fruendum".
63. Ibid., 10: "Augustin conçoit qu'avant le péché, la loi de Dieu imposait naturellement sa nécessité et ne suscitait aucune résistance: on y obéissait alors comme les corps obéissent à la loi de la gravitation universelle (un vouloir nécessité, sans liberté et sans contingence)".

vontade, que não se pode falar ali propriamente de duplicação da vontade. Jeanmart deixa entrever, no entanto, a possibilidade de que haja na condição original aquela duplicação essencial da vontade a que se refere Arendt, quando menciona o fato de que após a queda experimenta-se aquela tensão original sob a forma de divisão interna e frustração do desejo[64]. Na verdade, porém, só se pode falar em duplicação do querer em sua concepção se por ela se entender uma espontânea e natural identificação do querer com o dever. A essência da vontade, para Jeanmart, não consiste tanto na duplicação do querer, mas na espontânea obediência à vontade de Deus. Havia na condição original um suporte ontológico da vontade, segundo o qual ela estava como que diluída na vontade de Deus, identificando naturalmente a "vontade própria" com a "vontade de Deus". Na verdade, a vontade humana original não era própria; em seu estatuto ontológico próprio, ela não era autônoma, se por autonomia entendemos independência (pois ela dependia totalmente de Deus, seu livre querer se identificava com o dever); somente após a queda ela passa a ser experimentada como autônoma, independente, em meio à dor de não conseguir identificar querer e dever. Para que isso ocorresse, então, seria necessário passar de um "estado de natureza" a um "estado de direito": "Sem a lei de Deus, não há transgressão, nem falta, portanto. Para que houvesse a falta, era necessário passar de um *estado de natureza* a um *estado de direito*. Era necessário que houvesse uma lei. A origem divina desta lei não interrompe uma concepção estritamente jurídica do direito segundo a qual uma lei se erige sempre sobre a possibilidade (ou mesmo o fato) de sua transgressão"[65]. Originalmente, com a natureza ainda não corrompida pelo vício, a vontade humana era naturalmente boa, sendo seu "desejo" plenamente realizado, como fruição, e ela não experimentava em seu interior nenhuma luta sob a forma de combate; é o abandono de seu suporte ontológico que dá origem à vontade própria, autônoma, que

---

64. Cf. ibid., 16.
65. Ibid., 2: "Sans la loi de Dieu, pas de transgression, donc pas de faute. Pour qu'il ait faute, il faut sortir d'un état de nature vers un état de droit. Il faut une loi. L'origine divine de cette Loi n'interrompt pas une conception proprement juridique du droit selon laquelle une loi s'érige toujours sur la possibilité (ou même le fait) de sa transgression".

se experimenta carente em seu desejo e dolorosamente dividida em seu interior: "Por *natureza*, o homem é um ser bom, *sem vontade própria*, sem tentação, *sem desejo*; mas *historicamente* ele não tem nada mais a fazer para ser bom a não ser combater os seus desejos concupiscentes e a tentação permanente que o instiga a deixar a sua vontade própria se separar do seu suporte ontológico e errar dolorosamente"[66].

Após a queda, portanto, perdida a espontaneidade da identificação do querer com o dever subjacente ao preceito, a busca de resolução do conflito instaurado no interior da vontade passa a ser tarefa árdua, que supõe muito esforço. Essa é a visão de Jeanmart; segundo ela, após a queda, ocorre uma inversão na duplicação natural da vontade: o querer natural não é mais expressão do dever, da vontade de Deus, mas daquilo que é o mais fácil, e o contra-querer passa a ser a resistência que se deve opor a essa tendência natural a buscar o mais fácil e aparentemente mais prazeroso. A oposição passa a ser entre as tendências naturais de uma humanidade decaída e os ideais que representam os vestígios ainda presentes de uma humanidade original. "Podemos dizer que a atração mais forte é sempre do lado das tendências naturais. Comparado a isso, o impulso ideal aparece como uma pequena voz insistente que deve ser artificialmente reforçada para que possa prevalecer."[67] Em todo ato humano que envolve de alguma forma uma escolha, há, portanto, uma espécie de voluntário inadvertido, que consiste na escolha um tanto inconsciente do que é mais fácil e prazeroso, que aparece como uma tendência natural. Na linha de Paulo, segundo Jeanmart, Agostinho transforma o querer voluntário consciente como um contra-querer esforçado, resultado de uma vontade que procura manter controle de si mesma, opondo-se ao que naturalmente se lhe apresenta como mais fácil: "Querer retamente é resistir à tentação, é sempre escolher o caminho ao qual se resiste e,

---

66. Ibid., 4: "De nature, l'homme est un être bon sans volonté propre, sans tentation, sans désirs ; mais par histoire, il n'a rien d'autre à faire pour être bon qu'à combattre ses désirs concupiscents et la tentation permanente qui l'anime de laisser sa volonté propre se détacher de son support ontologique et errer douloureusement".
67. Ibid., 12: "On peut donc dire que l'attraction la plus forte se trouve toujours du côté des tendances naturelles. Par comparaison à cela, l'impulsion idéale apparaît comme une petite voix insistante que l'on doit renforcer artificiellement pour la faire prévaloir".

portanto, do desprazer. Estamos longe de toda a moralidade hedonista para ficar com uma moral do esforço"[68]. O natural não é mais aquele suporte ontológico que sustentava a vontade como que diluída na vontade divina, obedecendo-a livre e espontaneamente, mas uma vontade atormentada pelos desejos naturais que a inclinam naturalmente para o mais fácil e prazeroso, desejos aos quais ela deve reagir com resistência e oposição: "Eu não sou apenas esse *conatus* de maneira puramente imanente, *há uma duplicação*, eu me vejo como *conatus* e, sobretudo, como alguém que deseja [...]. [Há agora] um querer empreendido numa relação consigo mesmo que implica também uma particular referência a si mesmo sob a forma de esforço, de maneira que querer é muitas vezes e em primeiro lugar, para Agostinho, *se esforçar*"[69].

Tão acentuado voluntarismo não parece ser, no entanto, em nossa visão, o aspecto mais acentuado por Agostinho na recuperação da vontade, depois de ter sido ela viciada em sua essência original. Parece-nos que ele acentua muito mais a ação da graça na vontade, que a dilata de forma a tornar possível uma espontânea e fácil identificação do seu querer com o que é mandado por Deus, do que a busca esforçada da autossuperação da vontade. Não se trata tanto de a vontade esforçar-se por tornar-se livre, mas, antes, de ser libertada; é o que vai ficando cada vez mais claro para Agostinho no seu enfrentamento da heresia pelagiana[70]. Hannah Arendt percebe bem este acento agostiniano ao propor que a redenção da vontade se dê por uma transformação sua em amor. Em um primeiro momento, porém, ela identifica a solução da duplicação tensa entre querer e não querer no interior da vontade através da ação, qualquer que seja ela: "A redenção vem do ato que [...] interrompe o conflito entre o *velle* e o

---

68. Ibid., 13: "Vouloir droitement, c'est résister à la tentation, c'est toujours choisir la voie de ce qui résiste, et donc du déplaisir. Nous sommes bien loin de toute morale hédoniste pour séjourner dans une morale de l'effort".
69. Ibid., 10: "Je ne suis pas simplement ce *conatus* de manière purement immanente, il y a un redoublement, je me vis comme *conatus* et surtout comme avoir à désirer. [...] Un vouloir empris dans un rapport à soi qui implique aussi un rapport à soi particulier qui est un rapport d'effort à soi de sorte que vouloir, c'est souvent et tout d'abord pour Augustin *s'efforcer*".
70. Cf. Sciuto, op. cit., 120.

nolle [...]; em outras palavras, a vontade é redimida cessando de querer e começando a agir, e a interrupção não pode se originar de um ato de querer/não querer, pois isso já seria uma nova volição"[71]. A solução não está, portanto, em um nível teórico, em que se perpetuasse a dúvida e a contenda entre querer e não querer, mas em um nível prático, em uma decisão e escolha que leve inevitavelmente à ação. É só assim que, segundo Sciuto, se pode entender que, no momento mais alto da crise de Agostinho, que o leva à conversão, um texto aparentemente banal da carta de Paulo aos Romanos seja capaz de convencê-lo a mudar de vida:

> Estas palavras são convincentes e resolutivas porque deixam de lado totalmente a questão da *solução*, e, em vez disso, se limitam a dar *resposta*, mais precisamente, se empenham a dar uma resposta consistente ao apelo a *agir* de modo bom. Só neste sentido, e por este motivo, o passo resulta iluminador: não se trata de resolver um conflito que é insolúvel, mas de responder empenhando-se na ação [...]. Da contradição em que se encontra a vontade só se pode fugir *praticamente*, ou seja, com a ação[72].

É só por uma substituição do "não querer", que se opunha duplicado ao "querer", por um "fazer" que a vontade põe fim à sua natural inquietude e repousa serenamente, como que se desfazendo na realização de si mesma, já que vê o seu desejo realizado: "Qualquer volição [...] anseia por seu fim, o momento em que o querer algo terá se transformado em fazê-lo [...]; a inquietação preocupada da vontade só pode ser apaziguada por um 'eu-quero-e-faço', isto é, por uma interrupção de sua própria atividade e liberação do espírito de sua dominação"[73].

Arendt é muito mais enfática, porém, em afirmar que para a redenção da vontade não basta apenas que ela se lance à ação, mas que essa

---

71. ARENDT, op. cit., 261.
72. SCIUTO, op. cit., 119: "Quelle parole sono convincenti e risolutive perché lasciano perdere del tutto la questione della *soluzione*, mentre si limitano invece a dare una *risposta*; più esattamente, una risposta consistente nell'invito ad *agire* in modo buono. Soltanto in questo senso, e per questo motivo, il passo resulta illuminante: non si tratta di risolvere un conflitto che è irresolubile, ma di rispondere impegnandosi nell'azione. [...] Dalla contraddizione in cui si trova la volontà si possa uscire solo *praticamente*, cioè con l'azione".
73. ARENDT, op. cit., 214.

ação consista em amor. Agostinho teria chegado a essa solução somente em um terceiro momento na conceituação da vontade, o da obra *A Trindade*. Depois de concebê-la íntegra e livre na condição original, potente para dar origem por si mesma ao mal, no período de *O livre-arbítrio*, e de tê-la contemplado impotente e dividida em seu próprio interior, tendo o seu querer duplicado em um não querer, no período de *Confissões*, ele agora a vislumbra no conjunto das faculdades da alma como a sua faculdade unitiva. O amor é, com efeito, a realidade mais apropriada para unir realidades distintas e para fazê-lo de forma harmoniosa: "A vontade – vista em seu aspecto operatório e funcional como um *agente de união*, de *ligação* – pode também ser definida como Amor (*voluntas: amor seu dilectio*), pois o Amor é obviamente o agente de ligação de maior êxito"[74]. De fato, é somente a partir da obra *A Trindade*, onde a vontade é concebida não isoladamente, mas em conjunção com a memória e a inteligência, e precisamente com a função específica de união das outras duas faculdades, é que Agostinho começa a entrever essa possibilidade de superação daquela duplicação constitutiva da vontade. Essa função de unidade, a vontade já a exerce no interior da própria Trindade: no amor "há novamente três coisas: aquele que ama, aquilo que é amado e o Amor [...]. [O Amor] é certa vida que liga [...] duas coisas: aquele que ama e aquilo que é amado"[75]. Em sua fonte originária, o amor é a terceira pessoa da Trindade, o Espírito Santo, que une harmoniosamente duas pessoas distintas, o Pai e o Filho, o amante e o amado. Da mesma forma, na alma, em sua parte mais elevada, a *mens*, onde o homem é imagem e semelhança de Deus, é a vontade que unifica as outras duas faculdades. Nos livros IX-XI de *A Trindade*, e depois nos livros XII-XIV, Agostinho trata de mostrar esse papel unitivo da vontade, primeiramente no que diz respeito às realidades exteriores e inferiores, no conhecimento sensível, e depois no conhecimento de realidades superiores e interiores, no conhecimento de si mesma e de Deus. Em ambos os casos, é "a vontade [que] diz à memória o que reter e o que esquecer; diz ao intelecto o

---

74. Ibid., 261.
75. Ibid.

que escolher para o entendimento. A memória e o intelecto são contemplativos e, sendo assim, são passivos; é a vontade que os faz trabalhar e que, ao final, os 'reúne' [...]; através de uma dessas faculdades, a vontade, as três são forçadas a formar uma unidade"[76]. É função específica da vontade na alma impulsionar o seu movimento, levá-la a agir, e ela cumpre esse papel de um modo a que se chegue a uma unidade harmoniosa. Essa redenção da vontade dividida através do amor não consiste tanto em que a vontade aja com amor, mas em que ela mesma se transforme em amor. Não consiste em algo que lhe venha de fora, mas que aja nela mesma potencializando ao máximo as suas capacidades, devolvendo-lhe a capacidade originária de identificar espontaneamente o seu querer com o que é preceituado pela vontade divina. Trata-se de algo que lhe é infundido em sua mais profunda interioridade, concedendo-lhe a capacidade de cumprir o que é mandado. Assim é que se deve entender a famosa máxima agostiniana: "Dá o que manda, e manda o que quiseres!"[77]. Embora Hannah Arendt diga explicitamente que esse amor que redime a vontade não seja propriamente a graça, parece-nos evidente que em Agostinho é só a ação sobrenatural de Deus na vontade pela graça que a pode transformar internamente, fazendo com que ela passe de uma vontade dividida em desejos contrários a uma vontade unificada pela força do amor[78]. Dessa forma, parece realizar-se o que era preconizado por Jeanmart: o desejo é transformado em amor, a posse do objeto de desejo transforma a falta em fruição e o desejo é extinto. De fato, diferentemente "da vontade e do desejo, o amor não se extingue quando alcança o seu objetivo, mas sim possibilita ao espírito permanecer *imóvel* para poder *desfrutá-lo*"[79]. Esse desfrutar imóvel não pode ser

---

76. Ibid., 259.
77. *Confessionum* X,xxix,40: "Da quod iubes et iube quod vis!".
78. "É claro que Santo Agostinho também precisava de alguma forma de redenção da vontade. A graça divina não poderia servir, uma vez que ele descobrira que a fragmentação da vontade era a mesma tanto para a má quanto para a boa vontade; é um tanto difícil imaginar a graça de Deus decidindo se devo ir ao teatro ou cometer adultério" (ARENDT, op. cit., 258); "A cura da vontade, e este é um ponto decisivo, não advém da graça divina" (ibid., 256). Em nossa opinião, Agostinho identifica o amor implicitamente com a graça de Deus, ainda que esta não seja reconhecida explícita e conscientemente como tal.
79. ARENDT, op. cit., 261.

realizado pela vontade mesma, já que ela é essencialmente a faculdade da ação, que impulsiona o movimento da alma; só mesmo se extinguindo, ou melhor, *transformando-se* de "desejante" em "gozante", passando da experiência da carência à da satisfação, a vontade pode ser redimida; ela se redime extinguindo-se: "A vontade não é capaz de realizar esse desfrutar imóvel [...]; é este o motivo pelo qual a vontade não está jamais satisfeita, 'pois a satisfação significa que a vontade está em repouso', e nada – e certamente nunca a esperança – pode apaziguar a inquietação da vontade"[80]. É só por essa razão que o amor pode realizar plenamente a vontade, já que o que ela busca essencialmente em seu desejo é a posse sem perigo de perda, e isso só é possível a algo que permaneça eternamente: "O que o Amor produz é a duração, uma permanência da qual o espírito seria, de outra forma, incapaz [...]; *o amor é uma espécie de vontade duradoura e livre de conflitos*"[81]. Mas o fim do conflito, que vem da duplicação, consiste ao mesmo tempo na extinção da vontade ou, então, em sua plena realização. Isso é o que ainda precisa ser elucidado.

Hannah Arendt, com efeito, em um primeiro momento, dá a entender que a vontade, por constituir-se essencialmente em querer, desejo que busca a posse de um objeto como fruição, sem perigo de perda, ao chegar a este fim, o que ocorre precisamente quando ela verdadeiramente ama, então deixa de existir: "A vontade, *entendida basicamente como desejo*, termina quando se toma posse do objeto desejado, e a noção de que 'a vontade é exaltada quando está de posse daquilo que quer' é simplesmente uma inverdade – este é precisamente o momento em que a vontade deixa de querer"[82]. Mas Arendt esclarece, no entanto, que a vontade deixa de existir enquanto desejo, pois este se vê realizado na fruição da posse do objeto desejado, mas não enquanto faculdade que subjaz a esta transformação. O desejo se transforma em fruição justamente porque a vontade se transforma em amor. Arendt recorda Tomás de Aquino, que, por oposição a Agostinho – para quem o fim último do homem, mais que o conhecimento de Deus, era a sua posse pelo amor,

---
80. Ibid., 262.
81. Ibid.
82. Ibid., 278.

47

"uma *união livre de desejos* e inseparável da criatura com seu Criador"[83] –, afirmava que o fim último do homem é a contemplação de Deus pelo intelecto, e não um ato da vontade. E isso porque, segundo ele, amor e posse são coisas diferentes: o amor é imperfeito antes de possuir o fim e perfeito depois de ter tomado posse dele, mas "um amor sem desejo é impensável"[84]. Assim, o que move a vontade, como seu fim, é o desejo da contemplação final de Deus, atividade do intelecto, que move a vontade como o amado move o amante. O fim último do homem, que só pode ser passivo, a contemplação, é atividade do intelecto, pois este é um "poder passivo e tem a primazia sobre a vontade não só porque 'apresenta um objeto ao apetite', sendo assim anterior a ele, mas também porque sobrevive à vontade, que se extingue, de certo modo, quando alcança o objeto"[85]. A vontade, como faculdade ativa e desejante, movida pela carência do objeto desejado, se extingue quando toma posse do objeto; o intelecto, como faculdade passiva, não. Para Tomás, o que se espera para a condição final do homem é *"um deleite que põe em repouso a vontade*, de modo que o fim último da vontade, vista em referência a si mesmo, seja *deixar de querer – atingir, em suma, o seu próprio não ser* [...]; isso implica que toda atividade, já que seu fim jamais é alcançado enquanto é ativa, ambiciona finalmente a sua própria autodestruição; os meios desaparecem quando o fim é alcançado"[86]. Finalmente, o que se espera é a contemplação passiva de Deus. Podemos dizer que Tomás, analisando a vontade em comparação com o intelecto, e não em sua estrutura interna, como faz Agostinho, acaba por pensar uma espécie de fim da vontade quando ela atinge finalmente o objeto desejado na vida eterna. Para Agostinho, ao contrário, a realização do desejo, como fruição e gozo, não é o fim da vontade, mas a sua realização; ela continua existindo, ainda que transformada. É essa a leitura que Arendt faz de Agostinho: a "'felicidade' última do homem não pode ser a simples 'passividade'. O Amor pôde ser invocado para redimir a vontade porque ainda é ativo,

---

83. Ibid., 277.
84. Ibid., 278.
85. Ibid.
86. Ibid., 279.

embora sem inquietude, sem perseguir um fim ou ter medo de perdê-lo"[87]. Ao transformar-se em amor, a vontade não deixa de ser vontade, apenas se realiza; seu desejo se transforma em fruição. Que a vontade se realize transformando-se e, em certo sentido, extinguindo-se, faz parte, então, de sua essência. Esse aspecto é, como vimos, muito acentuado por Jeanmart. Para ela, a realização da essência da vontade acontece quando ela se dilui na vontade de Deus, quando renuncia a toda forma de vontade própria, de autonomia, e se afirma na vontade de outro, na heteronomia. Essa é a sua consistência ontológica original, que é perdida com o pecado original e cuja recuperação é a tarefa da vontade em sua restauração. É o que expressa Agostinho quando descreve o seu processo de conversão: "Tudo estava em não querer o que eu queria, mas em querer o que Vós queríeis"[88]. Mais do que em duplicação, portanto, a essência da vontade estaria na obediência. Não por acaso, como acentua o próprio Agostinho, foi dado ao homem originalmente não mais que um preceito, encarecendo, assim, a obediência, primeira e mais importante das virtudes[89]. Por isso mesmo, a tentação da desobediência, por meio da busca da autonomia, era a duplicação fundamental que, segundo Jeanmart, dava origem à própria vontade.

Considerando, portanto, o querer da vontade, se é verdade que é essencial a ela que o seu querer se duplique em não querer, como condição de que assim ela ponha a alma em movimento, em busca da aquisição do que deseja, então parece que o lugar mais apropriado para falar de uma realização da vontade seja a situação original da humanidade. Ali, com efeito, se dá a mais original duplicação do querer, quando ele ainda é capaz de fazer o bem que quer e quando, agindo assim, não fazia mais que realizar o movimento que lhe era natural, devido. Havia, entretanto, a possibilidade de não querer isso e, assim, dar origem ao mal. É necessário deixar claro, no entanto, que essa duplicação original do querer não consistia em poder escolher entre o bem e o mal, mas em simplesmente

---

87. Ibid., 278.
88. *Confessionum* IX,i,1: "Et hoc erat totum nolle, quod volebam, et velle, quod volebas"; citado por JEANMART, op. cit., 4.
89. Cf. *De Civitate Dei* XIV,xv,1.

querer ou não querer livremente, pois assim existia o livre-arbítrio em Deus e assim foi dado ao homem como imagem dele. Também em Deus há uma duplicação do querer, que o faz livre para, por exemplo, exercer o seu governo sobre o mundo da forma como melhor lhe parecer, sem que haja a menor possibilidade de mal em sua ação. Assim era também o querer de Adão, livre e orientado naturalmente para a prática do bem. O complicado na definição da essência da vontade na condição original é o fato de o querer adâmico, tendo sido entregue ao seu livre-arbítrio e não tendo sido ele totalmente ocupado pela graça de Deus, ter em si a possibilidade de originar o mal. Ser conduzido por Deus de maneira a não poder mais querer o mal, tal como acontece de forma plena no estado final da humanidade e de forma imperfeita na humanidade redimida, parece ser a maior expressão de realização da essência da vontade. Não teria sido melhor, como sugere Evódio em *O livre-arbítrio*, que Deus tivesse criado a vontade sem essa capacidade de duplicação que necessariamente desemboca na possibilidade de dar origem ao mal? Criar o homem livre era, no entanto, condição para que ele estivesse à altura de Deus e com ele pudesse estabelecer diálogo, posicionando-se diante da ordem por ele criada. Ser inteligente e livre era a condição para que o homem pudesse entender e acolher o preceito.

Por isso, a natural duplicação do querer da vontade na situação original da humanidade é sinônima de obedecer ou desobedecer. Desde o primeiro momento de sua existência, a vontade está situada em um contexto jurídico, em um estado de direito, uma vez que recebeu um preceito único e fundamental, ainda que este não estivesse expresso de forma positiva, mas inscrito em sua própria natureza. É no mínimo estranha a imaginação de Jeanmart de que tenha existido um estado de natureza anterior ao estado de direito, no qual a vontade se encontrava em uma consistência ontológica que a mantinha naturalmente heterônoma, como que diluída na vontade de Deus, identificando espontaneamente o seu querer com o dever expresso no que por ele era mandado. O contexto jurídico é coetâneo à vontade e não é ele, portanto, que dá origem à vontade, obrigando-a a duplicar-se; ele dá origem apenas à vontade própria, pois antes de tornar-se própria ela já se realizava como vontade, desejando, duplicando-se pelo menos como possibilidade de ceder à tentação de não querer aceder à ordem impressa na criação. Que o seu desejo na condição original não seja experimentado como carência ou falta, mas como fruição e gozo do objeto desejado, parece inviabilizar a definição agostiniana da vontade como movimento da alma, embora isso seja mais complicado para a situação final da humanidade, uma vez que, havendo na condição original a possibilidade de queda dessa situação pelo fato de o querer estar entregue ao livre-arbítrio, tudo isso só pode ocorrer com o movimento ativado pelo desejo da vontade.

Mais fácil é constatar que o querer da vontade nunca se encontra essencialmente realizado na condição da queda da humanidade, pois ali a sua natural duplicação em não querer se transforma em divisão, de maneira que ela nem pode mais fazer o bem que quer e acaba realizando o mal que não quer. Ali ela se experimenta evidentemente como desejo carente e movimento inquieto em busca de realização, mas trata-se de um desejo desordenado, orientado de forma equivocada. Não é difícil também perceber que não é na condição da humanidade redimida que o querer da vontade se encontra plenamente realizado. Se é verdade, por um lado, que, diferentemente do querer de Adão, ele não está mais entregue ao livre-arbítrio, mas é totalmente influenciado pela graça de Deus que opera na vontade não só o querer mas também o agir, também é verdade, por outro lado, que não há nenhuma garantia de permanência nessa situação, sendo necessários constantemente a correção e o esforço da vontade[90]. É necessário ficar claro, no entanto – é bom que se insista, contra o que pensa Jeanmart –, que a perseverança na graça recebida é mais resultado da ação da própria graça na vontade do que do seu esforço. E que, além disso, a ação da graça na vontade não faz mais que realizar a sua própria essência, potencializando os seus elementos a que se expressem mais plenamente. Embora acrescentada, e não natural, ela não é um elemento estranho à vontade, mas, bem ao contrário, é condizente com a sua natureza. É claro também que a redenção do querer da vontade não consiste em uma devolução ao seu estado original, em que ele estava

---

90. Sobre isso tratam, fundamentalmente, as obras agostinianas *A correção e a graça* (*De correptione et gratia*) e *O dom da perseverança* (*De dono perseverantiae*).

entregue ao livre-arbítrio, mas à condição final que ele terá com os bem-aventurados, em que ele será como que diluído no querer de Deus. Talvez o melhor estado para falar da realização da essência do querer da vontade seja, portanto, o da situação final da humanidade. Ali o querer nem mais se duplicará em não querer, pois se identificará natural e espontaneamente, sem nenhuma dificuldade, com o querer de Deus. Ali Deus operará de forma plena e permanente o querer, que nem mais consistirá em agir, mas em repousar, em gozar serenamente do Bem Supremo, que possui sem nenhum perigo de perda, nem sequer como possibilidade (como ocorria na condição original). Três elementos ali presentes parecem contradizer a definição agostiniana de vontade: ela não se experimentará mais como duplicação do querer, uma vez que o não querer não existe nem mais como possibilidade; ela não se experimentará mais como desejo em busca, mas como fruição gozosa, uma vez que não há mais falta nem medo de perda; e, consequentemente, ela não se experimentará mais como movimento, senão como repouso, estabilização. Mas pode-se falar de vontade quando não há mais movimento, nem desejo, nem duplicação do querer? Pode-se falar de vontade quando não há mais busca nem medo de perda? É aqui, então, que tem lugar a afirmação paradoxal de Hannah Arendt, totalmente corroborada por Jeanmart, de que a vontade em Agostinho se constitui extinguindo-se ou pelo menos transformando-se de desejante em "gozante", de movimento em fruição extática, de duplicação do querer em querer unificado na posse e fruição do objeto desejado, sem nenhum perigo de perda.

Conclusão

Retomando, como conclusão, a pergunta inicial acerca do estágio mais apropriado da natureza humana para falar da essência da vontade em Agostinho, tendo como referência a sua própria definição clássica de vontade, parece-nos ser correto afirmar, de maneira sintética, que na situação original da humanidade encontramos uma vontade plena em suas condições de funcionamento, mas não plenamente realizada; na sua condição decaída temos ainda a mesma vontade em funcionamento, mas não mais plena nem realizada; na situação da humanidade redimida nós a temos potencialmente plena e realizada, mas exposta à perda de ambas as condições; e, finalmente, na situação final da humanidade temos uma vontade ao mesmo tempo plena e realizada. Vejamos cada uma dessas situações.

Na condição original da humanidade, a vontade é plena porque o seu querer é íntegro e livre, não experimentando nenhum condicionamento que venha de seu próprio interior (a concupiscência não é experimentada como luta de desejos opostos), nem do fato de pertencer a uma criatura feita a partir do nada (isso explica apenas a possibilidade de um amor desordenado de um bem inferior no grau dos seres, mas não a necessidade de fazê-lo). A vontade na situação original pode fazer o que quer, é plenamente livre para isso. O fato de ter o seu querer entregue ao seu livre-arbítrio, no entanto, explica não estar ela ainda plenamente realizada. Sua realização plena está condicionada ao exercício do seu livre querer, cuja natural duplicação em não querer não significa, no entanto, que sua essência consista em poder escolher entre o bem e o mal, pois ela se realiza verdadeiramente quando se orienta retamente para o bem, de acordo com o que está inscrito em sua própria natureza. É mais essencial ao livre querer original da vontade a sua natural orientação para o bem do que a possibilidade também nele existente de não seguir a ordem natural e dar origem ao mal. Há, portanto, verdadeira duplicação do querer na vontade, na condição original da humanidade, mas ela consiste primeiramente não na escolha entre bem e mal senão na possibilidade de não querer seguir a ordem natural impressa na criação. O mal é apenas uma defecção, um vir a ser menos do que naturalmente se era. A posse do objeto de desejo da vontade, a plenitude encontrada em Deus mesmo, sem perigo de perda, o que significava a verdadeira felicidade, era plena e real, mas condicionada ao exercício do querer, que estava entregue ao livre-arbítrio. Havia, portanto, desejo na vontade original (contrariamente ao que pensa Jeanmart), pois, ainda que ele já se identificasse como fruição, gozo, não era experimentado ainda em seu estado final; almejava por uma plenitude perene, eterna, não aberta à possibilidade da perda. Paradoxalmente, a posse do Bem Supremo poderia, no entanto, ser perdida, mas como algo indevido, por um exercício equivocado do livre querer, contrário à sua própria natureza. A consciência da possibilidade da perda não condicionava em nada o exercício de seu livre querer, pois era maior o amor pela justiça impresso em sua natureza que o temor do castigo que esta consciência lhe pudesse infundir. Naturalmente o seu querer se identificava espontaneamente com o dever impresso na ordem criada e expresso sob a forma de preceito, "ordem", condizente com o livre-arbítrio, criado precisamente para isso, capaz de entender (com a ajuda da inteligência) e de obedecer ao preceito. Naturalmente a vontade era heterônoma, identificava-se com o querer de outro, se submetia. Permanecia, porém, a possibilidade de desobedecer ao preceito e pretender-se autônoma, independente, não submissa. Essa possibilidade, nunca é demais insistir, não lhe é essencial; decorre da sua pertença à criatura feita a partir do nada. Mais essencial à vontade é ser conduzida por Deus de forma a não poder mais querer contrariamente ao que é ordenado por Ele do que ter a possibilidade de querer contrariamente a Ele. Há mais liberdade na primeira do que na segunda condição. Por isso a essência da vontade se encontra realizada não na situação original da humanidade, mas sim na sua situação final.

Na condição da humanidade decaída, a vontade não é plena e, menos ainda, realizada. Ela colheu, como castigo ao não ter se mantido fiel à ordem criada, quando podia identificar o seu querer com o dever impresso naquela ordem sem nenhuma dificuldade, exatamente o contrário: não pode mais fazer o quer, tem grande dificuldade para agir livremente (ou melhor, vê-se impossibilitada para isso), é determinada internamente pela luta de desejos que se opõem de forma irreconciliável. A natural e originária duplicação do seu querer em não querer se transforma em divisão insuperável, confronto entre o querer e o poder que não mais podem se identificar. Pela natureza, que é sempre boa, porque criada por Deus, quer e deseja o bem, sobretudo porque o percebe nos níveis mais profundos de si mesma, por meio de uma espécie de memória que a recorda de seu estatuto ontológico próprio. Mas, pelo vício que afeta visceralmente essa natureza, acaba fazendo o mal que não quer. O seu querer não é mais livre, mas escravo; seu livre-arbítrio torna-se servo-arbítrio. A vontade na condição da natureza humana decaída é estranha à sua própria essência: seu querer não é mais íntegro, já que completamente condicionado; seu livre-arbítrio não é mais livre, pois não pode fazer o quer; a felicidade buscada como meta está longe de ser conseguida porque o seu amor está completamente desordenado, e ela se perde buscando a plenitude em quem não pode dá-la: nos bens inferiores e efêmeros. Para sair dessa situação, ela tem de esforçar-se agora por vencer aquilo que nela é aparentemente natural (a busca do mais fácil, do mais prazeroso) em busca de readquirir aquilo que pertence mais essencialmente à sua natureza e que está inscrito em si mesma. Mas não basta agora o esforço; faz-se necessário e imprescindível o socorro da graça, única que a pode dilatar e expandir a partir do seu próprio centro. Essa ação da graça sobre a vontade é o que configura o estágio da humanidade redimida. Nele, a vontade é potencialmente plena e realizada, mas, uma vez situada nas atuais condições temporais e mundanas, está exposta à perda de ambas as condições; necessita ser constantemente realimentada pela oração, pela correção, pela perseverança etc. A grande diferença deste estado com relação aos anteriores diz respeito ao querer da vontade, que nem mais é dividido internamente, como na condição decaída, e, ainda que exposto à possibilidade da queda, como na situação original, não é mais abandonado ao livre-arbítrio como naquela situação, mas totalmente atuado por Deus; Deus opera nos redimidos "o querer e o agir", coisa que não operou em Adão. Por isso, a vontade nesta condição pode encontrar-se realizada, mas não de forma perene, como será na eternidade. Pela ação da graça, Deus poderá ser possuído pela vontade como objeto que plenifica o seu desejo; o livre-arbítrio poderá fazer sem dificuldade o que quer, precisamente porque Deus opera na vontade o querer, mas tudo isso acontece como primícias de um futuro que será pleno e que agora se experimenta ainda na incerteza e na insegurança; trata-se de um aperitivo da eternidade no tempo.

Na linha da interpretação da essência da vontade encontrada no estágio do homem redimido, há a leitura de Italo Sciuto, que sugere que a natural duplicação do querer da vontade em não querer é resolvida na obra agostiniana não só pela passagem do querer à ação, mas também pelo fato de essa ação consistir não somente em episódios isolados, mas também em um processo de libertação do livre-arbítrio da vontade. Citando São Bernardo, Sciuto lembra que o livre-arbítrio é *volente*, enquanto a liberdade é *bene-volente*. O livre-arbítrio, que na situação original da humanidade era livre e *benevolente*, porque não só desejava o bem, como também podia levá-lo à prática, na condição do homem decaído é apenas *volente* e precisa ser libertado pela graça para que possa transformar-se em *benevolente*. Trata-se da transformação da vontade em amor, a que se refere Hannah Arendt; o que acrescenta Sciuto à leitura arendtiana é que essa transformação é processual. A redenção do homem decaído é um processo histórico, no qual têm papel fundamental as três faculdades da alma (memória, inteligência e vontade), entendidas agora não mais como faculdades que a alma possui abstratamente, como imagem de Deus que ela é (tal como Agostinho as entendeu em *A Trindade*), mas como constitutivas do próprio homem como ser histórico que se desenvolve no acontecer relacional dessas três faculdades (tal como ele as conceberá nas obras anti-pelagianas). A essência da vontade se expressa, assim, no processo histórico em que os seus elementos vão adquirindo paulatina realização, mais que nos momentos pontuais dos diferentes estágios da natureza humana: a felicidade vai sendo adquirida pela posse do Bem Último, que a estabiliza em uma relação ordenada com os bens passageiros; a duplicação do querer vai sendo resolvida pelo fortalecimento de um querer único; e isso é resultado, sobretudo, do processo de libertação do livre-arbítrio que vai passando processualmente a uma liberdade cada vez maior. A essência da vontade se manifesta na sua própria história, ou melhor, é a história da sua liberdade: "A liberdade agora [nas obras anti-pelagianas] poderá mostrar a sua natureza temporal, em seus desdobramentos entre um princípio, um desenvolvimento dramático e um fim possível"[91].

Finalmente, a essência da vontade parece encontrar-se plena e realizada somente na situação final dos bem-aventurados, posterior à morte, fora dos condicionamentos temporais e mundanos. Ali a vontade possui o objeto de seu desejo sob a forma de gozo permanente e sem perigo de perda. Experimenta realmente a vida bem-aventurada, feliz. O seu movimento inquieto em busca de um objeto no qual pudesse repousar

---

91. SCIUTO, op. cit., 125: "La liberta, allora, potrà mostrare la sua natura temporale, nel suo dispiegarsi tra l'inizio, uno sviluppo drammatico e la fine possibile".

encontra agora descanso. O seu desejo deixa de ser carência e passa a ser fruição, transforma-se em amor. Mas, por isso mesmo, não deixa de ser movimento, pois o amor é a força unitiva por excelência, que na Trindade, de forma personificada (Amor), une de maneira dinâmica e criativa o Pai (Amante) e o Filho (Amado). Agora a vontade se realiza realmente como imagem da terceira pessoa da Santíssima Trindade, o Espírito Santo, Vontade do Pai e do Filho, que é como que o fruir gozoso que Deus tem de si mesmo, pela contemplação mútua do Pai e do Filho. Da mesma forma como na Trindade o Espírito Santo consiste no querer unificado do Pai e do Filho, um único querer, assim também o querer da vontade humana experimenta-se na situação final como um único querer, não mais duplicado em não querer, mas absolutamente livre, não mais aberto à possibilidade de ser contrário à ordem em que repousa; querer unificado, que se identifica espontânea e naturalmente com o querer de Deus, formando com o querer dele um único querer. E, assim também como na Trindade o Espírito Santo é a expressão da plena liberdade de Deus que age sem nenhuma dificuldade e como quer, mas sempre fazendo não só o bem senão o melhor, sem nenhuma possibilidade de ação desordenada e má, da mesma forma o livre-arbítrio da vontade humana encontra agora a plena liberdade, sem nenhuma possibilidade de originar algo contrário à ordem em que repousa; possibilidade que tinha na condição original. Passou daquela liberdade menor à liberdade maior: "A primeira liberdade, do primeiro homem, consiste no *posse non peccare*; a segunda, própria do homem histórico, no terrível *non posse non peccare*; e enfim a terceira, própria dos santos e do próprio Deus, no *non posse peccare*"[92]. Alguém talvez se pergunte, tendo diante de si a definição agostiniana de vontade, se ainda se pode falar de vontade quando não há mais movimento em busca de repouso, nem desejo carente em busca de posse, nem medo de perda, nem duplicação do querer, nem liberdade para escolher o contrário à ordem estabelecida. Mas é assim que chegamos à compreensão agostiniana da vontade humana: ela

---

92. Ibid., 125-126: "La prima libertà, del primo uomo, consiste nel *posse non peccare*; la seconda, propria dell'uomo storico, nel terribile *non posse non peccare*; infine la terza, propria del beati e dello stesso Dio, nel *non posse peccare*".

se constitui, se realiza plenamente, integrando-se na vontade de Deus, diluindo-se e desfazendo-se na vontade dele. Assim, ela recupera o seu substrato ontológico, a forma para a qual foi criada à imagem e semelhança de Deus, especificamente de sua terceira pessoa.

2
A vontade na condição original da humanidade segundo Santo Agostinho

Não há quem ponha em dúvida a importância do conceito de "vontade" em Agostinho. Deixando de lado a controvertida questão a respeito do fato de ser ele ou não o inventor desse conceito[1], é evidente que o conceito ocupa lugar fundamental na obra do autor, seja expressando de forma simplificada, em sua potência, que a torna capaz de dar origem ao mal na ordenada obra criada por Deus, em uma primeira parte de seu pensamento, seja em sua impotência, o que a torna incapaz para levantar o homem decaído, em uma segunda parte de seu pensamento.

A questão da queda é, com efeito, a que engendra maiores complicações na busca de uma definição para a vontade nos moldes agostinianos. Desde a controvérsia com Juliano de Eclano, fica claro que as muitas

---

1. A tese de que Agostinho tenha inventado o conceito de "vontade" foi defendida por importantes estudiosos de seu pensamento, como Albrecht Dihle (*The Theory of Will in Classical Antiquity*, Berkeley/Los Angeles/London, University of California Press, 1982) e Hannah Arendt (*A vida do espírito*, Rio de Janeiro, Relume Dumará, [4]2000, 189-348). A tese é claramente defendida no estudo de doutoramento de Mariana Sérvulo da Cunha (*O movimento da alma. A invenção por Agostinho do conceito de vontade*, Porto Alegre, Edipucrs, 2001) e também claramente criticada, entre outros, por Isabelle Koch (O conceito de "voluntas" em Agostinho, *Discurso* 40 [2010], 71-94).

confusões a respeito do entendimento dessa faculdade da alma está em saber em que condições ela está sendo pensada: se na situação original da humanidade ou se após a queda provocada pelo pecado original. Revendo o seu pensamento, nas *Retratações*, Agostinho deixa claro que sua clássica definição de "vontade", em *As duas almas contra os maniqueus*, tinha em vista a situação original da natureza humana, e não a sua condição decaída:

> Numa outra passagem, defini a vontade com estas palavras: a vontade é um movimento da alma, isento de toda coação, dirigido a não perder ou a conseguir algo (n. 14). Essa definição tem em vista distinguir aquele que quer daquele que não quer, de maneira que *o nosso olhar se dirige para aqueles primeiros que existiram no paraíso* e que causaram o mal para o gênero humano ao pecar sem sofrer coação da parte de ninguém[2].

Somente na condição original da humanidade, a vontade era realmente livre para fazer o que quisesse e, assim, colocar-se sem impedimentos na busca de aquisição do seu objeto de desejo. Moacyr Novaes confirma a importância da percepção dessa distinção ao constatar que Agostinho estabelece uma diferença "entre *natureza* e *condição*, a saber, que a natureza permanece intocada, no plano da transcendência, enquanto a condição humana é viciada, e viciada pelo pecado original"[3]. Ou seja, a situação do homem após a queda não é mais expressão de sua *natureza* tal como foi pensada e criada por Deus, mas define-se como uma *condição* que é passageira e que, embora tendo afetado radicalmente essa natureza, não a destrói, de maneira que pode ser superada.

O lugar correto para entender o que Agostinho concebe por vontade é, portanto, a situação original da natureza humana, e não a que

---

2. *Retractationum* I,xv,3: "Itemque alio loco ipsam voluntatem definivi dicens: *Voluntas est animi motus cogente nullo ad aliquid vel non amittendum vel adipiscendum.* Quod propterea dictum est, ut hac definitione volens a nolente discerneretur, et sic ad illos referretur intentio, qui primi in paradiso fuerunt humano generi origo mali, nullo cogente peccando".

3. Novaes, M., *Livre-arbítrio e liberdade na condição humana*, in: Id., *A razão em exercício. Estudos sobre a filosofia de Agostinho*, São Paulo, Discurso Editorial, 2007, 308.

agora experimentamos. A referida definição agostiniana comporta três elementos: aquilo que define a vontade essencialmente, e até etimologicamente[4], ou seja, *aquilo que ela é*: fundamentalmente desejo, querer (é um movimento da alma); o *seu objeto* de desejo, a sua meta (a aquisição de um objeto que possa preencher o seu desejo, com a segurança de não perdê-lo, o que configura a vida feliz); e a forma como ela procede em sua busca da aquisição desse objeto, *a sua forma de agir* (sem constrangimento, sem coação, com absoluta liberdade). Ao analisar o conceito de "vontade" em Agostinho, queremos fazê-lo a partir desses três elementos constitutivos de sua definição e considerando-a na situação original da natureza humana, tal como ela se encontra em Adão, anteriormente à queda provocada pelo pecado original. Como a discussão acerca da condição de Adão teve especial lugar na controvérsia de Agostinho com os pelagianos, decidimos ater-nos de modo especial a algumas obras agostinianas desse período, particularmente *Contra Juliano* (obra inacabada), mas também *A correção e a graça* e a *O espírito e a letra*, entre outras. Como o tema da vontade não pode ser compreendido em Agostinho sem uma referência ao *O livre-arbítrio*, damos especial atenção também a esta obra.

1. A vontade e o seu fim: a busca da felicidade

Na condição original da humanidade, a vontade, quanto à sua meta, a busca da felicidade, objeto de seu desejo, encontra-se já realizada, mas não ainda em sua plenitude final, pois existe também a possibilidade de que a ordem criada por Deus seja rejeitada, já que a vontade é criada essencialmente livre. O conteúdo desse desejo é expresso por Agostinho

---

4. "De querer (*velle*) se deriva o nome de vontade (*voluntas*), da mesma forma como de poder (*posse*) se deriva o nome de potência ou potestade (*potestas*). Portanto, assim como aquele que quer tem a faculdade de querer, ou vontade, da mesma forma aquele que pode tem a faculdade de poder ou potência" (*"Ab eo quod est velle voluntas, ab eo autem quod est posse potestas nomen accepit. Quapropter sicut qui vult habet voluntatem, ita potestatem qui potest"*: De Spiritu et littera XXXI,53).

com palavras muito semelhantes às que usa para a definição da própria vontade: "A felicidade, objeto dos legítimos desejos da natureza inteligente, comporta conjuntamente duas coisas: o gozo sem perturbação do bem imutável que é Deus e a segurança sem nenhuma dúvida ou erro acerca da perseverança para sempre nesse gozo"[5]. Dois elementos definem, portanto, o conteúdo da felicidade: o gozo e a fruição do bem desejado e a segurança de não perdê-lo. Criada à imagem e semelhança de Deus, o desejo que a criatura racional possui originalmente é um "desejo de fartura"[6], de plenitude, que só Deus mesmo pode preencher. O desejo que ela tem é o desejo de Deus mesmo: "o homem é imagem de Deus, e isso fundamenta sua inquietude e sua *avidez de divindade*"[7]. Ela possui uma espécie de "memória em busca"[8], que procura uma verdade que preencha a sua busca de entendimento pleno e um bem que preencha o seu desejo de gozo pleno. Porque criado à imagem e semelhança de Deus, o homem busca naturalmente a permanência no ser (a eternidade), a plenitude da compreensão em seu conhecimento e a felicidade plena pela posse segura do Bem Supremo: "Somos homens, criados à imagem de nosso Criador, em quem a eternidade é verdadeira, a verdade

---

5. *De Civitate Dei* XI,13: "Beatitudinem, quam recto proposito intellectualis natura desiderat, hoc est, ut et bono incommutabili, quod Deus est, sine ulla molestia perfruatur et in eo se in aeternum esse mansurum nec ulla dubitatione cunctetur nec ullo errore fallatur".
6. "Então transbordará de bens todo desejo da alma com aquele conhecimento, com aquela visão e contemplação (cf. Sl 102,5). Só este gozo lhe bastará, nada mais terá de apetecer, nada mais de cobiçar, nada mais de buscar. Tal era o *desejo de fartura* que inflamava o coração daquele que disse ao Senhor: 'Mostra-nos o Pai, e isso nos basta'" (*"Illa cognitione, illa visione, illa contemplatione satiabitur in bonis animae desiderium. Hoc enim solum ei sat est, ultra non habet quod adpetat, quod inhiet, quod requirat. Nam desiderio huius satietatis ardebat, qui Domino Christo ait: Ostende nobis Patrem et sufficit nobis"*: *De Spiritu et Littera* XXXIII,59).
7. MORÁN, J., Nota a *De Civitate Dei* XI,26, Edição da BAC (Biblioteca de Autores Cristianos), volume XVI-XVII, Madrid, La Editorial Católica, 1958, 787.
8. A expressão é usada pelo teólogo Karl Rahner para referir-se à inteligência humana que naturalmente procura na história um evento que preencha os desejos de plenitude da alma e que, segundo ele, ela só encontra no evento da encarnação do Verbo. Cf. *Curso fundamental da fé*, São Paulo, Paulus, 1989.

é eterna, e a caridade é verdadeira e eterna; [somos imagem dele,] que é a Trindade eterna, verdadeira e amada, sem confusão nem divisão"[9].

Como imagem do Deus Trino, o homem traz em sua memória, impressa no mais profundo de seu ser, tanto a noção de verdade, de sabedoria, como também de felicidade, de gozo: "Assim como antes de sermos felizes possuímos impressa em nossa mente a noção da felicidade, visto ser por ela, com efeito, que sabemos com firmeza, sem nenhuma hesitação, que queremos ser felizes; assim também, antes de sermos sábios, temos impressa em nossa mente a noção da sabedoria"[10]. Mais que conhecimento da verdade, no entanto, o que pode dar felicidade ao homem na sua condição original é a posse dessa verdade; a felicidade está mais na posse da verdade, por meio da vontade, que apenas na sua contemplação, por meio da inteligência; está mais na união com Deus do que somente na sua contemplação: "O desejo de ser atendido pela Verdade mesma e de unir-me a ela, e essa união, eu o confesso, não somente é um bem, mas o Sumo Bem, fonte de beatitude"[11]. Possuir a verdade imutável, como Bem Supremo, é o elemento formal da felicidade, já que é unicamente por meio dela que se tem acesso ao objeto desejado, ao mesmo tempo capaz de plenificar, sem, no entanto, estar exposto ao perigo da perda: "É na verdade que conhecemos e possuímos o Bem Supremo, e, já que essa Verdade é a Sabedoria, fixemos nela nossa mente para captarmos esse Bem e gozarmos dele. Pois *é feliz aquele que desfruta do Sumo Bem!*"[12]. Ora, unir, mais que apenas contemplar, possuir, mais que apenas entender, é papel específico da vontade, em sua interação com a inteligência.

---

9. *De Civitate Dei* XI,28: "Quoniam igitur homines sumus ad nostri Creatoris imaginem creati, cuius est vera aeternitas, aeterna veritas, aeterna et vera caritas, estque ipse aeterna et vera et cara Trinitas neque confusa neque separate".
10. *De Libero Arbitrio* II,ix,26: "Sicut ergo antequam beati simus, mentibus tamen nostris impressa est notio beatitatis; per hanc enim scimus, fidenterque, et sine ulla dubitatione dicimus beatos nos esse velle: ita etiam priusquam sapientes simus, sapientiae notionem in mente habemus impressam".
11. *De Libero Arbitrio* II,xv,39: "Ab ipsa veritate, et illi inhaerere: quod non solum bonum, sed etiam summum bonum, et beatificum esse concedo".
12. *De Libero Arbitrio* II,xiii,36: "In veritate cognoscitur et tenetur summum bonum, eaque veritas sapientia est, cernamus in ea, teneamusque summum bonum, eoque perfruamur. Beatus est quippe qui fruitur summo bono".

E, ao mesmo tempo, a permanência da vontade na posse desse Bem Supremo, que é a Verdade imutável, é a condição de possibilidade para que ela se mantenha íntegra e livre, pois somente a verdade imutável pode conduzir à liberdade e mantê-la, já que somente ela pode oferecer bens seguros, estáveis, que não se podem perder:

> Eis no que consiste a nossa liberdade: estarmos submetidos a essa Verdade [...]; com efeito, *nossa alma de nada goza com liberdade se não o gozar com segurança*. Ora, ninguém pode viver com segurança no meio de bens que pode vir a perder contra a sua vontade. A verdade e a sabedoria ninguém as pode perder contra a própria vontade. Pois ninguém pode ficar separado delas por distâncias de lugar. O que se pode entender por ficar separado da verdade e da sabedoria será o amor dos bens inferiores[13].

Dessa forma, deixa-se entrever que há na condição original uma possibilidade de que a vontade caia da felicidade em que foi criada originalmente. Essa possibilidade está em que ela pode subverter a ordem criada. Como imagem da terceira pessoa da Trindade na alma, a vontade era a responsável por manter a sua ordem e a estabilidade, orientando de forma ordenada o seu amor pelos diferentes objetos que se apresentavam ao seu desejo. A estabilidade e o repouso vinham não só do grau ontológico de ser destes objetos, mas especialmente da forma de relacionar-se com eles. Assim, a vontade deveria manter-se aderida ao Bem Superior, supremo e eterno, único que ela poderia não perder, e orientar toda a sua relação com as criaturas inferiores e semelhantes a si tendo como referência este amor fundamental. Pois a alma "não se compraz mais com seu 'eu' particular ligado às coisas transitórias, mas, despojada de toda afeição às coisas sujeitas ao tempo e ao espaço, procura abraçar o Ser, que é uno e sempre idêntico a si mesmo. Pois, na verdade, assim como a alma é toda a vida do corpo, do mesmo modo toda vida

---

13. *De Libero Arbitrio* II,xiii,37: "Haec est libertas nostra, cum isti subdimur veritati. [...] Nulla enim re fruitur anima cum libertate, nisi qua fruitur cum securitate. Nemo autem securus est in iis bonis quae potest invitus amittere. Veritatem autem atque sapientiam nemo amittit invitus: non enim locis separari ab ea quisquam potest; sed ea quae dicitur a veritate atque sapientia separatio, perversa voluntas est, qua inferiora diliguntur".

bem-aventurada da alma é Deus"[14]. Subjaz a esta leitura agostiniana a metafísica neoplatônica dos graus dos seres, segundo o qual o homem ocupa um lugar mediano, semelhante às criaturas superiores (espirituais) pela alma, e inferior a elas pelo corpo, por meio do qual é semelhante às criaturas inferiores, às quais é ao mesmo tempo superior por meio da alma. A própria vontade ocupa um lugar mediano; ela é um bem médio, situado entre os bens superiores, necessários para viver retamente e dos quais nunca se pode fazer mau uso (como são as virtudes), e os bens inferiores, sem os quais se pode viver retamente, mas que também podem ser mal usados (como são os corpos). Como bem médio, a vontade é um bem necessário para viver retamente, mas ao mesmo tempo pode ser mal usado. Mantida a ordem original, a vontade garantiria ao homem a estabilidade e o repouso em seu lugar próprio, e assim ele seria feliz: "Quando a vontade – esse bem médio – adere (*adhaerens*) ao Bem Imutável [...], quando adere ao Sumo Bem, então o homem possui a vida feliz [...], conformando seu espírito àquelas regras imutáveis, aqueles luzeiros de virtudes que subsistem inalterados em uma vida incorruptível, no seio mesmo da Verdade e da Sabedoria, comum a todos"[15].

Havia originalmente, portanto, uma possibilidade de a vontade, criada essencialmente boa, tornar-se má. Ela se manteria boa se, vivendo de acordo com as quatro virtudes cardeais (prudência, fortaleza, temperança e justiça – bens superiores e que não podem ser mal usados), orientasse os seus desejos de acordo com o que lhe indicava a razão, ou seja, seguindo a ordem impressa na criação; assim, "aquelas virtudes cuja posse constitui precisamente a vida conforme a retidão e a honestidade habitariam em nosso espírito. De onde se segue esta conclusão: todo aquele que quer viver conforme a retidão e a honestidade, se quiser pôr

---

14. *De Libero Arbitrio* II,xvi,41: "Non iam privato suo gaudeat quod implicavit rebus transeuntibus, sed exuta omnibus temporum et locorum affectionibus apprehendat id quod unum atque idem semper est? Sicut enim tota vita corporis est anima, sic beata vita animae Deus est".
15. *De Libero Arbitrio* II,xix,52: "Voluntas ergo quae medium bonum est, cum inhaeret incommutabili Bono, [...] tenet homo beatam vitam, [...] coaptando animum illis incommutabilibus regulis luminibusque virtutum, quae incorruptibiliter vivunt in ipsa veritate sapientiaque communi".

esse bem acima de todos os bens passageiros da vida, realiza conquista tão grande, com tanta facilidade, que, para ele, o querer e o possuir serão um só e mesmo ato"[16]. A vida feliz, da qual o homem já desfrutava em sua condição original, não era outra coisa que viver mantendo a boa vontade, respeitando a ordem criada e, sobretudo, mantendo o desejo aderido ao Bem Supremo, único que não se podia perder, e, por isso mesmo, único que satisfazia o seu desejo: "Essa mesma alegria gerada pela aquisição de tão grande bem, ao elevar a alma na tranquilidade, na calma e na constância, constitui a vida que é dita feliz. A não ser que não consideres a vida feliz como gozo de bens verdadeiros e seguros"[17].

Mas, quando perde a adesão ao Bem Supremo e Eterno, e orienta o seu desejo para os bens inferiores e passageiros, a própria vontade se deteriora, se vicia e dá origem à má vontade: é o próprio "homem [que] torna a árvore má quando se faz a si mesmo mau, quando se aparta do bem imutável, uma vez que a *separação desse bem é a origem da má vontade*. Essa separação, no entanto, não dá origem a uma outra natureza má, mas apenas vicia aquela que foi criada boa"[18]. Não existe, portanto, uma vontade em abstrato, cujo desejo não esteja de alguma forma aderido a um objeto. Originalmente, o seu desejo estava naturalmente aderido ao Bem Supremo, que satisfazia ao que era almejado por ele. Mas havia a possibilidade de que o desejo da vontade a orientasse para a adesão aos objetos inferiores, passageiros, que naturalmente não poderiam satisfazer a sua busca de plenitude, sem perigo de perda. Isso significaria para ela cair naturalmente em uma vida infeliz. A vida feliz é, portanto, prêmio à boa vontade e a infeliz é castigo à má vontade. Má vontade é amar os

---

16. *De Libero Arbitrio* I,xiii,29: "Illae virtutes, ut ratio docuit, animum nostrum incolent, quas habere idipsum est recte honesteque vivere. Ex quo conficitur ut quisquis recte honesteque vult vivere, si id se velle prae fugacibus bonis velit, assequatur tantam rem tanta facilitate, ut nihil aliud ei quam ipsum velle sit habere quod voluit".
17. *De Libero Arbitrio* I,xiii,29: "Ipsum gaudium, quod huius boni adeptione gignitur, cum tranquille et quiete atque constanter erigit animum, beata vita dicitur: nisi tu putas aliud esse beate vivere, quam veris bonis certisque gaudere".
18. *De Gratia Christi et de Peccato Originali* I,xix,20: "Malam vero arborem homo facit, quando se ipsum malum facit, quando a bono incommutabili deficit: ab eo quippe defectus est origo voluntatis malae. Qui defectus non aliam naturam malam initiat, sed eam quae bona condita est vitiat".

bens passageiros como se fossem eternos. Estes, como bens inferiores, podem ser bem ou mal usados:

> Quem os utiliza mal é aquele que se apega a tais bens de maneira a se embaraçar com eles, amando-os demasiadamente. Com efeito, se submete àqueles mesmos bens que lhe deveriam estar submissos. Faz dessas coisas bens aos quais ele mesmo deveria ser um bem, ordenando-as e fazendo delas bom uso. Assim, quem se serve dessas coisas de modo ordenado mostra que elas são boas, não para si, pois elas não o tornam nem bom nem melhor, mas antes é ele mesmo que as torna melhores. Por isso, ele não as ama até se deixar prender e não faz delas como se fossem membros de sua própria alma – o que seria feito, caso as amasse a ponto de recear que elas, vindo a lhe faltar, lhe fossem como cruéis e dolorosos ferimentos[19].

Mais uma vez, portanto, não é a essência do objeto amado (eterno ou passageiro, que se pode perder ou não) que define a vontade, mas a forma como ela própria se relaciona com esse objeto. O mal não está na essência do objeto amado, mas no amor desordenado pelo qual ele é desejado. Ao aderir a um objeto que se pode perder, naturalmente *infirme*, é a própria vontade que se torna infirme, fraca, deixa de ser boa vontade e se torna má vontade.

Essa possibilidade existia na condição original da humanidade. A felicidade que o homem desfrutava nessa condição era real, mas estava condicionada ao exercício da vontade na orientação do seu desejo. Adão era feliz em sua condição original, havia sido criado em estado de inocência e retidão, havia sido alertado a respeito de uma possível queda, caso não respeitasse a ordem impressa na criação, mas tampouco tinha a sua felicidade nublada pelo temor constante da possível queda: "Ainda que ignorante com relação à sua futura queda, não obstante era feliz,

---

19. De Libero Arbitrio I,xiv,33: "Quidem qui male, amore his inhaereat atque implicetur, scilicet subditus eis rebus quas ei subditas esse oportebat, et ea bona sibi constituens, quibus ordinandis beneque tractandis ipse esse utique deberet bonum: ille autem qui recte his utitur, ostendat quidem bona esse, sed non sibi; non enim eum bonum melioremve faciunt, sed ab eo potius fiunt: et ideo non eis amore agglutinetur, neque velut membra sui animi faciat, quod fit amando, ne cum resecari coeperint, eum cruciatu ac tabe foedent".

por saber que estava em suas mãos o não morrer e o evitar a miséria"[20].

Desfrutava de todos os bens concedidos gratuitamente por Deus a ele, sem experimentar nenhum mal, nem mesmo que seu desejo se inclinasse naturalmente para as criaturas inferiores: "Ele desfrutava dos bens recebidos da bondade do Criador. Não os havia conquistado com seus merecimentos e neles não havia mescla de mal [...]; ao contrário, colocado naquele lugar de delícias, gozava da paz consigo mesmo, sem que nenhuma contradição interna o tentasse nem o atormentasse"[21]. Tudo nele estava bem ordenado, de acordo com o que ditava a reta razão e sob o domínio controlado de sua vontade. Mas essa felicidade não era a plenitude final, pois ele não experimentava ainda a eternidade, e a felicidade só pode ser plena se for eterna, não exposta ao perigo da perda. Criado no tempo, com um corpo animal, Adão participava de uma "imortalidade inferior", em que a morte existia como possibilidade e passaria, se mantivesse a ordem criada, a um estado de "imortalidade superior" ou à eternidade propriamente dita, onde a morte não seria mais possível: "Uma coisa é não poder morrer e outra é poder não morrer. No primeiro caso, a imortalidade é plena, no segundo tem categoria inferior"[22]. O que ele experimentava era uma "figura da eternidade", estimulado como estava pela felicidade que já experimentava unido a Deus, mas contando ainda com uma possibilidade da morte como pena, cujo temor lhe era infundido para que não se afastasse de Deus e nela sucumbisse: Deus o criou "de tal forma que permanecesse sob o seu império e lhe pudesse infundir temor com a morte; e o colocou, como que em *figura da vida eterna*, na felicidade do paraíso terreno (cf. Gn 2,15), de onde, se observasse a justiça, subiria a um estado melhor"[23]. Se permanecesse unido a

---

20. *De Correptione et Gratia* X,28: "Quamvis sui futuri casus ignarum, tamen ideo beatum, quia et non mori et miserum non fieri in sua potestate esse sentiebat".
21. *De Correptione et Gratia* XI,29: "Ille in bonis erat, quae de bonitate sui Conditoris acceperat: neque enim ea bona et ille suis meritis comparaverat, in quibus prorsus nullum patiebatur malum. [...] Ille vero nulla tali rixa de se ipso adversus se ipsum tentatus atque turbatus, in illo beatitudinis loco sua secum pace fruebatur".
22. *Contra Iulianum opus imperfectum* VI,25: "Aliud est autem non posse mori, aliud posse non mori; illud maioris est immortalitatis, hoc minoris".
23. *Enchiridion* VIII,25: "Eum munerans libero arbitrio ut tamen regeret imperio, terreret exitio, atque in paradisi felicitate, tamquam in umbra vitae, unde iustitia custodita in meliora conscenderet, collocavit".

Deus, ele passaria do estado de imortalidade inferior, em que fora criado, a um estado de imortalidade superior, a eternidade, e receberia o conhecimento seguro de sua eterna felicidade, não mais exposta à possibilidade de destruição[24]; teria o seu corpo, criado originalmente como material, feito do nada, transformado em espiritual, sem que para isso tivesse de passar pela morte: "Ainda que fosse corporalmente terra e conservando este corpo animal em que foi criado, se não tivesse pecado, teria sido transformado em corpo espiritual, para conseguir sem perigo de morte o estado de incorrupção"[25]. Uma coisa é a carne, que sofre a corrupção; outra é o corpo, que pode reaparecer sem nenhum defeito ou corrupção na eternidade.

E, se a felicidade, ao mesmo tempo em que só possível na eternidade, era também identificada com o conhecimento e a posse da Verdade, ou seja, se ele só seria feliz sendo sábio, também a sabedoria não lhe foi dada em plenitude. Adão recebeu inscrito no mais profundo de seu ser a noção e o desejo da sabedoria: "Ele não estaria certo de desejar ser sábio, nem que isso seja de fato algo irrecusável – caso a ideia de sabedoria não estivesse inerente a seu espírito"[26]. Mas ele não foi criado plenamente sábio, do contrário não teria a possibilidade de ceder em seus desejos à sedução dos bens inferiores, como de fato aconteceu. Ele foi criado, portanto, em um estado intermediário, entre o néscio e o sábio, chamado à aquisição da plena sabedoria. Essa vocação aparece claramente na sua capacidade tanto para entender uma ordem jurídica estabelecida por Deus através do preceito como também para empenhar-se em colocá-la em prática pela obediência:

> O homem foi criado em um estado tal que, *sem ainda ser sábio*, era capaz, entretanto, de receber um preceito com o evidente dever de obedecer a ele.

---

24. Cf. *Enchiridion* IX,28.
25. *De Peccatorum meritis et remissione* I,ii,2: "Quamvis enim secundum corpus terra esset et corpus in quo creatus est animale gestaret, tamen, si non peccasset, in corpus fuerat spiritale mutandus et in illam incorruptionem, quae fidelibus et sanctis promittitur, sine mortis periculo transiturus".
26. *De Libero Arbitrio* II,xv,40: "Non enim certus esset velle se esse sapientem, idque oportere, nisi notio sapientiae menti eius inhaereret".

Não é, pois, para estranhar que pudesse ter sido seduzido [...]. A razão torna todo homem capaz de receber um preceito, ao qual deve fidelidade na execução do que é prescrito. Ora, assim como a natureza racional é capaz de perceber um preceito, assim também *a observância deste conduz à sabedoria*. Dessa maneira, *o que a natureza faz para a compreensão do preceito, a vontade o faz para a observância do mesmo*[27].

Agostinho admite, portanto, que na condição original o homem experimente ignorância no entendimento e fraqueza na vontade, mas naquela condição estas seriam experimentadas como algo positivo, como um estímulo para a busca do crescimento e para a aquisição da sabedoria: elas seriam "um estímulo ao progresso e um início de perfeição [...]. Assim, [o homem poderia] chegar àquela Sabedoria e repouso, não por seu nascimento, mas pela constância nos esforços [...]. Pois, se bem que tenha nascido na ignorância e nas dificuldades, contudo, necessidade alguma o obrigava a permanecer nesse estado em que nascera"[28].

O homem foi criado, portanto, feliz, mas não em estado acabado, sábio, mas não plenamente, imortal, mas não eterno; e tudo isso estava determinado pela possibilidade do pecado, que consistiria em a vontade orientar de forma equivocada o seu amor, desapegando-se de Deus e aproximando-se avidamente no desejo de posse das criaturas inferiores, sem deixar de passar, no entanto, por si mesma como ponto mediano, na condescendência com a sua própria excelência. O homem não foi criado em um estado final, mas chamado a caminhar em direção a ele por meio de um progresso ordenado: ele "deveria elevar-se progressivamente, de maneira ordenada, e abster-se do pecado, quando

---

27. De Libero Arbitrio III,xxiv,72: "Si ergo ita factus est homo, ut quamvis sapiens nondum esset, praeceptum tamen posset accipere, cui utique obtemperare deberet; nec illud iam mirum est, quod seduci potuit; [...] Ratione fit quisque praecepti capax, cui fidem debet, ut quod praecipitur, faciat. Sicut autem natura rationis praeceptum capit, sic praecepti observatio sapientiam. Quod est autem natura ad capiendum praeceptum, hoc est voluntas ad observandum".
28. De Libero Arbitrio III,xx,56: "Proficiendi admonitio, et perfectionis exordium, [...] ut ad haec non nascendo, sed studendo perveniat. [...] Quamquam enim in ignorantia et difficultate nata sit, non tamen ad permanendum in eo quod nata est, aliqua necessitate comprimitur".

podia pecar, até chegar um dia à felicidade, na qual já não poderia pecar. Porque, como já se disse, os dois são grandes bens, um menor e o outro maior. O menor consiste em poder não pecar; o maior, em não poder pecar; era, pois, necessário chegar, através de um bem menor, ao prêmio de um bem superior"[29]. Dotado de entendimento racional e de vontade livre, mas imerso em um corpo animal, ele mesmo ocupava um lugar mediano, entre os seres inferiores, incapazes de poder pecar porque desprovidos de entendimento e vontade, e os seres superiores, capazes de não poder pecar porque plenamente espirituais; ele tinha o seu destino em suas próprias mãos. Passar do bem menor ao maior, da imortalidade à eternidade, da felicidade ao gozo pleno, estava entregue à sua vontade: "É próprio da vontade escolher o que cada um pode optar e abraçar. E nada, a não ser a vontade, poderá destronar a alma das alturas de onde domina e afastá-la do caminho reto"[30]. Se quisesse, portanto, o homem poderia não só permanecer na felicidade recebida, mas também colheria como fruto dessa permanência a elevação a uma situação de plenitude e eternidade; a queda não era para ele de maneira alguma algo necessário ou inevitável: "Se ele tivesse querido permanecer, por decisão livre de sua vontade, em semelhante estado de retidão e sem vício, teria conquistado também, pelo mérito de sua fidelidade, a plenitude da bem-aventurança"[31].

No que diz respeito ao primeiro elemento da definição agostiniana de vontade – a meta do seu desejo definida como busca da felicidade –, podemos dizer que na condição original ela se realiza, mas não de forma plena. E isso se deve a que ela não é possuída de forma plena, sem perigo

---

29. *Contra Iulianum opus imperfectum* V,58: "Ab ipso gradu ordinatissime surgere debuit, ut si non peccasset quando peccare posset, ad eam beatitudinem perveniret ubi peccare non posset. Quia, sicut iam dixi, utrumque magnum bonum est, quamvis minus unum, alterum maius. Minus est enim posse non peccare, maius autem non posse peccare; et oportebat a merito boni minoris ad praemium pervenire maioris".
30. *De Libero Arbitrio* I,xvi,34: "Quid autem quisque sectandum et amplectendum eligat, in voluntate esse positum constitit; nullaque re de arce dominandi, rectoque ordine mentem deponi, nisi voluntate".
31. *De Correptione et Gratia* X,28: "In quo statu recto ac sine vitio, si per ipsum liberum arbitrium manere voluisset, profecto sine ullo mortis et infelicitatis exexperimento, acciperet illam, merito huius permansionis, beatitudinis plenitudinem".

de perda, pois ainda não se identifica com a eternidade, mas somente com a imortalidade. Dessa forma, ela está exposta à possibilidade de ser deteriorada, decaída em infelicidade, dependendo de uma decisão livre da vontade.

2. A vontade em si mesma: querer que se duplica em não querer

Como acabamos de ver, a felicidade do homem na sua condição original não era plena e acabada, porque a sua condição não era ainda a eterna, já que esta lhe seria concedida como prêmio à fidelidade na condição originalmente recebida. O seu destino dependia do seu querer, que, por sua vez, estava entregue ao livre-arbítrio de sua vontade: "O homem foi criado com livre-arbítrio; poderia não pecar se quisesse não pecar, mas não ficaria impune se quisesse pecar [...]. Enquanto permaneceu em seu estado de retidão, no qual podia não pecar, não recebeu o dom maior de não poder pecar, porque não quis permanecer no bem recebido até o dia prefixado para sua recompensa"[32]. Ele recebeu de Deus originalmente a graça necessária para poder permanecer aderido a Ele e assim ser feliz, mas o querer permanecer nessa situação estava entregue ao seu livre-arbítrio: Deus "lhe deu um auxílio indispensável para permanecer [na graça recebida], se quisesse; mas, o querer, o deixou ao livre-arbítrio de sua vontade. Poderia, portanto, permanecer naquele bem, se quisesse, porque não lhe faltava ajuda para isso, e sem essa ajuda não poderia aderir com perseverança ao bem proposto à sua vontade. Mas o não ter querido perseverar, sem dúvida, foi culpa sua"[33]. Recebera uma situação ordenada, reta e naturalmente direcionada para o bem, mas para que

---

32. *Contra Iulianum opus imperfectum* VI,12: "Cum libero enim sic est creatus arbitrio, ut posset non peccare, si nollet; non ut si vellet, impune peccaret. [...] Quamdiu vero in eadem rectitudine stetit, in qua poterat non peccare, ideo non accepit maius aliquid, hoc est, non posse peccare, quia in eo quod habuit, non usque ad finem remunerationis voluit permanere".

33. *De Correptione et Gratia* XI,32: "Dederat adiutorium, sine quo in ea non posset permanere si vellet; ut autem vellet, in eius libero reliquit arbitrio. Posset ergo permanere

permanecesse nessa ordem necessitava do auxílio da graça, "porque para receber o bem não necessitava da graça, por não tê-la ainda perdido, mas para a perseverança nele lhe era necessário o auxílio da graça, sem o qual não poderia consegui-la de modo algum"[34].

De fato, desde a sua origem, como característica que lhe é essencial, o livre-arbítrio da vontade é suficiente para gerar o mal, mas não para permanecer no bem. A força para permanecer sempre no bem estava contida na graça que ele recebera, mas não a força para não querer o mal; isto estava nas mãos do livre-arbítrio de sua vontade. Se o livre-arbítrio da vontade incorresse no mal, perderia no mesmo instante a graça de poder permanecer no bem, tal como de fato aconteceu. Quando ocorreu o pecado, o homem perdeu a graça original, que o mantinha no bem, pela capacidade que tinha de não pecar, e passou então a não poder não pecar. O livre-arbítrio originalmente tinha, portanto, autonomia para querer o mal (a graça não exclui a liberdade), mas para fazer o bem necessitava da graça: "Faltou ao primeiro homem a graça pela qual nunca quisesse ser mau; mas, se ele tivesse querido permanecer na graça recebida, nunca teria sido mau e sem ela, mesmo com o concurso do livre-arbítrio, nunca teria podido ser bom; mas podia perdê-la livremente"[35]. A graça concedida a Adão era de tal condição que não obrigava o livre-arbítrio, mas ao contrário o respeitava em sua natureza própria – essencialmente livre – que também era de acordo com a ordem criada. Assim, essa graça não era eficaz a ponto de mover necessariamente a vontade, já que respeitava a sua natureza própria: "Era de tal condição aquele auxílio que [o homem] podia renunciar a ele livremente ou admiti-lo, se quisesse;

---

si vellet: quia non deerat adiutorium per quod posset, et sine quo non posset perseveranter bonum tenere quod vellet. Sed quia noluit permanere, profecto eius culpa est".
34. *De Correptione et Gratia* XI,32: "Ut reciperet bonum, gratia non egebat, quia nondum perdiderat; ut autem in eo permaneret, egebat adiutorio gratiae, sine quo id omnino non posset".
35. *De Correptione et Gratia* XI,31: "Istam gratiam non habuit homo primus, qua numquam vellet esse malus; sed sane habuit, in qua si permanere vellet, numquam malus esset, et sine qua etiam cum libero arbitrio bonus esse non posset, sed eam tamen per liberum arbitrium deserere posset".

mas não era eficaz para mover a sua vontade"³⁶. Se, por um lado, não operando na vontade de Adão o querer e deixando-o entregue ao seu livre-arbítrio, a graça a ele concedida manifestava a não eficácia plena do querer, por outro lado, respeitando plenamente o seu livre-arbítrio, manifestava a sua força, poder e eficácia: "Não foi pequena aquela primeira graça, por meio da qual se manifestou a força do livre-arbítrio, porque prestava tal ajuda, que sem ela não poderia perseverar no bem, ainda que fosse livre para recusá-la, se quisesse"³⁷. De toda forma, estava no querer livre da vontade a decisão sobre o seu próprio destino: antes mesmo de que, abandonando a Deus, fosse ela abandonada por Ele, tornando-se o seu querer incapaz de não pecar e fazer o bem, antes disso, estava nela mesma a possibilidade do abandono de Deus, já que o seu querer havia sido abandonado ao poder do seu livre-arbítrio: "Se o homem não tivesse renunciado livremente a esse auxílio, teria sido sempre bom; mas o abandonou e foi então, por sua vez, também abandonado [por Deus]"³⁸. Em suma, Deus não operou em Adão o querer, como depois operará nos redimidos, e isso em enaltecimento de seu livre-arbítrio, que é respeitado em sua essência livre.

Mas o fato de não operar em Adão o querer e deixá-lo entregue ao seu livre-arbítrio não significa que Deus não lhe tenha dado um querer íntegro; bem ao contrário, ele só lhe concedeu um querer abandonado ao seu livre-arbítrio precisamente porque ele era íntegro, capaz não só de desejar o bem, mas também de colocá-lo em prática. É isso o que justifica a diferente maneira de Deus lidar com o querer de Adão e o dos redimidos, restaurados por Cristo após a queda: "Como *Adão era muito forte*, [Deus] o deixou e permitiu fazer o que quisesse; quanto aos santos, que eram *fracos*, os protegeu com dons de sua graça, para que com

---

36. *De Correptione et Gratia* XI,31: "Tale quippe erat adiutorium, quod desereret cum vellet, et in quo permaneret si vellet: non quo fieret ut vellet".
37. *De Correptione et Gratia* XI,31: "Nec illa quidem parva erat, qua demonstrata est etiam potentia liberi arbitrii, quoniam sic adiuvabatur, ut sine hoc adiutorio in bono non maneret, sed hoc adiutorium si vellet desereret".
38. *De Correptione et Gratia* XI,31: "Quod adiutorium si homo ille per liberum non deseruisset arbitrium, semper esset bonus: sed deseruit, et desertus est".

uma firmeza invencível amassem o bem e não o deixassem arrebatar"[39].

O fato de não lhe ter dado a força para não cair no mal, isto é, o dom da perseverança, mas somente as condições plenas para a sua efetivação, não significava nenhum defeito que impossibilitasse a vontade em sua ação. Diante dessa objeção de que houvesse em Adão uma vontade defeituosa em seu querer, diz Agostinho: "Se [Adão] não perseverou, como dizer que estava sem defeito, faltando-lhe um dom divino tão necessário? A essa pergunta se responde simplesmente: não teve a perseverança, porque *não permaneceu naquele bem em que se incluía a isenção de todo vício*. Este começou a existir com sua queda: logo, anteriormente à queda, esteve certamente sem vício. Porque uma coisa é não ter vício e outra é não permanecer no estado inocente e isento de vício"[40].

Para que a vontade fosse perfeita, íntegra e forte em Adão, duas condições se faziam necessárias, segundo Agostinho: que ela tivesse pleno conhecimento da justiça instaurada por Deus na ordem criada e que ela fosse inflamada a tal ponto em seu desejo de colocar esta justiça em prática que isso se tornasse plenamente possível; ou seja, era necessário que ela não tivesse ignorância nem dificuldade em agir livremente[41]. Embora reconhecendo, como já vimos, que em Adão possa ter havido ignorância e fraqueza, Agostinho não admite que estas se refiram a algo que pudesse obstaculizar a sua ação plenamente livre: ele havia sido bem instruído sobre a justiça da ordem criada e experimentava em seu desejo o gozo dos bens que recebera e que preenchiam os seus anseios; era inocente quanto ao pecado, que ainda não conhecia, mas não quanto à pena que lhe adviria em caso de que incorresse no pecado; e, sobretudo, não

---

39. *De Correptione et Gratia* XII,38: "Fortissimo quippe dimisit atque permisit facere quod vellet: infirmis servavit, ut ipso donante invictissime quod bonum est vellent, et hoc deserere invictissime nollent".
40. *De Correptione et Gratia* X,26: "Si perseverantiam non habuit, quomodo sine vitio fuit, cui tam necessarium Dei donum defuit ? Huic namque interrogationi facile respondetur, eum perseverantiam non habuisse, quia in eo bono, quo sine vitio fuit, non perseveravit: coepit enim habere vitium ex quo cecidit; et si coepit, antequam coepisset, utique sine vitio fuit. Aliud est enim non habere vitium; et aliud in ea bonitate, in qua nullum vitium est, non manere".
41. Cf. *De Spiritu et Littera* XXXV,63.

precisava lutar contra a concupiscência e contra seus desejos contrários à ordem criada, pois esta ainda não existia da forma corrompida como se experimenta após a queda, entendida como desejo desordenado dos bens mundanos, como fim em si mesmos. "Sem ter recebido este dom da perseverança no bem, o primeiro homem era livre para perseverar ou não perseverar, pois *sua vontade contava com forças para isso*, por ter sido *criado em estado inocente nem ter de lutar em si mesmo contra a concupiscência*; e por isso se confiou a seu arbítrio a faculdade de conservar semelhante caudal de bens e a facilidade de perseverar na justiça."[42] Bastava a Adão, portanto, conservar tão excelentes bens e perseverar, isso sim, se quisesse, no amor à justiça. A concupiscência, como movimento que origina luta no interior da vontade, entre os desejos que o apegam a este mundo e os desejos originários, ordenados segundo o reto amor a Deus e ao próximo, não existia nele: "O primeiro homem foi, antes do pecado, tão feliz e sua vontade tão livre que *cumpria o preceito do Senhor com a força extraordinária de sua alma*, sem experimentar em sua carne, contra seu querer, nenhum movimento contrário, antes de ser a natureza viciada"[43].

Possuir um querer íntegro significava para Adão ter o poder de realizar, sem dificuldade, aquilo que o desejo lhe apresentava como meta a ser buscada. Assim era o seu querer, dotado de plenos poderes para manter-se na posse dos bens recebidos na condição original e, além disso, progredir em direção à conquista da felicidade eterna. Seu querer tinha o poder para perseverar no respeito à ordem criada por Deus, querendo e agindo conforme o que nela estava determinado, ainda que estivesse aberto à possibilidade de querer o contrário. Adão recebera não a graça

---

42. *De Correptione et Gratia* XII,37: "Ut ergo non acciperet hoc donum Dei, id est in bono perseverantiam, primus homo, sed perseverare vel non perseverare in eius relinqueretur arbitrio, tales vires habebat eius voluntas, quae sine ullo fuerat instituta peccato, et nihil illi ex se ipso concupiscentialiter resistebat, ut digne tantae bonitati et tantae bene vivendi facilitati perseverandi committeretur arbitrium".

43. *Contra Iulianum opus imperfectum* VI,14: "Tam beatum fuisse illum hominem ante peccatum, tamque liberae voluntatis, ut Dei praeceptum magnis viribus mentis observans, resistentem sibi carnem nullo certamine pateretur, nec aliquid omnino ex aliqua cupiditate sentiret, quod nollet".

da perseverança, mas a graça da sua possibilidade: "O primeiro homem, criado na justiça original, havia recebido a faculdade de *poder não pecar, poder não morrer, poder não abandonar o bem*; foi-lhe concedido não o auxílio que o levasse a perseverar, mas o auxílio sem o qual não poderia perseverar, usando de seu livre-arbítrio"[44]. Com o querer entregue a seu livre-arbítrio, a sua existência estava sempre marcada por uma possibilidade aberta de um sim ou de um não à ordem impressa por Deus na criação (pecar ou não pecar, morrer ou não morrer, permanecer aderido ao bem ou apartar-se dele), mas a sua orientação natural era para a manutenção da ordem e elevação à sua condição final, onde já não mais haveria a possibilidade de rejeição dessa ordem: "A *primeira potestade da perseverança* foi a de *poder não abandonar o bem*; a última felicidade da perseverança será *não poder abandonar o bem*"[45].

Pelágio, negando a existência da queda de uma condição original, afirmava que o homem foi criado com o poder de querer o bem, como um dom que lhe foi dado por Deus, e só a Ele pertence, mas o fato mesmo de querer este bem e o colocá-lo em prática estaria entregue totalmente ao seu livre-arbítrio, de maneira que ele poderia permanecer no bem contando apenas com as suas próprias forças:

> Nós [diz ele] distinguimos estas três coisas e as dividimos classificadas em uma ordem determinada. Em primeiro lugar estabelecemos o poder; em segundo, o querer; em terceiro, o ser. Colocamos o poder na natureza, o querer no arbítrio e o ser na execução. O primeiro, isto é, o poder, pertence a Deus, que o concedeu à sua criatura; mas os outros dois, isto é, o querer e o ser, nós os atribuímos ao homem, porque procedem da fonte do arbítrio [...]. Assim, sou livre para não possuir nem a boa vontade nem a ação, mas de modo algum para não possuir a possibilidade do bem[46].

---

44. *De Correptione et Gratia* XII,34: "Primo itaque homini, qui in eo bono quo factus fuerat rectus acceperat posse non peccare, posse non mori, posse ipsum bonum non deserere, datum est adiutorium perseverantiae, non quo fieret ut perseveraret, sed sine quo per liberum arbitrium perseverare non posset".
45. *De Correptione et Gratia* XII,33: "Prima erat perseverantiae potestas, bonum posse non deserere; novissima erit felicitas perseverantiae, bonum non posse deserere".
46. *De Gratia Christi et de Peccato Originali* I,iv,5: "'Nos' inquit, 'sic tria ista distinguimus, et certum velut in ordinem digesta partimur. Primo loco posse statuimus, secundo

Para Agostinho, ao contrário, embora tenha recebido de Deus o poder de querer o bem e de praticá-lo, e de ter o próprio querer entregue ao seu arbítrio, não obstante, para efetivar o querer o bem e a sua prática, Adão necessitava também da graça de Deus; ele possuía, contando unicamente com as suas próprias forças, somente a possibilidade de não querer o proposto por Deus na ordem criada. Deus lhe concedera o poder, mas não o querer. Estava em seu poder assentir ao que era proposto por Deus, mas querer ou não dar este consentimento estava entregue ao livre-arbítrio de sua vontade. De fato, de Deus vem todo o poder, mas não toda a vontade, porque é óbvio que a má vontade que leva ao pecado não pode proceder de Deus: "O assentimento, certamente, é um ato da vontade –, logo, sem dúvida, a fé está em nosso poder. Mas – como diz o Apóstolo – *não existe poder senão de Deus* (Rm 13,1). No entanto, nunca lemos nas Sagradas Escrituras: 'Não existe vontade senão de Deus'"[47]. O assentimento ao proposto por Deus, que não é outra coisa que a fé, era plenamente possível a Adão, porque recebera de Deus esse dom, mas o atualizá-lo efetivamente dependia de seu querer.

Assim, mais que querer ou não o bem, como objeto que se lhe apresentava desde fora, é a própria estrutura da vontade, duplicada em querer e não querer, que estava em questão na vontade de Adão como algo que lhe era essencial. Faz parte da essência da vontade, de sua estrutura, o ter disposição sobre si mesma, poder querer ou não querer aquilo que se lhe apresenta, ou seja, ter a si mesma em seu próprio poder. Pois

> não podemos negar que algo não está em nosso poder quando aquilo que queremos não se encontra à nossa disposição. Entretanto, quando queremos, se a própria vontade nos faltasse, evidentemente não o quereríamos.

---

velle, tertio esse. Posse in natura, velle in arbitrio, esse in effectu locamus. Primum illud, id est, posse, ad Deum proprie pertinet, qui illud creaturae suae contulit: duo vero reliqua, hoc est, velle et esse, ad hominem referenda sunt, quia de arbitrii fonte descendunt. […] Itaque liberum mihi est nec voluntatem bonam habere, nec actionem: nullo autem modo possum non habere possibilitatem boni'".

47. *De Spiritu et Littera* XXXI,54: "Consensio autem utique volentis est, profecto fides in potestate est. Sed, sicut Apostolus dicit: *Non est potestas nisi a Deo*. Quid igitur causae est cur non et de ista nobis dicatur: *Quid enim habes quod non accepisti?* Nusquam autem legimus in sanctis Scripturis: 'Non est voluntas nisi a Deo'".

Mas, se, por impossível, acontecer que queiramos sem o querer, está claro que a vontade não falta a quem quer. E nada mais está tanto em nosso poder, quanto termos à nossa disposição o que queremos. Consequentemente, *nossa vontade nem mais seria vontade, se não estivesse em nosso poder*[48].

Ou seja, ter poder sobre o seu próprio querer, o que significa a possibilidade da escolha do não querer, faz parte essencial da vontade. Dessa forma, não só os objetos de seu desejo estão sob seu poder, mas também, de maneira especial, ela mesma; na verdade, "nada se encontra tão plenamente em nosso poder como a própria vontade. Pois esta, desde que o queiramos, sem demora, estará disposta à execução"[49]. O querer livre, inteiramente à disposição de si mesmo, é tão essencial à vontade que sem ele não se poderia de maneira alguma falar de vontade. Poder-se-ia imaginar na vontade a falta de poder, que se expressa, por exemplo, na impotência de fazer o que quer, e ainda assim continuaria a existir a vontade, mesmo que não plena, mas sem o querer mesmo não se poderia mais falar de vontade. Assim, podemos imaginar uma situação hipotética em que a vontade seja forçada a fazer não o quer, mas o que lhe é imposto contra a sua própria vontade, e, ainda assim, "a vontade *é tão poderosa* que mais *quer* não executar esta ação que sofrer aquela violência, então indubitavelmente resiste a quem a *coaciona* e não executa aquela ação"[50]. Mantém firme o seu querer, ainda que não o possa realizar; mantém-se claramente como vontade, ainda que não plena, porque não pode realizar o que deseja; "não age certamente com plena e livre vontade, ainda que não aja, no entanto, sem a vontade"[51]. No caso hipotético que acabamos

---

48. *De Libero Arbitrio* III,iii,8: "Non enim negare possumus habere nos potestatem, nisi dum nobis non adest quod volumus; dum autem volumus, si voluntas ipsa deest nobis, non utique volumus. Quod si fieri non potest ut dum volumus non velimus, adest utique voluntas volentibus; nec aliud quidquam est in potestate, nisi quod volentibus adest. Voluntas igitur nostra nec voluntas esset, nisi esset in nostra potestate".
49. *De Libero Arbitrio* III,iii,7: "Nihil tam in nostra potestate, quam ipsa voluntas est. Ea enim prorsus nullo intervallo, mox ut volumus praesto est".
50. *De Spiritu et Littera* XXXI,53: "Nam si tanta voluntas sit, ut malit hoc non facere quam illud non pati, cogenti procul dubio resistit nec facit".
51. *De Spiritu et Littera* XXXI,53: "Ac per hoc, si facit, non quidem plena et libera voluntate, sed tamen non facit nisi voluntate".

de imaginar, "se, cedendo à coação, [a vontade] quisesse agir e não pudesse, não diríamos que faltou a vontade, ainda que violentada, mas o poder. Pelo contrário, se não agisse por não querer, então teria havido sem dúvida poder, mas teria faltado a vontade, já que esta, resistindo à coação, não agiu"[52]. A vontade é essencialmente uma faculdade orientada para a ação; anterior a esta, e como sua condição de possibilidade, está a duplicação do querer em não querer, mas nunca uma falta de querer. Vontade sem querer não é vontade; vontade sem poder realizar o que se quer ainda é vontade, mesmo que não plena.

Mas o desejado pela vontade só pode estar em seu poder, e ela mesma só pode ter a si mesma em seu próprio poder, porque isso já estava inscrito em sua própria natureza como dever. Devido ao seu posto elevado na criação, como criatura espiritual, dotada de vontade livre, o homem deveria naturalmente querer conforme a ordem impressa por Deus na criação: "Aqueles seres que receberam a capacidade de querer devem-lhe tudo o que lhes é possível para progredir, se o quiserem. Devem, assim, tudo o que têm a obrigação de ser. Em consequência, ninguém é responsável pelo que não recebeu. Contudo, é culpado, com justiça, se não fizer o que devia. Ora, *é dever fazê-lo quem recebeu uma vontade livre e uma capacidade suficientemente grande para isso*"[53]. Como recebera uma vontade livre, e nela um querer íntegro, com capacidade para efetivar o que de fato desejasse, Adão deveria não pecar, e assim não perverter a ordem criada, não por causa de um preceito externo, mas em seguimento ao movimento natural que emergia do mais profundo de seu próprio ser criado, como lei interna impressa em si mesmo por Deus. Assim manteria a ordem criada e progrediria naturalmente em direção ao estado final de sua vontade em que já nem poderia pecar:

---

52. *De Spiritu et Littera* XXXI,53: "Si enim cogenti cedens vellet facere nec posset, ei voluntatem affuisse licet extortam, sed potestatem defuisse diceremus. Cum vero ideo non faciebat, quia nolebat, erat utique potestas, sed voluntas deerat, quamdiu cogenti reluctando non fecit".

53. *De Libero Arbitrio* III,xvi,45: "Quidquid melius possunt esse si velint, quaecumque acceperunt ut velint; et quidquid oportet eas esse. Ex eo igitur quod non accepit, nullus reus est: ex eo vero quod non facit quod debet, iuste reus est. Debet autem, si accepit et voluntatem liberam, et sufficientissimam facultatem".

Cada um deve o que recebeu. Portanto, se o homem tivesse sido criado de tal modo que pecasse inevitavelmente, seu dever seria pecar. E ao pecar, portanto, faria o que devia, e não faria senão seguir a lei da natureza. Mas já que seria crime falar dessa maneira, segue-se que ninguém é obrigado por sua natureza a pecar. Tampouco é obrigado a ser levado por uma natureza alheia, porque ninguém peca sujeitando-se ao que não quer, por própria vontade [...]. Posto que ninguém seja forçado a pecar, nem por sua própria natureza, nem pela natureza de outro, logo só vem a pecar por sua própria vontade[54].

É só porque estava impressa em sua própria natureza a ordem criada, e dentro dessa ordem o seu lugar era precisamente ser livre – tendo a si mesma em seu próprio poder, com plena potencialidade para realizar o que desejasse –, que a vontade de Adão pode ser inculpada por não querer agir conforme ao que estava impresso nessa ordem: Deus, que "de antemão também *preceituou* [a Adão] *querer* isso, deu-lhe o *poder* para tanto, e não deixou impune o *não querer*"[55]. Só poderia haver culpa, e a correspondente aplicação da pena à sua ação indevida, se a vontade fosse originalmente íntegra em sua estrutura, em seu querer livre e no poder de realizar o que este querer lhe apresentasse como desejo: "Em todos os casos em que haja defeitos na natureza [...], ali não há culpa. Como também não há culpa no ser que durante sua existência não recebeu a capacidade de ser mais perfeito do que foi. Enfim, só há culpa no caso de um ser recusar-se a ser o que tinha o poder de ser, se o quisesse. E porque ali se trata de recusar um bem que lhe foi dado, a alma se torna culpada"[56]. Assim, a vontade adâmica só pôde ser inculpada e castigada porque tinha plenos poderes para efetivar os seus desejos mais

---

54. *De Libero Arbitrio* III,xvi,46: "Si enim hoc debet quisque quod accepit, et sic homo factus est, ut necessario peccet, hoc debet ut peccet. Cum ergo peccat, quod debet facit. Quod si scelus est dicere, neminem natura sua cogit ut peccet. Sed nec aliena. Non enim quisque dum id quod non vult patitur, peccat. [...] Quod si neque sua neque aliena natura quis peccare cogitur, restat ut propria voluntate peccetur".
55. *De Libero Arbitrio* III,xvi,46: "Ille qui et velle praecepit, et posse praebuit, et non impune nolle permisit".
56. *De Libero Arbitrio* III,xx,44: "In omnibus ergo defectibus, [...] nulla culpa est; sicut etiam cum sunt, quia non acceperunt amplius esse quam sunt, nihilominus nulla culpa est; aut nolunt esse, quod si vellent, esse acceperunt; et quia bonum est, reatus est si nolint".

originários e profundos, se quisesse, e, por isso mesmo, a pena que lhe foi imposta por não haver querido consistiu precisamente em perder o poder de efetivar seus desejos ainda quando quisesse: parece justo "que aquele que *não quis fazer o bem quando podia* perca o *poder de fazer o bem quando quer*"[57]. Adão recebeu, portanto, o poder para realizar o bem que desejava e que estava inscrito em seu próprio ser, ainda que, com o querer entregue ao seu livre-arbítrio, recebeu também o poder para dar origem ao mal, o que ocorreria ao não querer seguir o movimento natural inscrito em seu ser. Para a consecução do primeiro, o faria inevitavelmente com o concurso da graça; para o segundo, o faria contando somente com as forças de seu livre-arbítrio. Embora tivesse recebido também o poder para dar origem ao mal, isso não significava que devesse fazê-lo: "Ainda que este poder lhe tenha sido concedido, não por isso, certamente, se impôs a necessidade de agir desta forma"[58]. O poder para ambas as coisas não lhe foi concedido igualmente, com a mesma capacidade de influência sobre o seu agir: para agir corretamente, seguiria o movimento natural inscrito em seu próprio ser; para agir desordenadamente, agiria contra a sua própria natureza, e, por isso mesmo, sofreria como consequência a perda da ordem original. Os pelagianos, ao contrário de Agostinho, admitiam que o livre-arbítrio tinha sido concedido ao homem com capacidade ontologicamente semelhante tanto para o bem quanto para o mal, e, por isso mesmo, se definia essencialmente pela possibilidade de escolher entre o bem e o mal. Juliano de Eclano expressa isso claramente: "Que classe de livre-arbítrio pensas tu que foi concedido a nossos primeiros pais, pois confessas ter-lhes sido outorgado? Consistia, certamente, na opção de poder fazer o mal ou evitá-lo, abandonar a justiça ou praticá-la. Não existiria vontade de pecado se não a precedesse a possibilidade de querer pecar"[59]. O próprio Pelágio explica essa semelhante

---

57. *De Civitate Dei* XIV,xv,2: "Quoniam noluit quod potuit, quod non potest velit".
58. *De Spiritu et Littera* XXXI,54: "Sed cum potestas datur, non necessitas utique imponitur".
59. *Contra Iulianum opus imperfectum* VI,11: "Quale igitur autumas fuisse arbitrium liberum, quod collatum primis hominibus confiteris? Certe ut possent animi alternare

capacidade do livre-arbítrio para o bem e para o mal através da imagem de uma árvore cuja raiz é semelhante e, dependendo dos caminhos que tome em seu crescimento, chegaria a dar frutos bons ou maus: "Temos a possibilidade, concedida por Deus, de ambas as coisas, como que de certa raiz frutífera e fecunda, por assim dizer, a qual gera e produz, a partir da própria vontade do homem, diversos frutos, e pode, portanto, de acordo com a vontade do próprio cultivador, ou brilhar com a flor das virtudes ou estar encrespada com os espinhos dos vícios"[60]. Dessa forma, a essência do livre-arbítrio da vontade estaria em querer o bem ou o mal, e não em sua orientação natural para o bem, ainda que submetida a uma duplicação também natural do querer em não querer. Tal é a concepção de Agostinho; segundo ele, a capacidade para o bem ou para o mal em Adão não brota de uma mesma raiz no livre-arbítrio, pois, enquanto a prática do bem procede do amor ordenado, que vem de Deus, a escolha equivocada que dá origem ao mal procede da concupiscência: "Aquela possibilidade não é, contra o que pensa Pelágio, uma única e mesma raiz do bem e do mal. Pois uma coisa é a caridade (*caritas*), raiz do bem, e outra a cobiça (*cupiditas*), raiz do mal; e diferem entre si tanto quanto a virtude e o vício. Entretanto, a possibilidade é certamente capaz de ambas as raízes, porque não só pode ter a caridade, pela qual a árvore será boa, mas também a avareza, pela qual a árvore será má"[61].

Mas é a concupiscência que dá origem ao mal ou é o surgimento deste que dá origem àquela? Havia já a concupiscência na condição original, considerando que isso significaria a qualificação do querer original como não sendo íntegro, o que não se pode conceber em Adão, como já vimos? Aqui, Agostinho dá a entender que o primeiro movimento da

---

motus, et vel facere malum, vel recedere a malo, vel deserere vel servare iustitiam. Voluntas ergo peccandi non fuisset, nisi volendi possibilitas anteisset".
60. Citado por Agostinho na obra *De Gratia Christi et de Peccato Originali* I,xviii,19.
61. *De Gratia Christi et de Peccato Originali* I,xx,21: "Illa ergo possibilitas, non ut iste opinatur, una eademque radix est bonorum et malorum. Aliud est enim caritas radix bonorum, aliud cupiditas radix malorum; tantumque inter se differunt, quantum virtus et vitium. Sed plane illa possibilitas utriusque radicis est capax; quia non solum potest homo habere caritatem, qua sit arbor bona, sed potest etiam cupiditatem, qua sit arbor mala".

vontade em direção ao mal foi a tal ponto antinatural que consistiu em algo deficiente, uma ausência de movimento. O primeiro passo em direção ao mal foi o afastamento de Deus e o centramento em si mesmo, pela condescendência com a própria excelência, e só a seguir veio o movimento positivo de aproximação avara dos bens inferiores deste mundo. Pelo primeiro movimento se paralisa o movimento natural da vontade; uma vez paralisado e, tendo o homem perdido o lugar próprio de sua estabilidade na ordem criada, ele cai, ou melhor, é precipitado para baixo, como diz Agostinho, e se vê perdido no amor dos bens inferiores do mundo. A concupiscência que dá origem ao mal, a soberba, vai sempre acompanhada do movimento de afastamento de Deus e da perda de adesão a ele. Não por acaso Agostinho hesita, ao comentar o versículo bíblico de Sirácida 10,14-15 ("o princípio do pecado do homem é o afastar-se de Deus; e a soberba é o princípio de todo pecado"), em apresentar como primeira causa do pecado a soberba ou o afastamento de Deus. Dessa forma, como capacidade, havia no livre-arbítrio da vontade a possibilidade de não querer manter-se na ordem estabelecida por Deus, e, ao proceder assim, agiria contrariamente ao movimento natural inscrito em si mesmo; posteriormente viria o movimento efetivo de busca de preenchimento de seu desejo de plenitude por meio dos seres inferiores, passageiros. O mal surge, portanto, positivamente de uma negação, do afastamento de Deus e da perda de adesão a ele; a escolha efetiva do que tem menos ser em detrimento do que tem mais surge de uma capacidade primeira de não querer permanecer aderido ao que sustenta o seu ser, o seu conhecer e o seu querer. Na essência da vontade está essa duplicação do querer em não querer, da qual surge a possibilidade do amor positivo pelo mundo. E tudo isso acontece pela ação de uma concupiscência que misteriosamente surge concomitantemente ao afastamento de Deus; ela própria existia como possibilidade em Adão: "Assim, pois, quando o homem peca, não peca segundo a caridade, mas segundo a concupiscência, pela qual não nasceu de Deus, posto que a possibilidade, como já se disse, é capaz de ambas as raízes"[62].

---

62. *De Gratia Christi et de Peccato Originali* I,xxi,22: "Cum ergo peccat homo, non secundum caritatem, sed secundum cupiditatem peccat, secundum quam non est natus ex Deo: quoniam illa possibilitas, ut dictum est, utriusque radicis est capax".

3. A vontade e sua forma de agir: a sua essencial autonomia e liberdade

Como vimos nos pontos anteriores, tanto a busca da felicidade quanto a situação do querer da vontade de Adão estão em dependência da ação do seu livre-arbítrio. Estes dois elementos da vontade só podem ser entendidos à luz deste terceiro elemento, que é a liberdade. Por um lado, a liberdade é a condição de possibilidade e o ambiente em que se move a vontade do homem em sua busca da felicidade, de maneira que, mesmo após a queda, essa busca é um resquício em si de sua condição original, quando a sua liberdade era ainda plena: "Se buscarmos no homem *este livre-arbítrio original e inadmissível*, [veremos que] o desejo de felicidade existe em todos os homens, inclusive nos que não querem utilizar-se dos meios que conduzem a esta felicidade"[63]. Se o homem, mesmo após a queda, deseja a felicidade e se empenha em conquistá-la, é porque algo da autêntica liberdade original ainda permanece nele: *"Existe uma liberdade dada ao homem que permanece sempre na natureza*, e é esta vontade que nos faz querer ser felizes e não podemos não querê-lo"[64]. Por outro lado, se é essencial à vontade, como condição de sua passagem à ação, sua função mais própria, a duplicação do seu querer em não querer, é a sua liberdade que medeia esta relação entre querer e não querer, e finalmente leva a uma decisão que põe fim à tensão instaurada entre eles[65]. Mas, como a Adão, Deus não concedeu a felicidade final, condicionando-a à escolha de seu livre-arbítrio, nem operou nele o querer, deixando-o entregue ao livre-arbítrio de sua vontade, então é fundamental que entendamos bem em que consiste e qual é o estado do livre-arbítrio na condição original da humanidade.

---

63. *Contra Iulianum opus imperfectum* VI,11: "Hominis vero liberum arbitrium congenitum et omnino inamissibile si quaerimus, illud est quo beati omnes esse volunt, etiam hi qui ea nolunt quae ad beatitudinem ducunt".
64. *Contra Iulianum opus imperfectum* VI,12: "Immutabilis autem, cum qua homo creatus est et creatur, illa libertas est voluntatis, qua beati esse omnes volumus, et nolle non possumus".
65. Cf. *Contra Iulianum opus imperfectum* I,47.84.

A questão da liberdade da vontade na condição original da humanidade foi trabalhada por Agostinho, sobretudo, no contexto da discussão acerca do pecado original e, especificamente, das condições em que ele foi cometido. Embora seja uma questão que atravessa toda a obra agostiniana, ela recebeu especial tratamento na controvérsia anti-pelagiana, e mais especificamente no diálogo com Juliano de Eclano. Já em *As duas almas contra os maniqueus*, como decorrência de sua clássica definição de "vontade", dada nesta obra, Agostinho definira o pecado original como "a vontade de reter ou conseguir algo que a justiça proíbe e do qual há liberdade para abster-se"[66]. Ficava claro nessa definição que o que tornava o primeiro pecado "original" era o fato de ele ter sido originado na vontade, em uma situação em que ela tinha plenas condições para não originá-lo. Só se pode falar em pecado quando há pleno conhecimento da ordem de justiça, contra a qual ele se opõe, e plena liberdade para querer acolhê-la ou rejeitá-la. Noutras palavras, só há pecado quando há vontade, e vontade em plenas condições de funcionamento. Por isso, não se pode falar em pecado a não ser em sentido derivado, e não mais original, quando a vontade já não é mais livre, como ocorre após a queda, quando ela perde a liberdade de poder fazer o quer como pena do pecado: a definição "é verdadeira precisamente porque se refere unicamente ao que é pecado, excluindo o castigo do pecado [...]. [A vontade] é livre na medida em que é libertada, e nessa mesma medida se chama vontade. Caso contrário, se deveria chamar com maior propriedade a tudo isso de apetência (*cupiditas*) antes que de vontade"[67]. Ou seja, se falta à vontade liberdade, permanece nela somente outro elemento que lhe é essencial, o desejo, mas, não sendo este livre, nem se pode falar propriamente de vontade, ou pelo menos de vontade plena. A liberdade é fundamental à definição da vontade: "Se não houver liberdade tampouco pode haver vontade"[68].

---

66. *De Duabus Animabus contra Manichaeos* XI,15: "Peccatum est voluntas retinendi vel consequendi quod iustitia vetat, et unde liberum est abstinere".
67. *Retractationum* I,xv,4: "Propterea vera est, quia id definitum est quod tantummodo peccatum est, non quod etiam poena peccati. [...] In tantum enim libera est, in quantum liberata est, et in tantum appellatur voluntas. Alioquin tota cupiditas quam voluntas proprie nuncupanda est".
68. *De Duabus Animabus contra Manichaeos* XI,15: "Quanquam si liberum non sit, non est voluntas".

Não é por acaso, portanto, que no centro do debate de Agostinho com Juliano de Eclano o que esteja em questão seja o conceito de "pecado", e, na origem dele, o conceito de "vontade". Juliano define claramente a vontade como "um *movimento da alma* de alguém que, por sua idade, *pode já julgar as coisas pela razão*, e, quando se lhe propõe o castigo ou o prêmio [...], não se lhe impõe necessidade de inclinar-se por uma das duas partes. Esta vontade, ante uma alternativa, *tem em sua própria essência o poder de escolher mediante o livre-arbítrio*"[69]. Como se pode ver, a definição desdobra o significado da palavra "livre-arbítrio", acentuando em primeiro lugar o seu aspecto noético, a capacidade de arbitrar, pelo uso da razão, entre diferentes alternativas, perante as quais, em segundo lugar, a vontade é livre para decidir-se. A essência da vontade estaria em sua capacidade de escolha, decorrente da possibilidade aberta pela sua natural duplicação do querer. A definição identifica a vontade com o livre-arbítrio e a compreende, então, como possibilidade de escolha entre diferentes alternativas; no caso da condição original do homem, entre o bem e o mal. Segundo essa definição, só se poderia falar em pecado, portanto, quando há uso da razão e condições de liberdade de escolha; razão pela qual, segundo os pelagianos, não teria sentido batizar crianças, nas quais não haveria pecado: "Não há vontade antes de querer; nem se pode querer antes que se possa não querer; o querer ou não querer não tem qualidade de pecado antes de se alcançar o uso da razão"[70]. Ou seja, o pecado nasce na vontade, em sua própria estrutura que duplica o querer em não querer, mas, sobretudo, na sua liberdade de escolher qualquer uma destas alternativas: "A liberdade do querer exclui toda necessidade; ninguém é bom ou mau se não é livre para querer o contrário"[71]. Dessa

---

69. *Contra Iulianum opus imperfectum* I,47: "Motus autem animi eius, qui iam per aetatem iudicio rationis uti potest; cui cum poena monstratur et gloria, [...] non necessitas imponitur partis alterutrae. Haec igitur voluntas, quae alternatur, originem possibilitatis in libero accepit arbitrio".
70. *Contra Iulianum opus imperfectum* I,47: "Nec est prorsus voluntas antequam velit, nec potest velle antequam potuerit et nolle; nec utrumque habet in parte peccati, id est, velle et nolle, antequam usum rationis adipiscitur".
71. *Contra Iulianum opus imperfectum* I,84: "Arbitrii libertas propulsatrix necessitatum, ut nemo sit vel bonus vel malus, cui non sit liberum esse contrarium".

forma, o homem teria sido criado por Deus nem bom nem mal, mas se tornaria uma coisa ou outra de acordo com as suas escolhas livres.

Em sua argumentação contra Agostinho, Juliano se centra, sobretudo, na afirmação de que, ao estabelecer que a falta originária de Adão trouxera como consequência a perda da liberdade de sua vontade, Agostinho acabava por destruir a própria faculdade da vontade, que é essencialmente livre. Seria absolutamente contraditório, segundo ele, que a vontade, exercendo a sua própria essência – ser livre –, chegasse a extinguir a si mesma – tornando-se escrava: "Dizes [Agostinho] que usaram de sua própria vontade, isto é, que por um movimento livre da alma perderam o livre-arbítrio [...]; e esta liberdade, dizes, perdeu sua condição por um ato de sua vontade; de sorte que é preciso crer que pereceu pelo ato mesmo que prova a sua existência"[72]. Segundo Juliano, ao afirmar que a vontade, não querendo seguir o movimento natural que estava inscrito em si mesma, colhera como consequência a impossibilidade de escolha entre o querer e o não querer, Agostinho destruía o conceito de "vontade" entendido como duplicação do querer: ao "designar com este vocábulo [livre-arbítrio] a impossibilidade de escolher entre duas partes contrárias, deverias dar-te conta de que a escravidão ou a não liberdade é a impossibilidade de optar por um dos contrários"[73]. Se for natural que os bens sejam dados para que permaneçam[74], é contraditório que fosse concedido ao homem um bem que no seu próprio exercício chegasse à sua própria extinção: "Porque iria perder uma faculdade que lhe foi outorgada para que pudesse querer ou não querer o que quisesse?"[75]. Assim Agostinho introduzia no âmago da faculdade da vontade – o ser livre –,

---

72. *Contra Iulianum opus imperfectum* VI,11: "Hoc postquam uti coeperunt propria voluntate, id est motu animi cogente nullo, tu dicis liberum arbitrium perdidisse. [...] hanc autem tu libertatem conditionem suam dicis voluntatis opere perdidisse, ut per hoc interiisse credatur, per quod solum probatur vigere".

73. *Contra Iulianum opus imperfectum* III,120: "Ut id dici liberum posse arbitrareris, quod inter duo contraria uni doceretur adhaerere, respicere debuisti exponi aliter non posse captivum, id est non liberum, quam ut inter duo contraria uni vindicaretur addictum".

74. Cf. *Contra Iulianum opus imperfectum* VI,19.

75. *Contra Iulianum opus imperfectum* VI,11: "Per quid igitur facultatem illam perderet, quae ad hoc fuerat instituta, ut posset velle, posset nolle quod voluit".

aquilo que lhe era exatamente oposto, a necessidade: "Se dizes que *nossa natureza deve somente padecer a necessidade do mal*, já não há dúvida de que ela se encontra na pior das condições, pois não tem outro privilégio que o de uma *dura necessidade*; prova de que a natureza de Adão era má, sem restar-lhe, como um possível abrigo, a menor sombra de vontade"[76]. Ou seja, ao afirmar que a vontade após a queda, na linha do que diz o apóstolo Paulo, não pode fazer o bem que quer, mas somente o mal que não quer (cf. Rm 7,15-21), Agostinho teria extinguido o conceito de "vontade" e o de "liberdade", pois assim como a vontade supõe a possibilidade do querer e não querer, a liberdade supõe a possibilidade de escolha entre alternativas diferentes: "E acrescentas [diz Juliano de Agostinho]: 'Livre é a vontade para o mal, mas não é livre para o bem', e com esta linguagem, tão suja quanto sacrílega, declaras livre àquele que afirmas poder querer só uma cosa"[77]. E, mais estranhamente ainda, ao contrário do que parece combater contra os maniqueus, Agostinho teria atribuído ao homem, como algo que lhe é mais próprio, o poder fazer o mal[78].

Segundo Juliano, para quem não houve uma queda da condição original, essa situação seria também a de Adão, e, por isso mesmo, com essa teoria se inscreveria na natureza originalmente criada o próprio mal, como outrora haviam feito os maniqueus. Para ele, no entanto, desde o primeiro momento da natureza humana, ela está exposta a uma situação similar de dever escolher entre o bem e o mal, de maneira que o pecado só pode ser explicado pelo exercício da liberdade da vontade, e nunca por uma necessidade imposta pela natureza: "A vontade do pecador é culpável, pois pôde querer tanto o bem quanto o mal. Desaparece a ficção de sua necessidade. O pecado não radica na condição da natureza,

---

76. *Contra Iulianum opus imperfectum* VI,12: "Si dixeris talem factam esse naturam, quae mali tantum necessitatem pateretur; nulli dubium remanebit, teterrimam eam definiri, cui peioris partis violentia sola tribuatur; probaturque Adam quoque malae fuisse naturae; et nullius remanebit voluntarii, sub qua delitescas, umbra commissi".
77. *Contra Iulianum opus imperfectum* I,100: "Et adiungis: *Voluntas quae libera est in malis, libera in bonis non est*; non minore plane stultitiae professione, quam profanitatis, liberum vocas, quod dicis nisi unum velle non posse".
78. "Daí se segue que o homem tem um bem que lhe é próprio, o poder fazer o mal" (*"Per hoc igitur suppetit homini habere proprium bonum, per quod ei subest posse facere malum"*: *Contra Iulianum opus imperfectum* I,82).

mas na natureza do livre-arbítrio"[79]. Contrariamente ao que, segundo ele, pensa Agostinho, ao se definir o livre-arbítrio da vontade como a possibilidade de escolher entre o bem e o mal, não se faz mais que enaltecer e acentuar aquilo que é mais próprio e essencial à vontade, a sua liberdade: "A liberdade não é outra coisa que a possibilidade de agir bem ou mal, mas voluntariamente. Como é possível que ela pereça por um ato que prova a sua existência, pois *a má e a boa vontade não suprimem a liberdade, mas a proclamam?*"[80]; "a falta de liberdade é a impotência de escolher entre duas coisas contrárias, e, pelo contrário, a *liberdade é a faculdade de escolha*"[81]. O fato de estar colocado entre duas alternativas, o bem e o mal, não depõe contra o livre-arbítrio da vontade, mas, ao contrário, é a condição de possibilidade do seu pleno exercício, de acordo com a sua própria natureza: "A possibilidade de fazer o bem e o mal é boa, porque poder fazer o bem é aula de virtude e poder fazer o mal é *testemunho de liberdade*"[82]. Ou seja, o livre-arbítrio é solicitado por um lado pelos prazeres deste mundo e por outro lado pelas admoestações da virtude, e sua essência consiste em escolher livremente uma dessas alternativas, sem ser pressionado para nenhum lado: "O livre-arbítrio, solicitado pelos prazeres ou persuasões diabólicas, se inclina ao mal; ao bem se inclina pela virtude e pelas diferentes espécies de graça; ele só pode subsistir, no entanto, *com a ausência de qualquer necessidade*, seja para agir segundo a justiça, seja para pecar"[83]. Dessa forma, segundo

---

79. *Contra Iulianum opus imperfectum* I,106: "Rea voluntas convincitur peccatoris, quae potuit utique tam bonum velle, quam malum voluit. Totum ergo figmentum necessitatis evanuit; ac per hoc, nullum est de naturae conditione peccatum; sed liberum arbitrium in natura hominum perseverat".
80. *Contra Iulianum opus imperfectum* VI,11: "Libertas autem nihil est aliud quam possibilitas boni malique, sed voluntarii. Qui ergo fieri potuit ut per hoc interiret, per quod proditur instituta, cum mala voluntas et bona voluntas non exitia sint, sed praeconia libertatis?".
81. *Contra Iulianum opus imperfectum* III,120: "Liberum non erat, alteri de contrariis cogeretur adhaerere, illud adversum ei id est liberum neutro sineretur addici".
82. *Contra Iulianum opus imperfectum* I,81: "Et boni igitur possibilitas, et mali, bona est; quoniam posse bonum facere, aula virtutis est; posse malum facere, testimonium libertatis est".
83. *Contra Iulianum opus imperfectum* III,122: "Arbitrium liberum, quod in mali parte vitiorum voluptatibus vel diaboli persuasionibus, in boni autem parte virtutum

Juliano, ao contrário do que, segundo ele, pensava Agostinho, quando se exercitar na escolha entre diferentes alternativas, o livre-arbítrio obviamente afirma a sua própria essência e não a destrói: "A liberdade nos é *outorgada não para coagir a vontade*, mas para possibilitar a sua atividade [...]; evidentemente, uma vontade má não é fruto da liberdade, mas uma *prova da liberdade*"[84]. O livre-arbítrio foi concedido ao homem precisamente com a finalidade de sua própria emancipação, para que assumisse seus próprios caminhos e seu próprio destino: "Deus outorgou ao homem o livre-arbítrio como *aval de sua emancipação*"[85]. É contrário à sua essência, portanto, qualquer tipo de necessidade que o obrigue a determinada ação, de maneira a pôr fim à duplicação do querer que lhe é natural e que o impulsiona a escolher entre diferentes alternativas: "O livre-arbítrio nos foi outorgado, sem possibilidade de atribuir-lhe qualquer outro ofício, unicamente para que a vontade de cada um *jamais possa ser forçada* a escolher entre justiça e iniquidade"[86].

Assim, quando o exercita, escolhendo livremente, o homem não faz mais que dar testemunho da justiça divina, que concedeu ao homem o livre-arbítrio precisamente como aquilo que o coloca no ápice de toda a criação. Poder escolher livremente, depois da consideração e arbítrio racional das diferentes alternativas, faz do homem o ponto mais alto da criação e o constitui em imagem e semelhança de Deus: "Pela razão nos distinguimos dos animais, que têm apenas sensibilidade e vida, e somos muito superiores a eles; razão que é impressa na alma e nos torna imagem de Deus; o livre-arbítrio de que está dotada é um *brilhante atributo*

---

dogmatibus et variis gratiae divinae speciebus iuvatur, non potest aliter constare, nisi ut et iustitiae ab eo et peccati necessitas auferatur"; ver também: *Contra Iulianum opus imperfectum* I,82.
84. *Contra Iulianum opus imperfectum* VI,11: "Libertas autem ad hoc solum data est, ut voluntatem non cogeret, sed permitteret exoriri; [...] voluntas ergo mala non quidem fructus, sed testimonium libertatis est".
85. *Contra Iulianum opus imperfectum* I,78: "Libertas arbitrii, qua a Deo emancipatus homo est".
86. *Contra Iulianum opus imperfectum* III,112: "Liberum arbitrium nec ob aliud datum esse nec intellegi in alio posse, quam ut ad iustitiam nec ad iniquitatem captiva aliquis voluntate rapiatur".

de dignidade"⁸⁷. Usar bem desse bem, entre todos o mais excelente, escolhendo livremente e sem imposição de nenhuma necessidade, é corresponder bem à justiça divina, que o concedeu para isso mesmo. Bem ou mal não são opções que se impõem de alguma forma necessária à vontade, mas o resultado de uma escolha livre, feita depois da ponderação da razão e da motivação dos desejos da vontade: "*O que constitui a essência do bem ou do mal se realiza unicamente na vontade*, que faz o bem ou o mal, não mediante um breve movimento impulsivo, mas mediante o pensamento e o desejo"⁸⁸. Dessa forma, exercendo a sua própria essência, agindo de acordo com a sua própria natureza, sendo livre para optar pelo bem ou pelo mal, o livre-arbítrio é que "justifica a existência da justiça divina", pois a possibilita exercer-se seja como prêmio à escolha pelo bem, seja como castigo à escolha pelo mal. É o que aparece claramente nessa definição que Juliano dá do livre-arbítrio em seu diálogo com Agostinho: "Qual é a *essência* e a definição do livre-arbítrio [...], pelo qual somos imagem de Deus, superiores a todos os animais, único que *justifica a existência da justiça divina*? [...] Consiste, sem dúvida, no poder que o homem tem de consentir, voluntariamente, no crime ou de evitá-lo, *sem ser coagido* por nenhuma inevitável inclinação natural"⁸⁹. Assim, o livre-arbítrio da vontade, considerado a partir de nós que o recebemos, é um testemunho da liberdade que recebemos como seres mais elevados da criação; considerado, por sua vez, a partir de Deus, é um testemunho de sua justiça, tanto por concedê-lo como elemento de nossa mais alta dignidade quanto por responder ao seu exercício de acordo com o mérito de sua escolha, o prêmio à escolha do bem, o castigo à escolha do mal: "*O livre-arbítrio é um testemunho fidedigno da justiça divina* e, no momento

---

87. *Contra Iulianum opus imperfectum* I,94: "[...] quod ut viventibus sensu, ita sentientibus ratione praestamus; quae impressa est animo, ut Conditoris imago doceretur: ad cuius aeque respicit dignitatem arbitrii concessa libertas".
88. *Contra Iulianum opus imperfectum* I,80: "In ipsa tamen sola voluntate, quae aliquid vel boni, vel mali, non impetu brevi, sed cogitatione appetituque patraverit, vel benignitatis est ratio impleta, vel malignitatis".
89. *Contra Iulianum opus imperfectum* III,109: "Quae vis sit quaeve definitio liberi arbitrii? [...] Sine dubio in eo, ut possibile sit homini voluntatem suam sine aliquo inevitabili naturalium coactu vel immittere in crimen vel a crimine cohibere".

de comparecer ante o tribunal de Cristo, dará testemunho de que cada um recebe segundo as suas obras, boas ou más. Deus há de julgar com toda justiça e a ninguém imputará outro pecado a não ser aquele que poderia ser evitado e que por ele será castigado"[90].

Em uma palavra, podemos resumir a visão de Juliano de Eclano a respeito do livre-arbítrio da vontade como sendo a possibilidade de escolher entre o bem e o mal, o que só se pode conceber quando haja realmente uma duplicação do querer da vontade, não inclinado de maneira necessária para nenhum lado, ou seja, quando há realmente um querer livre. Assim ele teria sido concedido a Adão, completamente neutro e aberto quanto às duas diferentes possibilidades, e assim teria permanecido íntegro até o momento presente, sem nenhuma queda que lhe impusesse a necessidade de uma única possibilidade: "Não diz aqui o Senhor [cf. Jo 8,31-32] que o livre-arbítrio há de ser libertado, mas exorta aos judeus a, *permanecendo o livre-arbítrio íntegro*, receber o perdão e a libertação de seus pecados, para gozar de uma liberdade cuja plenitude reside só em Deus, e comecem assim a não dever nada ao pecado"[91]. Mesmo reconhecendo que a liberdade que o homem recebeu originalmente não seja a plenitude da liberdade que há em Deus, Juliano concebe a primeira liberdade do homem como total possibilidade de escolher entre o bem e o mal, sem nenhuma inclinação necessitante que o pendesse para algum desses lados.

A argumentação de Agostinho em resposta a essas várias críticas de Juliano consistirá em mostrar que a sua teoria parte de um equívoco fundamental que a inviabiliza por completo: o não fazer a distinção entre a situação original do homem e a atual, separadas pela queda do

---

90. *Contra Iulianum opus imperfectum* III,107: "Liberum arbitrium idoneum credimus, sed divinae aequitatis locupletem testem libertatem arbitrii confitemur, ut eo tempore, quo nos manifestari oportet ante tribunal Christi et recipere unumquemque propria corporis sicut gessit, sive bonum sive malum, nihil Deus iniuste iudicare doceatur, qui nulli imputat peccatum, nisi quod is, qui propter illud ponitur, potuit et cavere".
91. *Contra Iulianum opus imperfectum* I,87: "Hic ergo non arbitrii libertatem Dominus dicit esse liberandam; sed illa integra permanente, convenit Iudaeos, ut accipientes indulgentiam liberentur a reatibus, et eam quae apud Deum maxima est, libertatem occupent, ut incipiant nihil debere criminibus".

pecado original. É verdade que Agostinho afirma no livre-arbítrio da condição original a possibilidade aberta a duas diferentes alternativas, expressão do movimento duplicativo do querer da vontade, e que essa possibilidade seria substituída pela necessidade efetiva de uma única alternativa, correspondente à escolha feita, como seu castigo ou prêmio[92].

Mas ele é claríssimo em afirmar que essa situação da vontade exposta à necessidade do pecado é posterior ao pecado original e que anteriormente a ele existia uma situação de plena liberdade na vontade. Antes do pecado original, a vontade humana era livre o suficiente para fazer o que lhe era apresentado pelo seu desejo; podia não pecar e colocar em prática o bem sem dificuldade; "isto, no estado atual depois da queda, de maneira alguma depende das forças do livre-arbítrio. Era possível ao homem antes da queda de Adão, tão grande era o vigor e a potência da liberdade da vontade naquele estado primitivo"[93]. Na condição original, o livre-arbítrio da vontade estava em pleno funcionamento de sua própria natureza, e conforme a sua própria essência era vigoroso e plenamente livre, capaz de fazer com facilidade aquilo que desejava; após a queda do pecado original, no entanto, ele perde a sua integridade e o seu vigor, e, avariado em sua própria essência, perde a liberdade: o "livre-arbítrio gozava então [na condição original] de todo o vigor de suas forças, e é evidente que faziam o que queriam; submissos à lei divina, não a consideravam nem impossível nem difícil de ser cumprida"[94]. Aquela que era a meta própria da vontade, o que ela buscava segundo a sua própria natureza, adquirir e não perder o objeto de seu desejo sem dificuldade, com liberdade para agir facilmente, acontecia naturalmente. É só este pleno funcionamento da vontade que justifica que a primeira falta tenha um significado diferente daquelas que a seguem, e que ao mesmo tempo as afete a todas a partir de então: "A apostasia do primeiro homem, em

---

92. Cf. *Contra Iulianum opus imperfectum* V,58.
93. *De Dono Perseverantiae* VII,13: "Non est hoc omnino in viribus liberi arbitrii, quales nunc sunt: fuerat in homine antequam caderet. Quae tamen libertas voluntatis in illius primae conditionis praestantia quantum valuerit".
94. *Contra Iulianum opus imperfectum* VI,8: "Sed quoniam per liberum arbitrium, quod tunc integerrimas vires habuit, ea faciebant procul dubio quae volebant, id est, divinae legi non solum nulla impossibilitate, verum etiam nulla difficultate serviebant".

quem *a liberdade do querer era absoluta*, sem impedimento de vício algum, foi um pecado tão grande que arruinou toda a natureza humana, como o atesta a extrema miséria do gênero humano"[95]. Anteriormente ao pecado, a vontade se movia segundo a sua própria natureza, aderida a Deus e mantendo sob controle todos os seus desejos, em um movimento ordenado de acordo com o peso próprio de cada objeto de seu desejo; só depois da queda é que ela passa a se mover desordenadamente e, sobretudo, perde a liberdade de seu arbítrio, que se torna um "servo-arbítrio" (pois não domina a si mesmo, não pode fazer o bem que quer). Na verdade, constata Agostinho, a definição de Juliano para o livre-arbítrio retrata apenas a situação original do homem, não a sua condição atual: "Quando o livre-arbítrio era como o descreves, o homem não se tinha feito semelhante à vaidade, nem seus dias passavam como uma sombra (cf. Sl 143,4). Deus não é vaidade, e o homem era imagem de Deus, e com sua graça se renovava dia após dia, de maneira que ainda não se podia dizer: *fui concebido na iniquidade* (Sl 50,7) [...]. Este mal, quando Deus criou a Adão em retidão, não existia, porque a natureza humana ainda não havia sido viciada"[96]. O viciamento do livre-arbítrio em virtude da queda significou uma avaria em sua própria essência: ele não pode mais se mover espontaneamente segundo a sua própria natureza; passa a mover-se desordenadamente, amando de forma desproporcional à densidade ontológica dos objetos de seu desejo, mas, sobretudo, perdendo a liberdade de agir conforme os seus desejos mais originários e que permanecem inscritos em seu ser.

Não tendo feito a distinção necessária entre a situação original e a posterior à queda, Juliano não percebe, segundo Agostinho, a distinção

---

95. *Contra Iulianum opus imperfectum* III,57: "Apostasia primi hominis, in quo summa erat et nullo impediebatur vitio libertas propriae voluntatis, tam magnum peccatum fuit, ut ruina eius natura humana esset tota collapsa, quod indicat humani generis tanta miséria".

96. *Contra Iulianum opus imperfectum* III,110: "Quando erat tale, quale describis, liberum arbitrium, nondum homo vanitati similis factus erat, ut dies eius sicut umbra praeterirent; non enim vanitas Deus, ad cuius similitudinem factus erat, quae per eius gratiam renovatur de die in diem. Nondum dicebatur: *Ego in iniquitatibus conceptus sum*. [...] Hoc malum in Adam, quando rectus creatus est, non erat, quia natura humana depravata nondum erat".

existente entre pecado e pena do pecado. Se, conforme a própria definição agostiniana de pecado, para que este possa existir deve haver ao mesmo tempo desejo de adquirir e reter (a posse sem perigo de perda) e a plena liberdade para fazê-lo ou não, é óbvio que essa definição vale apenas para a condição original do homem, na qual a vontade ainda tinha plena liberdade para não pecar: "Esta definição de 'pecado' se aplica ao que é somente pecado, não ao que é também castigo do pecado, pelo qual o homem perdeu a liberdade de não pecar"[97]. Agostinho distingue três tipos de pecado: aquele que é somente pecado (o pecado original, quando ainda não se experimenta nenhuma pena do pecado); aqueles que são ao mesmo tempo pecado e pena do pecado (os que se cometem posteriormente à queda, conscientemente, mas de maneira inevitável, por causa das consequências advindas das penas recebidas em decorrência do pecado original); e os que são somente penas do pecado (aquela situação que herdam até mesmo as crianças, anteriormente à sua escolha consciente e livre, que as impossibilita não pecar)[98]. Nas condições atuais, quando muito, podem dar-se ao mesmo tempo o pecado e a sua pena, pois o homem pode pecar querendo livremente, mas isso só acontece porque é possibilitado por um contexto de pecado em que ele já se encontra anterior e inevitavelmente inserido; posteriormente à queda nunca se dá somente o pecado, pois o homem já não é mais livre para não pecar. Não ser mais livre para fazer o quer foi a pena proporcional à falta que a vontade recebeu, pois não quis fazer o que podia, quando tinha plenas condições para isso. Para a condição posterior à queda, quando o homem não é mais livre para abster-se do pecado, não serve aquela definição de "pecado". A definição contempla o pecado e não a sua pena.

Da mesma forma, segundo Agostinho, é equivocada a definição, dada por Juliano, do livre-arbítrio como a possibilidade de fazer o bem ou o mal, pecar ou não pecar. Em primeiro lugar, porque tal definição excluiria da liberdade o próprio Deus, em quem não se pode pensar a possibilidade de querer e fazer o mal: "Se só é livre quem pode querer

---

97. *Contra Iulianum opus imperfectum* I,104: "Ista definitio peccati eius est, quod peccatum tantummodo est, non quod etiam poena peccati, qua periit libertas non peccandi".
98. Cf. *Contra Iulianum opus imperfectum* I,47.

duas coisas, isto é, o bem e o mal, Deus não é livre, pois não pode querer o mal"[99]. É equivocado pensar, como Juliano, que para existir a boa vontade seja necessária a existência da possibilidade da má vontade, pois em Deus mesmo só há boa vontade, sem nenhuma possibilidade de existência da má vontade: "Dizes [Juliano]: 'A vontade má só pôde nascer no homem para que pudesse nascer a boa'; e isto, crês, pertence ao livre-arbítrio para que o homem tivesse o poder de pecar ou não pecar; e por isso pensas que foi criado à imagem de Deus, mas Deus não tem em si este duplo poder"[100]. O fato de não poder querer o mal não significa limitar o poder de Deus, nem atribuir a Ele alguma necessidade, mas, ao contrário, significa afirmar a sua plena liberdade, já que, como imutável, Ele só pode querer o ser e o bem, e nunca aquilo que o diminui: "Tu dizes que o homem é forçado a querer o bem; reflita sobre o que pensas acerca da natureza de Deus, pois Deus não pode querer o mal. Por acaso Deus se vê obrigado a querer o bem porque não pode querer o mal, por ser imutável?"[101]. Liberdade plena consiste não na possibilidade de escolher entre o bem e o mal, mas em poder fazer o bem, sem nenhuma dificuldade e impedimento. Por isso, quando cria o homem à sua imagem e semelhança, Deus o cria com plena liberdade, com as condições para não pecar, ainda que, tendo sido criado a partir do nada, ele tenha também a possibilidade de escolher o que tem menos ser, o corruptível, e, portanto, tenha também a possibilidade de poder pecar: Deus "nos outorga o privilégio de ser iguais, não ao próprio Deus, mas sim a seus anjos, em não poder pecar"[102]. Em Deus não há a alternativa, como possibilidade de

---

99. *Contra Iulianum opus imperfectum* I,100: "Si liberum non est, nisi quod duo potest velle, id est, et bonum et malum; liber Deus non est, qui malum non potest velle".
100. *Contra Iulianum opus imperfectum* V,38: "Et tu dicis, non attendens quid dicas: *Ideo potuit oriri voluntas mala, ut oriri posset et bona*; et hoc putas ad naturam liberi arbitrii pertinere, ut possit utrumque, et peccare scilicet, et non peccare; et in hoc existimas hominem factum ad imaginem Dei, cum Deus ipse non possit utrumque".
101. *Contra Iulianum opus imperfectum* I,101: "De natura etiam Dei vide quid sentias, homo qui dicis cogi hominem ut bonum velit, si malum velle non possit. Numquid enim Deus cogitur velle bonum, quia velle non potest malum, quoniam est omnino immutabilis?".
102. *Contra Iulianum opus imperfectum* I,102: "Nobis summo illo praemio largiturus est, ut non quidem ipsi Deo, sed tamen Angelis eius aequales, nec nos peccare possimus".

escolher o bem e o mal, mas há plena vontade que se duplica em querer e não querer, de forma que ele é absolutamente livre para agir como quer, como se expressa, por exemplo, no seu ato criador ou na administração da economia salvífica, em que aplica segundo o seu querer inescrutável, condenando com justiça ou salvando com misericórdia.

A essência do livre-arbítrio da vontade para Agostinho consiste, portanto, em ser livre, e ser livre consiste em poder orientar-se natural e espontaneamente para o bem, podendo levá-lo à consecução sem nenhuma dificuldade: "Livre para o bem é aquele que, com boa vontade, pratica o bem na ação, na palavra, no pensamento, e isto, sem a graça de Deus, nenhum homem pode fazer"[103]. Ou seja, o livre-arbítrio da vontade é um grande bem, sem o qual o homem não poderia viver retamente, seguindo as normas de justiça estabelecidas pela lei eterna e inscritas na criação[104]. Mas, mesmo para fazer o bem, segundo Agostinho, diferentemente do que pensava Juliano, ele não tem poder em si mesmo e depende do concurso da graça divina: "O próprio livre-arbítrio pertence à ordem da graça, isto é, ele também é um dom divino não só pelo fato de existir, mas também para poder praticar o bem"[105]. Defendendo, contra Juliano, a necessidade da graça no estado do homem redimido para que ele possa efetivamente fazer o bem, Agostinho cita o papa Inocêncio e argumenta: "Diz o mesmo pontífice [papa Inocêncio]: 'Esforçam-se eles – os pelagianos – por suprimir a graça de Deus, a qual é necessária implorar inclusive depois de ser-nos restituída a *liberdade do estado primitivo*'[106] [...]. Há aqueles a quem deleita o pecar, não querem ou detestam a justiça, mas *para amá-la é preciso que Deus prepare as vontades*, porque ao cumprimento da justiça há de preceder o desejo da vontade"[107].

---

103. *Contra Iulianum opus imperfectum* III,120: "Ad bonum autem liber est, qui voluntate bona agit bona etiam ipse aut opere aut sermone aut certe sola cogitatione; sed hoc sine Dei gratia nullus hominum potest".
104. Cf. *De Libero Arbitrio* II,xviii,48-49.
105. *De Spiritu et Littera* XXXV,62: "Ipsum quoque liberum arbitrium ad Dei gratiam; hoc est, ad Dei dona, pertinere non ambigens, nec tantum ut sit, verum ut bonum sit".
106. Epístola *Inter ceteras Ecclesiae Romanae*, 27 de janeiro de 417. Cf. AGOSTINHO, A., *Epístola* 182,4.
107. *Contra Iulianum opus imperfectum* VI,11: "In alia quoque epistola, quam de vobis ipsis rescripsit ad Numidas: Ergo – inquit – *Dei gratiam conantur auferre, quam*

Agostinho afirma, portanto, que, uma vez perdida a liberdade primitiva, a vontade não é mais livre para fazer o bem, de maneira a fazer-se necessária a graça não só para a recuperação da liberdade, mas também para a dilatação da vontade em seu querer, de forma a que ela possa amar a justiça, à qual deve abraçar. Não é difícil entender que também na situação original fazia-se necessária a graça para que o livre-arbítrio da vontade pudesse livre e espontaneamente abraçar o bem; o difícil é entender por que Deus não opera na vontade de Adão o querer, de maneira que o amor à justiça e o apegar-se a ela permanecem entregues ao seu livre-arbítrio. Este é o outro lado do livre-arbítrio adâmico. Embora tenha sido dado para que naturalmente o homem pudesse viver reta e honestamente na prática do bem, havia nele também a possibilidade de não querer seguir o movimento natural inscrito em si mesmo e assim dar origem à má vontade, que, por sua vez, daria origem ao mal. Mas isso que significaria o pecado não era de maneira alguma uma necessidade para a vontade de Adão; ao contrário, era apenas uma possibilidade, perante a qual ele era absolutamente livre, com plenos poderes para não acatá-la. E, assim procedendo, ele poderia chegar, por meio de sua livre escolha, a uma situação de liberdade ainda mais plena: "A primeira liberdade da vontade foi a de poder não pecar; a última será muito mais excelente, a saber, o não poder pecar [...]. Por acaso, pelo fato de serem os bens últimos mais importantes e melhores, teriam sido nulos ou de pouca monta aqueles primeiros?"[108].

A liberdade da vontade não foi concedida ao homem, portanto, apenas como uma prova, uma espécie de teste para condicionar a resposta de Deus a este teste como castigo ou prêmio, mas porque ela é um bem em si mesmo e está na natureza e essência da vontade. Ela é expressão no homem do ter sido criado à imagem de Deus que, sendo livre, podendo querer ou não querer, ou querer desta ou daquela forma, só pode querer

---

necesse est, etiam restituta nobis status pristini libertate, quaeramus. [...] Sunt enim quos peccare ita delectat, ut nolint oderintque iustitiam; quam nec velle aliquis potest, nisi paretur voluntas a Domino, ut ad perficiendam iustitiam praecedat desiderium voluntatis".
108. *De Correptione et Gratia* XII,33: "Prima ergo libertas voluntatis erat, posse non peccare; novissima erit multo maior, non posse peccare. [...] Numquid, quia erunt bona novissima potiora atque meliora, ideo fuerunt illa prima vel nulla vel parva?".

o bem e o melhor. Ao criar o universo colocando no ponto mais alto de sua ordenação a criatura racional e livre, sabendo que havia nela a possibilidade de dar origem a má vontade e ao mal, Deus não introduziu na criação uma imperfeição, mas, ao contrário, levou-a a um ápice de perfeição que não escaparia à sua condução do universo: "A existência dos pecadores contribui à perfeição do universo. Contudo, eles não contribuem enquanto pecadores, mas como vontades livres, tendo a capacidade de pecar ou não"[109]. O homem foi criado como criatura espiritual, capaz de participar da vida divina e de dialogar com Deus, de receber dele preceitos, de entendê-los com sua inteligência e de sentir-se atraído por eles de maneira a colocá-los em prática por meio de sua vontade. A inteligência dá a conhecer a ordem criada como ordem de retidão e justiça; a vontade leva a querer permanecer aderido a esta ordem de maneira livre, havendo conjuntamente a possibilidade de não querer.

Conclusão

Criado à imagem e semelhança de Deus, o homem recebeu na situação original de sua natureza uma vontade em tudo semelhante à vontade divina, a terceira pessoa da Santíssima Trindade, o Espírito Santo. Ele era feliz, pois participava daquele gozo e fruir que o próprio Deus tinha de si mesmo pela posse que ele tinha do próprio Deus sem nenhum medo de perda. Desfrutava plenamente de todos os bens criados por Deus, instruído que era em sua inteligência sobre a bondade e justiça da ordem criada, e inflamado no desejo de sua vontade de manter-se retamente nessa ordem, agindo conforme ao que estava nela estabelecido. Conforme a sua própria condição de criatura espiritual, ponto mais elevado da ordem criada, possuía um querer absolutamente íntegro e livre. Não era condicionado ou forçado em nada, nem por alguma oposição de desejos em seu interior nem pela falta de algum elemento que o dificultasse ou motivasse a possuir o que desejasse. Experimentava, sim, a mesma

---

109. *Enchiridion* XXIV,96 (citado em AGOSTINHO, *O livre-arbítrio*, São Paulo, Paulus, 1995, nota 18, 283); ver também *De Libero Arbitrio* III,ix,26.

duplicação do querer que existe no próprio Deus e que explica ser livre o querer, fazendo ou não o que quer. Mas essa duplicação era apenas condição de liberdade e se movia no marco de referência do bem, já que isso era conforme a sua própria natureza. Assim, a vontade na condição original da humanidade era também plenamente livre, pois podia fazer sem dificuldade alguma aquilo que naturalmente queria; podia agir com facilidade e espontaneidade, sem nenhum impedimento ou dificuldade, na busca de aquisição do seu objeto de desejo, que era naturalmente um bem. A vontade de Adão era íntegra e estava em plenas condições de funcionamento, como expressão da imagem da terceira pessoa que era: era feliz, gozando e fruindo do objeto de seu desejo, sem medo de perda; e o fazia de modo absolutamente livre, agindo com natural e espontânea facilidade; motivada, finalmente, por um querer íntegro, duplicado em não querer para que fosse livre, mas unificado na ordenada orientação natural para o bem.

Um elemento, no entanto, diferenciava a vontade humana na condição original da vontade divina, e isso vinha precisamente da sua existência em uma criatura. Sendo vontade de uma criatura que procedia do nada, ela estava exposta a ter de orientar os seus desejos não só para o bem imutável e eterno, mas também para bens mutáveis e temporais, que caminham para o nada de onde procedem. Naturalmente, o seu desejo ordenado a orientava para a posse do bem imutável e eterno, único que pode possuir sem medo de perda, e para a relação com os objetos mutáveis e passageiros em referência a esta posse do imutável. Mas essa existência na criatura feita do nada abria também a possibilidade de um amor pelo que tem menos ser, pelo qual a própria vontade viria a ser menos, pois o amor se identifica com o objeto amado. Esta seria a origem do mal, o amor equivocado de um bem menor em vez de um maior, ou o amor desordenado. Esta possibilidade só se efetivaria, no entanto, pelo exercício do livre-arbítrio da vontade, porque, de fato, o querer do primeiro homem havia sido entregue ao seu livre-arbítrio, como condição de que ele realizasse a sua essência livre. Esse abandono do querer ao livre-arbítrio não foi, portanto, um mal ou uma prova à qual Deus quis submeter o homem, mas a realização da sua elevada essência de criatura espiritual. Ela é chamada a ser feliz, mas é mais feliz o sendo livremente

101

do que o recebendo por imposição. A própria realização da vontade original pertence, portanto, à sua essência: o seu ser feliz é um tornar-se feliz. Ela não foi criada plenamente realizada, mas com plenas condições para realizar-se exercendo a sua própria essência. Ela foi criada de forma a progredir, passando de uma condição de imortalidade (quando ainda havia a possibilidade da morte) à eternidade (quando não haverá mais a possibilidade da morte); de fidelidade na prática do bem (quando ainda havia a possibilidade de dar origem ao mal) à espontânea e inevitável prática do bem (sem nenhuma possibilidade de mal); de uma liberdade menor (aberta à possibilidade de escolher amar de forma equivocada, ao que tem menos ser) a uma liberdade maior (não mais aberta à possibilidade de escolher equivocadamente, já que tendo o livre-arbítrio dilatado e libertado pela graça, identificando espontaneamente o seu querer com o querer de Deus). Caso a vontade se mantivesse ordenada, o seu progresso seguiria um curso natural, inscrito em sua própria natureza segundo a ordem criada, e a levaria à realização plena da criatura espiritual, que então se tornaria plenamente espiritual, abandonando as suas condições mundanas, oriundas de sua procedência do nada. Mas havia também a possibilidade contrária, que infelizmente foi o que aconteceu.

3
O reordenamento dos afetos pelo restabelecimento da *ordo amoris* em Santo Agostinho

Introdução

Que a realidade dos afetos, localizada como está no âmbito da vontade, ocupe um lugar importante no pensamento agostiniano, é algo sobre o qual não há divergências de opinião. Outra coisa, porém, é saber se este lugar significa uma abordagem original e que tenha contribuído como um marco importante na história subsequente do pensamento filosófico. Procuraremos mostrar, ao longo deste estudo, que a abordagem agostiniana do mundo dos afetos, embora ancorada em grande parte nos conceitos desenvolvidos na filosofia antiga, especialmente neoplatônica, é realmente original, e que a sua originalidade consiste precisamente na sua compreensão dentro do quadro mais amplo da sua metafísica. Que esta localização da abordagem seja o que determina a sua grande contribuição se deve ao fato de serem os afetos uma realidade própria da vontade, conceito central no pensamento agostiniano e sobre o qual provavelmente tenha Agostinho mais inovado e contribuído na história da filosofia.

Como o conceito de "vontade" em Agostinho segue uma evolução que, segundo Sciuto, passa por um primeiro momento de identificação da liberdade da vontade com a atividade do livre-arbítrio (presente, por exemplo, na obra *O livre-arbítrio*), passando por um segundo momento determinante em que a vontade é entendida como uma realidade essencialmente dividida, duplicada em uma contra-vontade (*velle/nolle* = quero/não quero; presente, sobretudo, nas *Confissões*), divisão que só é superada em um terceiro e quarto momentos em que a vontade é compreendida, respectivamente, em sua relação com as outras faculdades da alma (memória e inteligência) e com as categorias da temporalidade; e, como este último período está expresso, sobretudo, nas obras *A Trindade* e a *A Cidade de Deus* (sem esquecer também as obras anti-pelagianas)[1], resolvemos nos limitar fundamentalmente ao estudo destas duas últimas obras, especialmente dos livros XI-XIV de *A Cidade de Deus* (e mais especificamente o livro XIV, onde Agostinho trata do tema dos afetos). Em um momento ou outro, servimo-nos de algumas contribuições que vêm de outras obras agostinianas.

Depois de apresentar, como uma espécie de porta de entrada, a terminologia agostiniana para o mundo dos afetos, adentramos realmente no tema, apresentando, como subtrato que sustenta a nossa leitura, alguns conceitos fundamentais da metafísica agostiniana (a sua compreensão de Deus e da criação, e a localização da vontade na criatura racional), para então passar ao tema fundamental da *ordo amoris*, tanto em sua constituição original quanto em sua situação após a queda, e em sua possível recuperação por um reordenamento dos afetos. Finalmente, apresentamos um breve apanhado das influências agostinianas sobre este tema, para defender que, embora bem inserido na tradição, Agostinho contribui de maneira realmente original no tratamento da realidade dos afetos na história da filosofia.

---

1. Cf. Sciuto, I., La volontà del male tra libertà e arbitrio, in: Alici, L., *Il mistero del male e la libertà possibile. Linee di antropologia agostiniana*, Roma, Institutum Patristicum Augustinianum, 1995, 111-138.

1. A terminologia agostiniana sobre os afetos

Digamos, primeiramente, uma palavra sobre a terminologia que Agostinho utiliza para o mundo dos afetos. Podemos dizer que, como em outros assuntos, também para tratar dos afetos Agostinho não é muito preciso quanto ao emprego dos termos. Utiliza, por exemplo, três termos como sinônimos de "amor": *appetitus* (tradução do grego ερως); *caritas* (tradução do grego αγάπη); e *dilectio* (tradução do grego στοργη). Também o termo "concupiscência" (*cupiditas*) é muitas vezes utilizado como sinônimo de "desejo" (*desiderium*), e outras vezes como sinônimo de "libido" (*libidine*). No entanto, é possível fazer algumas precisões sobre o uso desses termos. As palavras *appetitus* e *desiderium* se referem ao movimento da vontade em busca de aquisição de algum objeto que lhe falta e com o qual ela espera se satisfazer; *cupiditas* e *caritas* se referem ao movimento do amor, que acontece no homem após a queda do pecado original, direcionado ou para o mundo como fim último deste amor, sem referência a Deus (*cupiditas*), ou a Deus como fim último (*caritas*). Já o termo *dilectio* se refere ao amor pelo mundo, por si mesmo ou pelo próximo, não como fins em si mesmos, mas referidos a Deus, ou seja, como ordenado em consequência da caridade (*caritas*) na atual condição do homem. Já o termo "libido" (*libidine*), embora apareça muitas vezes no sentido mais amplo de desejo dos bens deste mundo, na maioria das vezes aparece como sinônimo de "desejo sexual".

Essa apropriação de diversas palavras do mundo grego para expressar o mundo dos afetos, e a sua vinculação direta com a palavra latina *voluntas*, já que o latim não dispunha de outras palavras para dar conta de toda essa diversidade linguística, é o que leva Isabelle Koch a dizer que a tão difundida ideia da invenção do conceito de "vontade" por Agostinho não passa de um uso exacerbado de uma palavra, e não propriamente da invenção de um conceito: "Uma palavra ainda não é um conceito"[2], diz a autora. O juízo de Koch a respeito da originalidade agostiniana no tratamento do tema dos afetos é, portanto, bem negativo:

---

2. KOCH, I., O conceito de "voluntas" em Agostinho, *Discurso* 40 (2010), 73.

Se a invenção de um conceito é medida pela produção de uma definição nova, René-Antoine Gauthier tem razão: não se encontra nenhuma definição nova de vontade em Agostinho; ela ainda é para ele apenas um movimento da alma inteira cujo conceito permanece com contornos muito vagos e que não difere fundamentalmente do desejo ou da tendência dos quais falavam Platão, Aristóteles ou os estoicos. Querer é sempre amar, desejar, buscar atingir um *telos* que satisfaça uma falta[3].

Segundo Koch, a originalidade de Agostinho estaria não na invenção de um conceito novo, mas apenas no uso de formas antigas de uma maneira realmente nova e criativa. Mas, fundamentalmente, ele teria se mantido fiel à tradição recebida dos antigos, revalorizando apenas lugares-comuns, especialmente o entendimento da vontade orientada para o fim da conquista da vida feliz, ou seja, abordada apenas no campo da moral e não na busca de compreensão de sua própria estrutura. Certo avanço de Agostinho, segundo Koch, seria a superação de um tipo de intelectualismo dos antigos, que atribuíam um papel demasiadamente acentuado à razão no controle dos desejos. Esse papel Agostinho o cederá principalmente à vontade[4]. Mantenhamos, por enquanto, esse juízo de Koch e deixemos para o final deste estudo a exposição de nossa opinião discordante a este respeito.

2. A vontade e os desejos situados no contexto mais amplo da metafísica agostiniana

Só se pode falar de maneira correta do tema dos afetos em Agostinho, segundo o nosso parecer, situando-o no contexto mais amplo dos principais conceitos de sua metafísica. Apresentar inicialmente, portanto, os conceitos principais desta metafísica se mostrará de fundamental importância para compreender o que depois se explicará a respeito do tema dos afetos. Desde a famosa tese de Olivier du Roy, *A inteligência da fé na*

---
3. Ibid., 92.
4. Cf. ibid., 81-86; 93.

Trindade segundo Santo Agostinho, escrita em 1966[5], é bem aceita a visão de que o pensamento agostiniano se estrutura em torno de dois esquemas inter-relacionados: o movimento e a tensão entre antíteses em busca de unidade, oferecidos pelo esquema anagógico, encontram harmonia e síntese com a ajuda do esquema trinitário. O acompanhamento destes dois esquemas em diálogo nos ajudará no desenvolvimento do nosso tema.

2.1. A imutabilidade e a diferenciação em Deus

Estes dois esquemas de pensamento aparecem já na definição do próprio Deus, em que dois conceitos fundamentais para a compreensão dos afetos em Agostinho, o de imutabilidade e o de movimento, aparecem como perfeitamente conciliáveis. Deus, com efeito, é, por um lado, definido como o ser supremo, aquele que possui o ser em sumo grau e não depende de nenhum outro ser para existir; aquele que tem em si o princípio do ser[6]. Ter o ser em sumo grau significa permanecer imutável, não sofrer nenhuma mudança. É por isso que Agostinho diz que a maneira mais apropriada para falar de Deus seria falar de *essência*, já que, assim como a sabedoria vem de saber, a essência vem de ser[7], e ser é tudo aquilo que não muda, aquilo que permanece, que se mantém firme, que pode ser depois o que era antes, é o imutável[8]; ou, então, falar de *substância*, pois etimologicamente "substância" significa "aquilo que está debaixo" (*sub-stare*), aquilo que permanece para além dos acidentes[9], já que

---

5. Du Roy, O., *L'intelligence de la foi en la Trinité selon Saint Augustin. Genèse de sa théologie trinitaire jusqu'en 391*, Paris, Institut d'Études Augustiniennes, 1966.
6. Sobre a noção de "ser" própria a Deus em Agostinho, ver Thonnard, F. J., Ontologie augustinienne. L'être et ses divisions plus générales, *L'année théologique augustinienne* 14 (1954), 41-53; Id. Caractères platoniciens de l'ontologie augustinienne, *Augustinus Magister. Congrès International Augustinien, Paris, 21-24 septembre 1954. Communications*, Paris, Institut d'Études Augustiniennes, 1954, v. I, 317-327.
7. Cf. *De Trinitate* V,iii,3.
8. Cf. Trapè, A., La nozione del mutabile e dell'immutabile secondo Sant'Agostino, in: Id. *Quaderni della Cattedra Agostiniana*, Tolentino, Edizioni Agostiniane, 1959, v. I; Cooke, B. J., The Mutability-Immutability principle in St. Augustine's metaphysics, *The Modern Schoolman* 23 (1946), 175-193; 24 (1946), 37-49.
9. Cf. *De Trinitate* VII,v,10.

acidente é tudo aquilo que um ser pode adquirir ou perder[10]. E, de fato, o único ser que pode manter-se no ser por si mesmo, sem dependência de nenhum outro ser, e sem nenhuma perda de ser, é Deus. Não é demais lembrar como foi determinante para o pensamento de Agostinho, como ele mesmo o diz no livro VII das *Confissões*[11], "a descoberta do conceito de 'substância espiritual', definida especificamente com referência à noção de imutabilidade, da mesma forma como será importante em seu pensamento a definição de 'imutabilidade' como aquilo em que nada se pode perder. É importante também perceber, em consequência, a modo de excurso, que não existe uma natureza contrária a Deus, uma espécie de não ser, sendo assim contrário a Deus apenas a mutabilidade, a possibilidade da degeneração do ser, que vem do nada, do qual Deus faz a criação. Por 'nada' (nequitia)", se entende aquilo que flui, que se dissolve, que se liquidifica, que sempre perece e se perde. Essa explicação é importante para a compreensão da origem do mal. O mal não é mais do que "uma *defecção* das substâncias mutáveis com relação à *substância imutável*; as substâncias mutáveis foram tiradas do nada pela substância suma e imutável, que é Deus"[12]. O mal não tem nenhuma substância; sua essência consiste em danificar uma substância que em si é boa; ele só existe tendo como substrato uma natureza à qual possa danificar, corromper.

Afirmar o ser imutável de Deus não significa, no entanto, afirmar que não haja nele mudança e movimento. Imutabilidade não significa indiferenciação; na essência única e imutável de Deus há uma diferenciação de pessoas. O Pai, primeira pessoa da Trindade, diferencia-se em uma segunda pessoa, à qual gera eternamente, em tudo semelhante a si,

---

10. Cf. *De Beata Vita* II,8.
11. Cf. *Confessionum* VII,v,7-xvii,23. Este é o tema central do livro VII das *Confessionum*, inserido como está na busca de uma resposta para o problema do mal. Ver ZUM BRUNN, E., L'immutabilité de Dieu selon Saint Augustin, *Nova et Vetera* 41 (1966), 219-225.
12. In *Evangelium Ioannis Tractatus* XCVIII,4: "Ab immutabili substantia mutabilium substantiarum quidam defectus, quas fecit ex nihilo ipsa immutabilis et summa substantia, qui est Deus". Sobre a solução do problema do mal em Agostinho, especialmente em sua influência neoplatônica, ver BEZANÇON, J. N., Le mal et l'existence temporelle chez Plotin et S. Augustin, *Recherches Augustiniennes* 3 (1965), 133-160; MATTEWS, W., El neoplatonismo como solución agustiniana al problema del mal, *Augustinus* 28 (1982), 339-356.

o Filho. Entre essas duas pessoas há uma relação de amor que as vincula: o Pai se vê refletido perfeitamente no Filho e o ama; o Filho acolhe esse amor do Pai, reconhecendo-se perfeitamente amado por ele, como reflexo semelhante a ele, e também o ama; o Pai é o amante, o Filho o amado, e o que está entre os dois, unindo-os em vínculo indissolúvel, é o Amor, o Espírito, a terceira pessoa da Trindade. É a terceira pessoa que une e mantém em vinculação dinâmica as outras duas pessoas. Há, portanto, na Trindade, uma unidade diferenciada, harmoniosa, estável e pacífica; não uma unidade estática, mas dinâmica, com uma harmonia garantida pela união diferenciada das duas primeiras pessoas pelo vínculo entre elas garantido pela terceira pessoa[13]. Nas várias definições triádicas que Agostinho vai utilizando ao longo de sua obra para as três pessoas divinas, o Pai aparece sempre como o Sumo Ser, a fonte das naturezas e substâncias; o Filho como a suma inteligência, a fonte de luminosidade e de forma das substâncias; e o Espírito como a suma bondade, o sumo gozo e felicidade. É pelo Espírito, o Amor, que se pode imaginar o fruir gozoso de Deus em si mesmo, pela contemplação mútua do Pai e do Filho, o Amante e o Amado. Tal concepção de Deus aparece de maneira acabada na obra madura *A Cidade de Deus*: Deus é o autor das naturezas, o doador da inteligência e o inspirador do amor, que nos faz viver bem e felizes[14]; nele, encontra a Cidade de Deus a sua origem, a sua forma e a sua felicidade: "Se se perguntar *donde ela vem* – diremos: *foi Deus que a fundou; donde provém a sua sabedoria* – diremos: *é Deus que a ilumina; donde provém a sua felicidade* – diremos: *é de Deus que ela goza!* Subsistindo nele, tem a sua forma; contemplando-o, tem a sua luz; unindo-se a ele, tem a sua alegria. Ela é, vive, ama; na eternidade de Deus, ela prospera, brilha na verdade de Deus, regozija-se na sua bondade!"[15].

É importante notar aqui que o terceiro elemento da tríade se constitui em pessoa precisamente por ser substancialmente a Vontade do Pai e

---

13. Cf. *De Trinitate* VI,3-5; VIII,7.
14. Cf. *De Civitate Dei* XI,xxv.
15. *De Civitate Dei* XI,xxiv: "Si quaeratur unde sit: Deus eam condidit; si unde sit sapiens: a Deo illuminatur; si unde sit felix: Deo fruitur; subsistens modificatur, contemplans illustratur, inhaerens iucundatur; est, videt, amat; in aeternitate Dei viget, in veritate Dei lucet, in bonitate Dei gaudet".

do Filho, a sua natureza, que é Amor, o seu gozo feliz, a sua Bondade. É importante perceber isso porque, na ordem criada, a origem do mal – o oposto da bondade, a maldade – só poderá ter início no correspondente humano à Bondade de Deus, a vontade. Esse duplo aspecto da natureza divina nos permite pensar em uma possível conciliação em Deus do conceito filosófico de "impassibilidade" e do conceito bíblico de "afetividade". Por um lado, Deus é impassível em sua própria natureza, no sentido de não poder ser nela "afetado" de modo a mudar, a ser antes o que não era[16]; por outro lado, ele pode ser *afetado* em suas relações pessoais ou, dito de forma mais precisa, a sua própria existência relacional é uma *relação afetiva*, já que é essencialmente uma relação de amor. Assim se pode entender que a Bíblia fale de Deus em termos antropomórficos: um Deus que sofre, que se arrepende, que sente ira etc.

2.2. A criatura procedente de Deus: imagem e semelhança

Quando Deus cria os seres diferentes de si a partir do nada, ele imprime nas suas criaturas a sua semelhança (e também a sua imagem, nos seres superiores, dotados de inteligência e vontade) segundo estas duas características: de unidade diferenciada, harmoniosa e proporcional (*adequatio*), por um lado, e de movimento de retorno ao princípio original (*conuersio*), por outro. Deus cria tudo, segundo um versículo bíblico muito citado por Agostinho, com "medida, número e peso" (Sb 11,20), segundo "um modo, uma espécie e uma ordem", conferindo "o ser,

---

16. Cf. *De Civitate Dei* XII,xvii,2: "A nós, não nos é lícito crer que Deus seja afetado de uma forma quando repousa e de outra forma quando opera. Nem sequer se pode dizer que Ele seja afetado como se surgisse na sua natureza algo de novo. Efetivamente, o que é afetado é passivo, e tudo o que é passivo é mutável. Nem se pense, pois, ao falar-se na inação de Deus, em preguiça, em inércia ou indolência – nem, ao falar-se da sua atividade, se pense em trabalho, esforço ou diligência. Deus sabe atuar repousando e repousar atuando" [*Nobis autem fas non est credere, aliter affici Deum cum vacat, aliter cum operatur; quia nec affici dicendus est, tamquam in eius natura fiat aliquid, quod ante non fuerit. Patitur quippe qui afficitur, et mutabile est omne quod aliquid patitur. Non itaque in eius vacatione cogitetur ignavia desidia inertia, sicut nec in eius opere labor conatus industria. Novit quiescens agere et agens quiescere*].

a verdade e a bondade" (para citar apenas algumas das muitas tríades agostinianas que se referem à criação trinitária); e é precisamente através do terceiro elemento que se realiza o movimento que direciona cada ser para o seu lugar próprio na ordem criada, de acordo com o peso que lhe é próprio, segundo o seu grau próprio de ser que determina a sua bondade (a que qualidade de bem pertence, se superior, inferior ou mediano). Assim, toda criatura recebe do Pai o ser, do Filho a sua forma ou beleza, e pelo Espírito é governada segundo uma ordem perfeita. O Pai tira as coisas do nada, conferindo-lhes forma e beleza (*forma, species*) por meio de sua Verdade ou Beleza (o Filho), e *conservando-as no ser* em sua saúde (*salus*) e paz (*pax*) através do Espírito[17]. Todo ser criado tem, em consequência, corporal ou espiritualmente, três dons gratuitos de Deus: o *ser* ainda informe, a sua *formação* pela conversão ao seu princípio e a *adesão* ao seu Bem, que lhe dá *beatitude* e estabilidade. O papel do terceiro elemento da tríade na criatura é *dar consistência à unidade e à forma fornecidas pelos outros dois elementos*, fazendo com que cada ser permaneça em seu próprio lugar na ordem criada, conferindo-lhe *estabilidade, saúde e equilíbrio*, dando-lhe felicidade (*beatitudo*)[18].

Deus cria os seres em três níveis: com "ser, vida e pensamento". Naqueles que possuem somente o ser, a sua imagem neles se identifica com "medida, beleza e ordem"; nos que possuem vida, com "vida, sensação e desejo"; e nos que possuem pensamento, com "existência, conhecimento e amor". Todos eles, porém, se direcionam para o seu lugar próprio na ordem criada de acordo com o seu peso próprio, encontrando ali *repouso* e *fruição*[19]:

> Se fôssemos gado, amaríamos a vida carnal e o que é conforme com os seus sentidos. Isso bastaria para nosso bem, e, se nos encontrássemos bem com isso, nada mais procuraríamos. Da mesma forma, se fôssemos árvores, nada amaríamos, com certeza, com um movimento sensível, contudo, parece que

---

17. Cf. Du Roy, op. cit., 320-333.
18. Cf. ibid., 374-376.
19. Cf. Abbud, C. N., *Iluminação trinitária em Santo Agostinho*, Tese de doutorado, São Paulo, Faculdade de Filosofia, Letras e Ciências Humanas da Universidade de São Paulo, 2007, 79.

desejaríamos o que nos tornasse mais fecunda e abundantemente frutíferas. Se fôssemos pedras, ondas, ventos, chama ou coisa parecida, não teríamos nem sensibilidade nem vida; todavia, não seríamos desprovidos de certa tendência para o lugar próprio e para a ordem. *São como que amores dos corpos as forças dos seus pesos*, quer tendam para baixo, devido à gravidade, quer para cima, devido à leveza. Efetivamente, assim como a alma é arrastada pelo amor para onde quer que vá, assim também o corpo é arrastado pelo seu peso[20].

Há, portanto, falando de maneira imprópria, uma espécie de desejo até mesmo nos seres que não possuem vida, que consiste em descansar no seu próprio lugar na ordem criada, fruindo do bem que lhe é próprio. Há um bem próprio e suficiente para cada espécie de desejo. No caso da criatura racional, o seu peso é o amor: *Pondus meum, amor meus*[21] (*"o meu peso é o meu amor"*), e ela encontrará o seu repouso, quietude e fruição quando encontrar o bem que lhe é próprio.

3. A vontade da criatura racional e o seu papel na manutenção da *ordo amoris*

Para entender qual é o bem próprio que pode preencher o desejo da criatura racional, é necessário entender bem a faculdade da vontade, que é a responsável pelo movimento de busca de realização do desejo na alma. A conhecida definição agostiniana de "vontade", na obra *Sobre*

---

20. *De Civitate Dei* XI,xxviii: "Si enim pecora essemus, carnalem vitam et quod secundum sensum eius est amaremus idque esset sufficiens bonum nostrum et secundum hoc, cum esset nobis bene, nihil aliud quaereremus. Item si arbores essemus, nihil quidem sentiente motu amare possemus, verumtamen id quasi appetere videremur, quo feracius essemus uberiusque fructuosae. Si essemus lapides aut fluctus aut ventus aut flamma vel quid huiusmodi, sine ullo quidem sensu atque vita, non tamen nobis deesset quasi quidam nostrorum locorum atque ordinis appetitus. Nam velut amores corporum momenta sunt ponderum, sive deorsum gravitate sive sursum levitate nitantur. Ita enim corpus pondere, sicut animus amore fertur, quocumque fertur"; o acentuado em itálico é nosso.

21. *Confessionum* XIII,ix,10. Sobre este tema do *peso* em Agostinho, ver: TORCHIA, N. J., "Pondus meum Amor meus": the Weight-Metaphor in St. Augustine's Early Philosophy, *Augustinian Studies* 21 (1990), 163-176; O'BRIEN, D., "Pondus meum amor meus" (Conf. XIII,9.10). Saint Augustin et Jamblique, *Studia Patristica* 16 (1985), 524-527.

as duas almas, a define como "um movimento da alma, livre de toda coação, dirigido a conseguir algo e a não perdê-lo"²². A vontade move a alma pelo impulso do desejo. É o objeto do desejo que *faz nascer* o desejo, que o *estimula*, indica-lhe uma *direção*. "O amor [diz Agostinho] é um impulso, e só há impulso para qualquer coisa."²³ "Amar [continua ele] não é mais do que desejar (*appetere*) uma coisa por si mesma [...]; o amor é desejo (*appetitus*)."²⁴ O objeto desejado é um bem (*bonum*), que é desejado por si mesmo (*propter se ipsam*), independente de qualquer relação com outros objetos (é amado por si mesmo); não há nenhuma comparação com outros objetos. O caráter específico desse objeto é não ser possuído, e a esperança é que a sua posse preencha o desejo de gozo, de fruição, que motivou o desejo. Amar não é ainda possuir; o possuir é a fruição do objeto desejado²⁵. Depois de alcançado, o gozo do objeto desejado passa a conviver com o medo de perdê-lo: "Não há dúvida [diz Agostinho] de que o medo tem apenas por objeto a perda do que amamos, se o obtivemos, ou a sua não obtenção, se esperamos obtê-lo"²⁶. A vida feliz (a *beatitude*) consiste precisamente na posse (*habere, tenere*) do bem desejado, e, mais ainda, na segurança de não perdê-lo. Ou, dito de outra forma, o desejo deseja o bem (deseja um objeto, que é um bem), e o medo receia o mal (a perda de um bem, já que o mal é apenas a privação de um bem). "O bem [define Agostinho] é aquilo que não podes perder contra a tua vontade."²⁷ É esta ausência do medo que o amor procura; o principal objeto do amor é ser livre do medo (*metu carere*). Ora, o único bem que o homem não pode perder contra a sua vontade (*invitus*

---

22. De Duabus animabus X,xiv: "Voluntas est animi motus, cogente nullo, ad aliquid vel non amittendum, vel adipiscendum".
23. De Diversis Quaestionibus 83, qu. 35,1: "Deinde cum amor quidam sit, neque ullus sit motus nisi ad aliquid...". Sobre a estrutura do desejo em Agostinho, seguimos aqui especialmente ARENDT, H., O conceito de amor em Santo Agostinho, Lisboa, Instituto Piaget, 1997, 17-25.
24. De Diversis Quaestionibus 83, qu. 35,1 e 2: "Nihil enim aliud est amare, quam propter se ipsam rem aliquam appetere. ... Nanque amor appetitus quidam est".
25. Cf. Sermo 357,2.
26. De Diversis Quaestionibus 83, qu. 33: "Nulli dubiam est non aliam metuendi esse causam nisi ne id quod amamus aut adeptum amittamus aut non adipiscamur speratum".
27. Sermo I,xxii,6: "Hoc est bonum quod non potesinvitus amittere".

amittere non potes), e do qual pode gozar e fruir sem medo de perder, é o Sumo Bem, o Imutável, que é Deus. Deus é, portanto, o objeto próprio do desejo da criatura racional; ele é aquilo que ela não é, aquilo que lhe falta, o eterno. Ele mesmo colocou na criatura racional esse desejo de eternidade, de repouso, de quietude. O preenchimento deste vazio é o que a move na busca: "Inquieto está o nosso coração enquanto não descansa em ti"[28], diz Agostinho na abertura das *Confissões*, ou, como diz em *A Cidade de Deus*: "O que concluímos senão que essa vontade, mesmo sendo boa, se permanecesse em um puro desejo, permaneceria vazia, a não ser que Aquele que a fez capaz de possuir a natureza boa, criada do nada, a tivesse melhorado, enchendo-a de si mesmo, depois de ter excitado nela um desejo vivo de chegar a Ele?"[29].

3.1. A *ordo amoris*: a fruição como meta e o uso como meio

Chegamos, assim, a uma distinção importantíssima no tratamento do tema dos afetos em Agostinho, que é a diferença entre o *frui* e o *uti*, entre a fruição e o gozo, por um lado, e o uso, por outro, que corresponde a cada objeto de acordo com o seu peso e o seu lugar na criação. Estando o homem situado em um lugar intermediário na ordem dos seres criados – entre os seres superiores, espirituais, totalmente livres, com quem partilha o ser espiritual através da alma, e os seres materiais, que não possuem liberdade (porque não racionais), com quem partilha a matéria através de seu corpo –, ele deve direcionar o seu amor para esses dois objetos, sem excluir, é claro, a relação horizontal para com os seus semelhantes. Na sua condição originalmente criada, o homem era capaz de ocupar bem esse lugar intermediário exercendo um correto domínio da alma sobre as solicitações de seu corpo. Ele era já solicitado pela beleza das coisas corpóreas e das imagens que em sua alma ficavam

---

28. *Confessionum* I,i,1: "Inquietum est cor nostrum, donec requiescat in te".
29. *De Civitate Dei* XII,ix,1: "Quid aliud ostenditur nisi voluntatem quamlibet bonam inopem fuisse in solo desiderio remansuram, nisi ille, qui bonam naturam ex nihilo sui capacem fecerat, ex ipso faceret implendo meliorem, prius faciens excitando avidiorem?".

impressas através de seu conhecimento delas, mas a mediação da razão mantinha sob controle todos os seus afetos. Agostinho concede à razão, sobretudo em suas primeiras obras, esse papel de mediação reguladora dos afetos; paulatinamente, porém, esse papel passará a ser exercido primordialmente pela vontade. A ordem natural, impressa em seu próprio ser através de seu peso natural, o orientava a amar sob forma de fruição o ser superior, Deus, pois de nenhuma maneira poderia perdê-lo, e a amar sob forma de uso os seres inferiores e seus semelhantes, porque estes, sim, poderia perder. Agostinho diferencia com clareza esses dois amores na obra *A doutrina cristã*: "Fruir consiste em ligar-se a uma coisa pelo amor a ela mesma. Usar, ao contrário, é reconduzir o objeto de que fazemos uso para o objeto que se ama, se, todavia, ele for digno de ser amado"[30]. Não significa, portanto, que o homem não deva amar os seres que lhe são inferiores ou semelhantes, mas que deve fazê-lo de forma relativa, situando-os em relação ao Bem Último, do qual se pode fruir sem perigo de perda. Agostinho hesita em determinar o estatuto do amor para com o semelhante, se de fruição ou de uso; explica: "É uma grande questão a de saber se os homens devem fruir deles próprios, ou usar, ou fazer uma e outra coisa [...]. Se é para ele próprio (que nós o amamos), nós fruí-lo-emos, se é por outra coisa, usá-lo-emos. Ora, parece-me que ele deve ser amado por outra coisa. Pois é no Ser que deve ser amado por ele próprio que se encontra a felicidade"[31]. Falar de uso do semelhante não significa, portanto, fazer dele um meio na relação, mas é apenas um indicador de que ele precisa ser relativizado em consideração ao Bem Supremo, único que não se pode perder[32].

---

30. *De Doctrina Christiana* I,4: "Frui est enim amore inhaerere alicui rei propter seipsam. Uti autem, quod in usum venerit ad id quod amas obtinendum referre, si tamen amandum est".
31. *De Doctrina Christiana* I,20: "Itaque magna quaestio est, utrum frui se homines debeant, na uti, na utrumque... Si enim propter se fruimur eo; si propter aliud utimur eo. Videtur autem mihi propter aliud diligendus. Quod enim propter se diligendum est, in eo constituitur vita beata".
32. Sobre toda essa questão do *uti* e do *frui* em Agostinho, ver: ARENDT, op. cit., 33-39; O'CONNOR, W. R., The Uti/Frui Distinction in Augustine's Ethics, *Augustinian Sudies* 14 (1983), 45-62; CANNING, R., The Augustinian Uti/Frui Distinction in the Relation between Love for Neighbour and Love for God, *Augustiniana* 33 (1983), 165-231.

Na sua condição criada originalmente, anterior à queda, o homem mantinha de maneira harmoniosa essa ordem do amor. O que garantia essa harmonia era a sua "aderência" (adesão) ao Criador. Situado bem em seu lugar, em perfeita dependência daquele em quem nada se pode perder, o homem realizava plenamente a sua condição de criatura. A sua vontade o movia harmoniosamente a fruir gozosamente da presença de Deus e o vinculava aos outros seres inferiores e semelhantes a si sem perder aquela adesão a Deus. Ele tinha, portanto, concupiscência, entendida como o desejo que o orientava em busca da aquisição dos bens, mas de forma ordenada. Agostinho defende a existência da concupiscência bem orientada, antes da queda[33].

3.2. A queda do pecado original e o rompimento da *ordo amoris*

Originalmente, como vimos, o homem foi criado em uma ordem em que todos os seus afetos estavam ordenados, devidamente orientados para cada ser de acordo com o grau de ser que lhe era próprio. Quando, porém, o homem procura autonomia com relação a Deus, encontrando "complacência em si mesmo", "jactando-se de sua própria excelência", através da soberba, ele perde aquela adesão original e decai, é precipitado em direção às criaturas inferiores, rompendo a ordem criada.

Interessante é ver como essa centralidade no absoluto de Deus e a consequente relatividade de todas as outras coisas, sobre as quais devemos ser "indiferentes", é a ideia que aparece como ponto de partida (o *Princípio e Fundamento*) e como *leitmotiv* nos *Exercícios Espirituais* de Santo Inácio de Loyola. Sobre uma possível influência agostiniana nesse assunto em Santo Inácio, ver: ZOUNDI, J., *La fin de l'homme dans le principe et fondament de Saint Ignace et ses sources augustiniennes en vue d'une inculturación au Moogo*, Dissertazioni dottorali, Roma, Pontificia Università Gregoriana, 2006.

33. Sobre esta questão bastante discutida, ver os seguintes artigos de CHARLES BOYER: La concupiscence est-elle impossible dans un état d'innocence?, *Augustinus Magister. Congrès International Augustinien, Paris, 21-24 septembre 1954. Communications*, Paris, Institut d'Études Augustiniennes, 1954, v. II, 737-744; Dieu pouvait-il créer l'homme dans l'état d'ignorance et de difficulté? Étude de quelques textes augustiniens. *Gregorianum* 11 (1930), 32-57; Concupiscence et nature innocente (rèponse a des objections), *Augustinus Magister. Congrès International Augustinien, Paris, 21-24 septembre 1954. Communications*, Paris, Institut d'Études Augustiniennes,1954, v. II, 309-316.

Como antes da queda a natureza dos seres criados estava ainda íntegra, o primeiro pecado só poderia ser de ordem espiritual, e, por isso mesmo, o seu objeto não poderia ser ainda as criaturas sensíveis, mas a própria criatura espiritual. Chamar a atenção para isso é importante para desfazer qualquer espécie de desvalorização do corpo e sua vinculação de causalidade com relação à origem do mal e do pecado original, como muitas vezes se faz em críticas a Agostinho, por causa da influência platônica e neoplatônica em seu pensamento. Como a concupiscência da soberba é a que dá origem à concupiscência que se encontra no homem após a queda, ela passa a ser a raiz de todas as demais concupiscências, de maneira que o homem após a queda já nasce com essa tendência ao egoísmo, à realização de si mesmo sem Deus. Depois dessa concupiscência originária, o homem cai em uma concupiscência intermediária, própria do espírito, mas necessitada do corpo como mediação: trata-se da concupiscência dos olhos, a curiosidade, o deleitar-se nas imagens dos corpos conhecidos através das sensações corporais, dando preferência a elas com relação às verdades eternas da sabedoria intelectual. Segundo F. J. Thonnard, essa concupiscência intermediária em Agostinho pode ser definida como a "tendência à ciência pela ciência, o desejo de conhecer o mundo e seus segredos pelo prazer de os conhecer, sem os relacionar com Deus"[34]. Somente depois é que a alma decai na concupiscência da carne, na volúpia, lançando-se sobre os objetos percebidos pelos sentidos externos, amando-os não mais sob a forma de uso em relação ao Bem Supremo, mas "preferindo-os em relação ao Criador"[35]. Assim Agostinho define os três desejos fundamentais que afetam o homem após a

---

34. THONNARD, F.-J., La notion de concupiscence em philosophie augustinienne, *Recherches Augustiniennes* 3 (1965), 83; a tradução é nossa.
35. Cf. Romanos 1,21-25, texto muito citado por Agostinho: "Tendo conhecido a Deus, não o honraram como Deus, nem lhe renderam graças; pelo contrário, eles se perderam em vãos arrazoados, e seu coração insensato ficou nas trevas. Jactando-se de possuir a sabedoria, tornaram-se tolos e trocaram a glória do Deus incorruptível por imagens do homem corruptível, de aves, quadrúpedes e répteis. Por isso Deus os entregou, segundo o desejo dos seus corações, à impureza em que eles mesmos desonraram seus corpos. Eles trocaram a verdade de Deus pela mentira e adoraram e serviram à criatura em lugar do Criador, que é bendito pelos séculos. Amém!" (Tradução da *Bíblia de Jerusalém*). Sobre o uso desse texto em Agostinho, ver o artigo de MADEC, Goulven, Connaissance de Dieu

queda, de acordo com o famoso texto da Primeira Carta de São João: o prazer carnal, a posse do mundo visível e o domínio e poder sobre toda a realidade, a soberba (*volupia, curiositas, superbia*)[36]. Vale a pena fazer aqui um pequeno excurso para reforçar a ideia de que não há em Agostinho, como muitas vezes se pensa, uma responsabilização do corpo por todo o mal que sofre o homem neste mundo. No livro XIV de *A Cidade de Deus*, tratando "do pecado e das paixões", Agostinho se dedica a explicar o que é a "concupiscência da carne", procurando mostrar que "carne" aqui não se refere primordialmente ao corpo, mas ao homem em sua totalidade, o homem que procura viver segundo si mesmo, e não segundo Deus (o que o levará à conclusão de que as duas cidades se fundam sobre dois amores, e esta é a conclusão deste livro: "O amor de si até o desprezo de Deus, e o amor de Deus até o desprezo de si mesmo"[37]). A "concupiscência da carne", ou, em termos bíblicos, o "viver segundo a carne", não tem nenhuma referência direta ao corpo, mas significa abandonar o Criador (perder a adesão a ele) e viver segundo o bem criado ("amar a criatura em vez de o Criador"), e, sobretudo, viver segundo si mesmo, colocando-se de maneira autônoma como centro de referência. Quando volta muitas vezes ao versículo bíblico de Sabedoria 9,15 ("o corpo corruptível pesa sobre a alma"), Agostinho não quer inculpar o corpo pela queda da alma. Diz ele com clareza:

> A corrupção do corpo que entorpece a alma (cf. Sb 9,15) não é a causa, mas sim o castigo do primeiro pecado. E não foi a carne corruptível que tornou pecadora a alma, mas foi a alma pecadora que tomou o corpo corruptível. Embora existam, procedentes da carne, certos impulsos para o vício e até desejos viciosos – não se deve, apesar disso, atribuir à carne todos os vícios

---

et action de grâces. Essai sur les citations de l'Ep. aux Romains 1,18-25 dans l'ouevre de saint Augustin, *Recherches Augustiniennes* 2 (1962), 273-309.

36. 1 João 2,15-16: "Não ameis o mundo nem o que há no mundo. Se alguém ama o mundo, não está nele o amor do Pai. Porque tudo o que há no mundo – a concupiscência da carne, a concupiscência dos olhos e o orgulho da riqueza – não vem do Pai, mas do mundo" (Tradução da *Bíblia de Jerusalém*).

37. *De Civitate Dei* XIV,xxviii: "Fecerunt itaque civitates duas amores duo, terrenam scilicet amor sui usque ad contemptum Dei, caelestem vero amor Dei usque ad contemptum sui".

de uma vida iníqua, de maneira que não cheguemos a eximir de todos eles o diabo, que não tem carne[38].

O primeiro pecado, insiste sempre Agostinho, foi espiritual e teve origem na vontade, e da mesma forma, por isso mesmo, o primeiro e principal castigo pelo pecado é também espiritual e incide sobre a vontade. Ela, que antes conseguia dominar racionalmente os seus impulsos, não consegue mais mandar com a força que obriga à obediência. A primeira e principal pena do pecado para o homem é a fraqueza da vontade, o não conseguir mais fazer identificar o querer e o poder[39]. Aquele que havia recebido no paraíso o dom de ser espiritual até mesmo no corpo recebe como pena o tornar-se corporal na mente, ou seja, o tornar-se escravo das imagens sensíveis que lhe vêm dos corpos sensíveis. Assim, ele não é mais capaz de dominar nem mais os órgãos de seu corpo, de maneira especial os órgãos que são responsáveis pela transmissão da vida, uma vez que a pena da mortalidade lhe adveio também como pena do pecado. É neste sentido específico que Agostinho fala propriamente da libido:

> Embora haja desejos (*libido*, pl. *libidines*) de muitas coisas, todavia, quando se fala de libido, sem se acrescentar de que coisa é "desejo", pensa-se quase sempre na excitação das partes obscenas do corpo. Este desejo apodera-se não só do corpo todo, exterior e interiormente, mas agita também o homem todo, unindo e misturando as paixões da alma e as apetências carnais para este prazer, o maior de todos entre os prazeres do corpo; e isto de tal forma que, no momento de chegar à sua plenitude, como que se aniquila a agudeza e a consciência do pensamento[40].

---

38. *De Civitate Dei* XIV,iii,2: "Nam corruptio corporis, quae aggravat animam (Sb 9,15), non peccati primi est causa, sed poena; nec caro corruptibilis animam peccatricem, sed anima peccatrix fecit esse corruptibilem carnem. Ex qua corruptione carnis licet existant quaedam incitamenta vitiorum et ipsa desideria vitiosa, non tamen omnia vitae iniquae vitia tribuenda sunt carni, ne ab his omnibus purgemus diabolum, qui non habet carnem".
39. Cf. Romanos 7,18-20: "Eu sei que o bem não mora em mim, isto é, na minha carne. Pois o querer o bem está ao meu alcance, não porém o praticá-lo. Com efeito, não faço o bem que quero, mas pratico o mal que não quero. Ora, se eu faço o que não quero, já não sou eu que estou agindo, e sim o pecado que habita em mim" (Tradução da *Bíblia de Jerusalém*).
40. *De Civitate Dei* XIV,xvi: "Cum igitur sint multarum libidines rerum, tamen, cum libido dicitur neque cuius rei libido sit additur, non fere assolet animo occurrere nisi

Entendendo dessa forma a libido, não é difícil para Agostinho imaginar na condição original do homem, anterior à queda, uma situação tal de domínio da vontade sobre os órgãos corporais responsáveis pela geração da vida, de maneira que seria plenamente possível a geração da vida sem que interviesse nela a libido. Os membros do corpo agiriam "movidos por um sinal da vontade e não pela excitação do ardor libidinoso"[41]. Na situação original do homem, no paraíso, o homem teria afetos, mas os seus afetos estariam perfeitamente ordenados, sob o controle da vontade:

> O homem vivia, portanto, no Paraíso como queria, enquanto queria o que Deus ordenara. Vivia gozando de Deus, de cujo bem era feita a sua bondade. Vivia sem nenhuma privação, estando em seu poder viver sempre assim. Havia alimento para que não passasse fome, havia bebida para que não passasse sede, havia a árvore da vida para que a velhice não o dissolvesse. Nenhuma corrupção no corpo, ou procedente do corpo, produzia doença alguma aos seus sentidos. Nenhuma doença interna, nenhum acidente exterior havia a temer. Na carne a saúde plena, na alma a total tranquilidade. No Paraíso, assim como não havia calor nem frio, assim também quem lá morava estava livre de qualquer atentado que o desejo ou o medo causassem à sua boa vontade. Nenhuma tristeza, nenhuma vã alegria havia lá. Perpetuava-se, vindo de Deus, um gozo verdadeiro em que ardia uma caridade nascida de um coração puro, de uma consciência reta e de uma fé sincera (cf. 1Tm 1,5). Havia também uma sociedade sincera dos cônjuges entre si garantida pelo amor honesto, a alma e o corpo levavam uma vida de mútua concórdia, e o mandamento era observado sem esforço. O tédio não molestava o ocioso, nem contra vontade se era molestado pelo sono[42].

---

illa, qua obscenae partes corporis excitantur. Haec autem sibi non solum totum corpus nec solum extrinsecus, verum etiam intrinsecus vindicat totumque commovet hominem animi simul affectu cum carnis appetitu coniuncto atque permixto, ut ea voluptas sequatur, qua maior in corporis voluptatibus nulla est; ita cum momento ipso temporis, quo ad eius pervenitur extremum, paene omnis acies et quasi vigilia cogitationis obruatur".
  41. *De Civitate Dei* XIV,xvi: "Nutu voluntatis acta, non aestu libidinis incitata".
  42. *De Civitate Dei* XIV,xxvi: "Vivebat itaque homo in paradiso sicut volebat, quamdiu hoc volebat quod Deus iusserat; vivebat fruens Deo, ex quo bono erat bonus; vivebat sine ulla egestate, ita semper vivere habens in potestate. Cibus aderat ne esuriret, potus ne sitiret, lignum vitae ne ullum senecta dissolveret. Nihil corruptionis in corpore vel ex corpore ullas molestias ullis eius sensibus ingerebat. Nullus intrinsecus morbus, nullus ictus metuebatur extrinsecus. Summa in carne sanitas, in animo tota tranquillitas. Sicut

Retomemos a reflexão onde a havíamos detido, ou seja, no importante conceito agostiniano de "concupiscência" (*cupiditas*): o amor do mundo em vez de o amor ao Criador, ou o amor do mundo por si mesmo (*propter si*), não o "amor justo" que lhe era devido como obra boa vinda das mãos do Criador para o uso do homem, mas a busca de fruição dele, a busca de agarrá-lo como se fosse algo que não passa, que não se pode perder. Diz Agostinho em *A Trindade*: "Há cobiça (*cupiditas*) quando se ama a criatura por si mesma"[43]. O mundo, enquanto objeto deste amor equivocado do homem, que quer agarrá-lo como se fosse eterno, é o mundo constituído pelo homem, que faz dele algo "mundano". De fato, o amor confere certa pertença ao objeto amado; dessa maneira, assim como o amor retamente orientado para Deus fazia do homem pertencente a Deus, da mesma forma o amor ao mundo o faz pertencente ao mundo. Como diz Hannah Arendt, o homem "deformou (*perversitas*) o sentido original do seu ser criado, que era justamente o de reenviar para além do mundo a sua verdadeira origem"[44]; ele fez do mundo a sua morada, como se fosse a sua pátria definitiva, quando deveria habitar nele em tendas, já que este mundo é passageiro e um verdadeiro deserto, como o foi para o Povo de Israel. Perdendo a aderência ao Criador, que era o Sumo Bem que ele não podia perder, e buscando preencher o vazio deixado pela ausência daquela presença original de Deus, o homem se exila de si mesmo e se perde no meio do mundo, que é passageiro e caminha naturalmente para o nada. "Delícias felizes e seguras, que recolheis em Vós meu ser disperso, disseminado, e que, afastando-se da vossa Unidade, se dissipa em mil vaidades"[45], diz Agostinho de sua própria experiência nas *Confissões*. Identificado com o mundo através desse amor

---

in paradiso nullus aestus aut frigus, sic in eius habitatore nulla ex cupiditate vel timore accidebat bonae voluntatis offensio. Nihil omnino triste, nihil erat inaniter laetum. Gaudium verum perpetuabatur ex Deo, in quem flagrabat caritas *de corde puro et conscientia bona et fide non ficta* (1Tm 1,5), atque inter se coniugum fida ex honesto amore societas, concors mentis corporisque vigilia et mandati sine labore custodia. Non lassitudo fatigabat otiosum, non somnus premebat invitum".
43. *De Trinitate* IX,13: "Tunc enim est cupiditas cum propter se amatur creatura".
44. Op. cit., 100.
45. *Confessionum* II,1: "Et colligens me a dispersione in qua frustatim discissus sum, dum ab uno te aversus in multa evanui".

equivocado, o homem se perde na dispersão e diversidade do mundo: pretende alcançar hoje uma coisa, amanhã outra; o seu desejo vive no divertimento, na vontade de se fixar ao que aparentemente tem permanência. Vive sempre com a sensação de insatisfação, de insaciedade, pois nada preenche o seu desejo mais profundo; prende-se a bens que não são o seu bem adequado, a eternidade: "Pois entre os bens temporais e os bens eternos há esta diferença: um bem temporal é mais amado antes de ser possuído (mas perde o seu valor uma vez obtido), pois não sacia a alma, para quem a verdadeira e firme morada é a eternidade"[46]. Além de insatisfeito pela falta de saciedade, pela falta do objeto desejado, o homem vive exposto ao medo de perder os bens já adquiridos, pois isso escapa absolutamente ao seu controle, já que eles são passageiros. Se a realização do amor (*caritas*) pela fruição do bem que não se pode perder afastava o medo, a cobiça (*cupiditas*), pelo contrário, em sua realização está sempre ligada ao medo[47].

Dominado pelo amor do mundo, o homem procura escamotear sua situação de insatisfação e de insegurança pela força do hábito. Uma vez caído da ordem originalmente criada, ele herdou como pena a mortalidade e passou a ter na morte a lembrança constante de que tudo o que há no mundo se pode perder e de que o amor deste mundo (a cobiça) está sempre exposto ao perigo. Pelo hábito, o homem se prende a um "falso antes", por medo do passado mais original (o seu ser criado) e do futuro extremo (a morte): "O hábito é o eterno ontem sem futuro. O dia de amanhã é idêntico ao de hoje. Este nivelamento da existência temporal, perecível, funda-se no medo do futuro extremo, da morte, que destrói a existência que é construída de acordo com a própria vontade"[48]. Dissimulando o medo da perda pela assimilação do hoje e do amanhã ao que era ontem, sem referi-los ao seu fim último, o homem que vive na cobiça (amor do mundo) agarra-se a uma má segurança (*mala securitas*). Em vez

---

46. *De Doctrina Christiana* I,42: "Inter temporalia quippe atque aeterna hoc interest, quod temporale aliquid plus diligitur antequam habeatur... non enim satiat animam, cui vera est et certa sedes aeternitas".
47. Sobre a diferença e a relação entre *caritas* e *cupiditas* em Agostinho, ver: ARENDT, op. cit., 25-39; 93-112.
48. Ibid., 101.

de encontrar na morte um indicativo de sua condição de criatura, dependente, prefere escamoteá-la através de um presente repetitivo, o hábito[49].

3.3. O restabelecimento da ordo amoris pelo reordenamento dos afetos

Como sair dessa situação de insatisfação, insaciedade e medo? Por uma retomada da consciência do "verdadeiro antes" e do "verdadeiro fim" ou, o que significa dizer o mesmo, por uma retomada da consciência da própria condição de criatura. Assim é possível chegar a um reordenamento da *ordo amoris*, ou seja, a uma vivência do amor bem orientado. Pela caridade, o verdadeiro amor a Deus (*caritas*), o homem é levado a transformar a concupiscência (*cupiditas*), o amor do mundo por si mesmo, em amor do mundo e de si mesmo em vista do amor a Deus (*dilectio*). Isso se faz pela via da interioridade. Quando entra profundamente em si mesmo, o que o homem encontra no mais íntimo de si é o próprio Deus. Como diz Agostinho, de maneira comovente nas *Confissões*: "Quando amo o meu Deus, é a luz, a voz, o odor [...] do meu ser interior que eu amo. Lá onde resplandece a parte da minha alma que não circunscreve o lugar, onde ecoa aquilo que o tempo não leva [...] e onde se fixa o que o contentamento não dispersa. Eis aquilo que amo quando amo o meu Deus"[50]. A descoberta de Deus no mais íntimo de si mesmo equivale a descobrir ao mesmo tempo o "verdadeiro antes" e o "verdadeiro fim" que o hábito procurava esconder. O verdadeiro antes se descobre pelo exercício da memória que vai além de todo existente intramundano e descobre a existência como busca radical e como indigência/dependência radical. O homem descobre a si mesmo como existente em busca de preenchimento de si através de algo que possa fruir sem o perigo de perda, ou seja, descobre-se como alguém que busca

---

49. Cf. ibid., 100-102.
50. *Confessionum* X,8: "Cum amo deum meum, lucem vocem odorem... interioris hominis mei (amo); ubi fulget animae meae quod non capit locus et ubi sonat quod non rapit tempus... et ubi haeret quod non divellit satietas. Hoc est quod amo cum Deum meum amo".

autonomia, mas que ao mesmo tempo experimenta radical dependência. Encontra em Deus este "objeto" eterno que lhe dá autonomia, mas ao mesmo tempo depende completamente dele. Dependência e autonomia definem a condição de criatura. Por outro lado, entrando profundamente em si, o homem descobre também o seu verdadeiro fim, a sua condição mortal. A morte se apresenta a ele como a indicação mais clara de que tudo nesta vida é passageiro e de que tudo está marcado por este vizinho incômodo, o medo da perda. Viver nesta vida é estar exposto ao constante medo da perda: "Se tem medo de ver pôr termo à saúde e à vida, isso já não é nem nunca mais será vida. Pois isso já não é mais viver sem cessar, mas temer sem cessar"[51]. Na verdade, somente a morte poderia cumprir negativamente o papel que realiza o amor de Deus; somente ela e o próprio Deus têm o poder de subtrair o homem ao mundo. "Teme-se a morte porque se ama o mundo (*amor mundi*); a morte aniquila não só qualquer posse do mundo, mas também todo o desejo de amar qualquer coisa por vir que se espera do mundo."[52] Toma-se consciência, então, de que, se a verdadeira felicidade se encontra em fruir do objeto desejado sem o perigo de perda, a verdadeira vida feliz só pode ser eterna. Diz Agostinho: "Todos os homens querem ser felizes: se o querem verdadeiramente, também querem, por inerência, ser imortais; de outra maneira não poderão ser felizes"[53]; "aqui [na eternidade], o nosso ser não terá a morte, aqui o nosso ser não terá enganos, aqui o nosso ato de amar não sofrerá nenhum contratempo"[54].

Tendo ancorado dessa forma, pela caridade, o seu amor na eternidade, o homem pode reorientar o seu amor pelos objetos deste mundo temporal. Tendo contemplado o Bem Supremo, que nada e ninguém podem arrancar-lhe, e tendo sido arrebatado em seus afetos pelo amor a ele, que tudo relativiza, o homem dá continuidade ao papel divino de

---

51. *Sermo* 306,7: "Sed sanitas et vita si timetur ne finiatur, iam nom est vita. Non est enim semprer vivere sed semper timere".
52. ARENDT, op. cit., 98.
53. *De Trinitate* XIII,ii: "Cum ergo beati esse omnes homines velint, si veri volunt, proecto et esse immortales volunt: aliter enim beati esse non possent".
54. *De Civitate Dei* XI,xxviii: "Ibi, esse nostrum non habebit mortem, ibi nosse nostrum non habebit errorem, ibi amare nostrum non habebit offensionem".

ordenar o mundo. Como bem diz Hannah Arendt: "Regressando de um futuro absoluto, o homem pôs-se fora do mundo e ordenou-o. Vivendo no mundo, ele tem o amor ordenado, ama como se não estivesse no mundo, como se fosse o próprio ordenador do mundo. Ele tem aquilo que não pode ser perdido e está fora de qualquer perigo, o que o torna objetivo"[55]. Este novo amor pelo mundo, que resulta desta ordenação procedente da contemplação do Sumo Bem (*dilectio*), não é mais, como era, o amor-desejo (*appetitus*), determinado pelo objeto, mas sim pelo Sumo Bem, o Ordenador. Tanto o amor ao mundo como o amor a si próprio e ao próximo são agora compreendidos a partir desse "por amor de" (*propter*) Deus; todos devem ser usados pelo homem de forma a orientá-lo para aquele fim último. Trata-se de fazer não uma renúncia absoluta aos bens deste mundo, mas sim uma renúncia relativa, uma renúncia por e pelo amor do eterno que lhe espera. O amor de si mesmo transforma-se em esquecimento de si, não mais aquele alienado esquecimento de si da concupiscência, que se perdia na dispersão própria do mundo quando amado por si mesmo, mas de um esquecimento de si que é posse de si, pois é encontrar-se naquele que o criou, que tem, portanto, a chave de sua compreensão. O amor ao próximo também é exercido agora a partir de Deus, em Deus, visto da forma como o próprio Deus o vê, ou seja, como a criatura amada da forma como foi criada e não aquilo que ela própria se tornou pelo seu pecado: "Sem odiar o homem por causa do vício, nem amar o vício por causa do homem; ele deve simplesmente odiar o vício e amar o homem"[56]; "em nenhum caso é a qualidade de pecador que é preciso amar no pecador"[57]; "daí resulta que devemos amar mesmo os nossos inimigos. Com efeito, não os tememos, visto que eles não nos podem retirar Aquele que amamos"[58]. Em todos os casos, no amor do mundo, de si mesmo e do próximo, orientados pelo amor a

---

55. ARENDT, op. cit., 44.
56. *De Civitate Dei* XIV,vi: "Uc nec propter vitium oderit hominem, nec amet vitium propter hominem; sed oderit vitium amet hominem".
57. *De Doctrina Christiana* I,28: "Omnis peccator in quantum peccator est, non est diligendus".
58. *De Doctrina Christiana* I,30: "Hinc efficitur ut inimicos etiam nostros diligamus: non enim eos timemus, quia nobis quod diligimus auferre non possunt".

Deus, é a superação do medo da perda a maior conquista do homem. O homem torna-se realmente livre, pois a liberdade é sempre liberdade com relação ao medo da perda. "A caridade não conhece mais o medo, porque não conhece mais a perda"[59], ou, como diz a Primeira Carta de São João: "No amor não há temor" (1Jo 4,18).

Em todo caso, é importante lembrar que esse reordenamento dos afetos pelo restabelecimento da *ordo amoris* não acontece perfeitamente nunca nesta vida nem se realiza somente com as forças da vontade humana. A posse do Bem Supremo e a consequente relativização dos bens deste mundo é experimentada por enquanto sob a forma de uma tensão escatológica: experimenta-se já a liberdade e a fruição deste amor, mas ainda sob o impacto da necessidade e da falta. Especialmente tensionante é a divisão que ainda persiste na vontade entre a possibilidade do querer e a incapacidade do poder realizar aquilo que se deseja. A lei exterior, confirmando o que estava inscrito no coração humano segundo a ordem criada, ordena "não cobiçar" o mundo ("não cobiçarás!"), mas a vontade humana se mostra impotente para realizar aquilo que ela mesma ordena realizar. Como bem afirma Agostinho na Epístola 177: "É preciso distinguir entre a lei e a graça. A lei ordena, a graça ajuda. A lei não ordenaria se não houvesse vontade e a graça não ajudaria se a vontade fosse suficiente"[60]. Revelando a natureza pecadora, que ela mesma não pode suprimir, a lei provoca um novo movimento de conversão para o Criador. Trata-se, na verdade, de um pedido de socorro. E a graça de Deus dá nova segurança àquele que andava perdido. Ela é o acolhimento renovado da criatura que vem a ele humilhado. Só o amor (*dilectio*) humilhado pode reconhecer e aceitar a ajuda de Deus, a graça[61].

Diferentemente dos estoicos, portanto, para Agostinho o ordenamento da vida afetiva não se faz pela disposição voluntária de uma artilharia ascética. Os estoicos, com efeito, defendiam que o sábio poderia

---

59. ARENDT, op. cit., 38. Para toda esta parte do reordenamento dos afetos através da caridade, ver a mesma obra nas páginas 36-44.
60. *Epistola* CLXXVII,5: "Distinguenda est lex et gratia. Lex iubere, gratia iuvare. Nec lex iuberet, nisi esset voluntas; nec gratia iuvaret, sai sat esset voluntas".
61. Cf. ARENDT, op. cit., 109.

ter domínio sobre a sua vida afetiva, respondendo a cada uma das "paixões" (πάθη) ou "perturbações" da alma (assim chamadas por Cícero) com uma "constância" (ευπαθειας): ao desejo, a vontade; à alegria, o gozo; ao medo, a precaução. À quarta paixão, a tristeza, não seria necessário contrapor-se, já que, como produto de um malsucedido, ela não seria capaz de atingir a alma do sábio. Agostinho reconhece essas quatro paixões na alma e as define da seguinte forma: "O amor que aspira a possuir o que ama, é desejo (*cupiditas*); quando o possui e dele goza, é alegria; quando foge do que lhe repugna, é temor; se a seu pesar o experimenta, é tristeza"[62]. Mas não concorda que essas paixões estejam presentes somente nos néscios; ao contrário, afirma que elas estão presentes em todos os homens e não têm valoração em si mesmas, senão que adquirem o seu valor a partir do fim para o qual estão dirigidas ou do amor (da vontade) que as orienta:

> Assim, querem, precaveem-se e gozam tanto os bons quanto os maus; ou, dizendo o mesmo por outras palavras, desejam, receiam e se alegram tanto os bons quanto os maus, mas os primeiros, bem, e os últimos, mal, conforme têm uma reta ou perversa vontade. A própria tristeza, em substituição da qual os estoicos nada admitem na alma do sábio, também ela é empregada no bom sentido, sobretudo nos nossos escritores[63].

Agostinho cita, como exemplo, várias passagens da Sagrada Escritura, especialmente das Cartas de Paulo, para mostrar que a vivência das paixões na alma depende da orientação que lhes é dada ou do amor que as motiva. Conclui dando como exemplo os cristãos em geral, como membros da Cidade de Deus:

---

62. *De Civitate Dei* XIV,vii,2: "Amor ergo inhians habere quod amatur, cupiditas est, id autem habens eoque fruens laetitia; fugiens quod ei adversatur, timor est, idque si acciderit sentiens tristitia est".
63. *De Civitate Dei* XIV,viii,3: "Proinde volunt, cavent, gaudent et boni et mali; atque ut eadem aliis verbis enuntiemus, cupiunt, timent, laetantur et boni et mali; sed illi bene, isti male, sicut hominibus seu recta seu perversa voluntas est. Ipsa quoque tristitia, pro qua Stoici nihil in animo sapientis inveniri posse putaverunt, repetitur in bono et maxime apud nostros".

Os cidadãos da Cidade de Deus, que vivem como a Deus apraz na peregrinação desta vida, temem e desejam, entristecem-se e regozijam-se e, como é reto o seu amor, retos são também estes afetos. Temem o eterno castigo, desejam a vida eterna; entristecem-se com o presente porque gemem ainda em si próprios, esperando a adoção divina e a redenção de seus corpos; regozijam-se na esperança porque há de cumprir-se a palavra que foi escrita: *a morte foi absorvida pela vitória* (1Cor 15,54). De igual modo, receiam pecar, desejam perseverar, entristecem-se dos seus pecados, regozijam-se das suas boas obras[64].

A tal ponto o valor de um afeto é determinado pela orientação que lhe é dada, pelo amor que o motiva, que até mesmo um vício pode tornar-se virtude ou vice-versa. Agostinho diz, por exemplo, que o ideal estoico da *apathéia*, entendida por ele como privação ou domínio dos afetos que vão contra a razão e perturbam a mente, em vez de se constituir em uma virtude, se torna na atual condição do homem um vício, uma expressão de "desumanidade no coração e de falta de sensibilidade no corpo":

> Se é ao estado de alma sem afeto algum que se chama ἀπάθεια, quem não terá esta insensibilidade pelo pior dos vícios?[65] [...]; e, se outros, na sua vaidade, tanto mais monstruosa quanto mais rara, se tomam de amores pela sua própria impassibilidade ao ponto de não se deixarem comover, nem excitar nem inclinar pelo menor sentimento, perdem toda a humanidade sem atingirem a verdadeira tranquilidade. Efetivamente, porque é duro, nem por isso se é correto, nem, porque é insensível, é por isso sadio[66].

---

64. *De Civitate Dei* XIV,ix,1: "Cives sanctae civitatis Dei in huius vitae peregrinatione secundum Deum viventes metuunt cupiuntque, dolent gaudentque, et quia rectus est amor eorum, istas omnes affectiones rectas habent. Metuunt poenam aeternam, cupiunt vitam aeternam; dolent in re, quia ipsi in semetipsis adhuc ingemiscunt adoptionem exspectantes, redemptionem corporis sui; gaudent in spe, quia fiet *sermo, qui scriptus est: Absorpta est mors in victoriam* (1Cor 15,54). Item metuunt peccare, cupiunt perseverare; dolent in peccatis, gaudent in operibus bonis".
65. *De Civitate Dei* XIV,ix,4: "Porro si illa ἀπάθεια dicenda est, cum animum contingere omnino non potest ullus affectus, quis hunc stuporem non omnibus vitiis iudicet esse peiorem?".
66. *De Civitate Dei* XIV,ix,6: "Si nonnulli tanto immaniore, quanto rariore vanitate hoc in se ipsis adamaverint, ut nullo prorsus erigantur et excitentur, nullo flectantur atque inclinentur affectu: humanitatem totam potius amittunt, quam veram assequun-

Para Agostinho, o ordenamento da vida afetiva não se faz por uma luta titânica pelo controle das paixões que afetam a alma, mas pelo processo de reorientação da motivação de fundo, pelo amor interior que motiva a assunção de determinados comportamentos externos. De nada adiantaria, nesse sentido, uma imposição exterior de normas e disciplinas se não houvesse essa mudança interior da motivação mais profunda, o que não se faz sem a ajuda da graça que prepara a vontade.

4. As influências que Agostinho recebeu na compreensão dos afetos

Tendo feito todo este percurso mostrando os vários aspectos a respeito da visão agostiniana dos afetos, é possível agora retomar a crítica levantada por Isabelle Koch a respeito da verdadeira originalidade do conceito agostiniano de "vontade" e do mundo dos afetos que a ela estão vinculados.

Em primeiro lugar, é preciso reconhecer que Agostinho sofre importantes e decisivas influências na sua concepção do mundo dos afetos e da vontade que os sustenta. Devemos concordar, em primeiro lugar, com Hannah Arendt e Isabelle Koch, que Agostinho permanece, sem nenhuma ruptura, na tradição de Platão e Aristóteles, passando por Plotino, no tocante à terminologia: desejo (ορεξις = "apetite", *appetitus*), felicidade (ευδαιμονια), bem (αγαθον) aparecem no mesmo contexto. Vale lembrar, por exemplo, que para Plotino eros (ερως) é a atividade da alma que procura o bem (αγαθον) (*Eneida* III,5,4) e que o tema da morte, e tudo o que ela significa em termos do significado da perda, aparece como o mal que mais deve ser temido pelo homem, na *Ética a Nicômaco*, de Aristóteles (*Ética a Nicômaco* 1114 b 26). Toda a questão do peso próprio de cada ser, que o orienta para seu lugar específico na ordem criada, tão importante na definição agostiniana do amor e do movimento da vontade no ser humano, tem, segundo Torchia, clara influência da física de Aristóteles.

---

tur tranquillitatem. Non enim quia durum aliquid, ideo rectum, aut quia stupidum est, ideo sanum".

Mas, como é muito próprio de Agostinho, há um emprego muito livre e criativo das fontes filosóficas que ele utiliza: no tema do peso (*pondus*), por exemplo, Agostinho faz uma distinção clara entre o movimento natural (dos seres inferiores, que não possuem inteligência e vontade) e o movimento voluntário (dos seres que possuem vontade), que ele não encontra em Aristóteles[67]. Da mesma forma, o tema da fruição, do gozo e da autossuficiência plena que se espera alcançar em um futuro absoluto é de origem grega, mas a determinação da vida no mundo a partir deste futuro absoluto, como faz Agostinho no reordenamento do amor do homem que organiza sua vida a partir do amor a Deus, a caridade, também não se encontra entre os gregos. O "ideal grego da autarquia, que isola absolutamente o ser particular, que tende para a independência, para a plena liberdade em relação a tudo o que é exterior ao próprio eu"[68], é descartado por Agostinho.

Mesmo reconhecendo, com Hannah Arendt, a importante influência do pensamento romano, especialmente em uma orientação prática da filosofia na busca da felicidade[69] – o que é realmente significativo para o estudo do tema dos afetos em Agostinho –, parece ser mais determinante a influência grega, especialmente de Plotino.

O tema do peso, por exemplo, embora dependente da física aristotélica, parece ter, sobretudo, um transfundo plotiniano, sobretudo das *Eneadas*. Todo o tema da concupiscência (*cupiditas*) como orientação da vontade para o que é sensível, e a consequente alienação de si mesmo no meio do plural e disperso, o que faz necessário um processo de retorno e de ascensão a Deus, que novamente unifica a alma, tem, como é sabido, clara influência da teoria plotiniana da queda da alma e da necessidade de um processo de retorno ao Uno. Plotino herda, com efeito, a teoria quase mítica e pessimista de Platão da queda da alma na matéria (que aparece no *Fedro*), e por outro lado o otimismo da atividade demiúrgica

---

67. Ver *De Libero Arbitrio* III,i,1. Cf. TORCHIA, J., "Pondus meus Amor meus". The Weight-Metaphor in St. Augustine's Early Philosophy, *Augustinian Studies* 21 (1990), 167.
68. Cf. ARENDT, op. cit., 43.
69. Cf. ARENDT, H., *A vida do espírito*, Rio de Janeiro, Relume Dumará, ⁴2000, 249.

da alma que emerge em direção a Deus (que aparece no *Timeu*), e reconcilia estas doutrinas com a visão da alma que cai para a ordem natural, mas que se volta para a contemplação do bom e do belo. Como para Agostinho, também em Plotino os prazeres sensíveis, e mesmo as imagens sensíveis, se constituem em obstáculo para a ascensão da alma. A beleza dos corpos representa apenas um vestígio, uma sombra do ser autêntico, e o apego a ela pode ser um obstáculo para a ascensão espiritual da alma. O afastamento desse apego e a introspecção se constituem, para ambos, em caminho necessário para esse processo de ascensão e libertação da alma[70].

Conclusão

Apesar, porém, desta clara inserção na tradição filosófica antiga, não me parece correto afirmar, como o faz Isabelle Koch, que o tema dos afetos em Agostinho seja apenas a apropriação das várias palavras que se referem ao mundo dos afetos em torno do conceito de "vontade", que, no entanto, nada teria de novo e de bem definido. Como vimos em tudo o que foi apresentado ao longo deste capítulo, o conceito de "vontade" em Agostinho recebe uma importância que antes não recebera e, mais do que isso, ocupa lugar central em seu pensamento, especialmente enquadrado dentro do contexto mais amplo de sua metafísica, na qual, sobretudo, o conceito de "ordem" é determinante. Prova dessa centralidade do conceito de "vontade" em Agostinho, e precisamente por ser ela o lugar dos afetos, é que as duas doutrinas fundamentais do seu pensamento – o pecado original e a graça – dependem completamente desse conceito. Como muitas vezes acentua Agostinho, a vontade que outrora fora potente para levar o homem à queda é agora impotente para reabilitá-lo; necessita para isso, inevitavelmente, da graça. E, no entanto, mesmo com a ajuda da graça, continua determinante o papel da vontade, "preparada" pela graça.

---

70. Cf. ibid., 170-172.

Não há dúvida, ao nosso parecer, de que a construção teórica que Agostinho faz com o material que recebe é realmente nova. E a novidade dessa construção reside na importância do conceito de "vontade" e no lugar que ele ocupa dentro do contexto mais amplo da sua metafísica. Aqui reside a originalidade e a maior contribuição agostiniana à tradição filosófica subsequente. Agostinho cristianiza a tradição filosófica que ele recebe, especialmente a neoplatônica, corrigindo-a naquilo em que ela discorda dos principais conceitos cristãos.

Na origem de tudo, como que da fonte de onde jorra a água de todo o seu pensamento, está a noção do próprio Deus, do qual toda a criação é reflexo. Fundamental, portanto, é entender que Deus tem uma vontade e que esta consiste em Amor, terceira pessoa da Trindade que une as outras duas pessoas. Vontade é, portanto, movimento, impulso, desejo que une realidades diferentes, permitindo que elas se possam fruir mutuamente. Assim, a plenitude de todo desejo, de todo afeto, é o amor, de maneira que todo amor humano só será pleno quando a própria vontade humana se transformar em amor, dissolvida na vontade divina na eternidade.

Toda a criação traz em si as marcas daquele que a criou, e toda ela, desde as suas formas mais elementares, como aquelas que têm apenas o ser, buscam descansar em seu lugar próprio na ordem criada, arrastadas por uma espécie de "desejo" que está em seu peso próprio. Mas é nas criaturas racionais que essa marca divina se mostra mais claramente, não apenas como semelhança, mas também como imagem divina. Nelas, a vontade as move, através de seus desejos, para também descansarem em seus lugares próprios, de acordo com o peso que lhes é próprio.

Localizado em lugar mediano na ordem criada, entre os seres superiores, com quem partilha a alma, e os inferiores, com quem partilha o corpo, o homem deve orientar, pelo movimento de sua vontade, corretamente os seus desejos, de acordo com esse lugar. Ele só pode amar de maneira absoluta, sem nenhuma referência a outro ser e objetivo, a Deus, única realidade da qual ele pode fruir e gozar sem perigo de perda. Este é o único "objeto" que pode saciar os desejos de sua vontade. Às criaturas inferiores, e mesmo àquelas que lhe são semelhantes, ele deve amar de forma relativa, referidas a Deus, única realidade que se não pode perder; ou, dito de forma mais negativa, ele deve usar delas, de forma a que com esse uso se mantenha o amor da única realidade absoluta que é Deus.

Essa ordem criada, que para o homem é a sua *ordo amoris*, já que o seu peso é o amor, existia plenamente na condição original do homem, mas esta ordem foi rompida com o pecado original, através primeiramente de um amor puramente espiritual, o amor de si mesmo, a soberba, para depois decair no amor das criaturas inferiores, sensíveis e mutáveis. Pela soberba, o homem pretendeu ocupar o lugar que não lhe era próprio, o mais alto, e, como esse movimento era indevido, sem consistência, ele caiu. Mas, como este foi o primeiro e raiz de todos os outros desejos, ele passou a estar presente em todos os desejos desordenados, nos quais há sempre uma busca escondida de amor-próprio, em detrimento dos outros. Com a decaída do amor a si ao amor do que lhe era inferior, e como as criaturas inferiores passam, direcionando-se para o nada, de onde foram feitas, ainda que criadas pelo próprio Deus, o homem passa a experimentar em seus desejos uma constante insatisfação, vinda da insaciedade que corresponde ao amor equivocado do que passa. Experimenta em si afetos desordenados, que tornam sua existência dispersa, pesada e dilacerante.

A superação de tal situação só se pode dar por um reordenamento dos afetos, e isso só pode ser feito pelo restabelecimento da *ordo amoris*. É necessário que o amor do homem, o peso de sua vontade, volte a se orientar de maneira correta para cada objeto de desejo, de acordo com o grau próprio de ser que cada um deles possua. Assim, é necessário que Deus seja restituído ao seu lugar altíssimo na ordem dos seres, e não só de altíssimo, mas também de condição de existência de todos os outros seres, de maneira que todos eles sejam "amados" em referência a ele, ou seja, que nunca sejam amados de forma absoluta, mas sempre em referência ao único que não se pode perder. Dessa forma, os desejos podem ser vividos não mais sob a ameaça da insaciedade e do medo da perda, mas, embora ainda não plenos, orientados para uma plenitude final em que todos eles sejam transformados em amor.

4
Análise do conceito de "liberdade" no filme *A liberdade é azul*, de Krzysztof Kieślowski, a partir da filosofia agostiniana

Introdução

Convidado pelos alunos do PET-Filosofia da UFBA para motivar uma sessão de cinema em que se refletisse sobre o pensamento agostiniano, hesitei entre várias possibilidades de filmes e de temáticas. O pensamento agostiniano, com efeito, de horizontes tão amplos e tonalidade profundamente existencialista e humanitária, oferece ampla gama de possibilidades de enfoque. Escolhi, por fim, o filme *A liberdade é azul*[1], do cineasta polonês Krzysztof Kieślowski, falecido em 1996, com apenas 55 anos de idade. O filme é o primeiro da renomada *Trilogia das cores*, que conta também com *A igualdade é branca* e *A fraternidade é vermelha*. A trilogia foi composta pelo diretor em homenagem aos duzentos anos da Revolução Francesa e, por isso mesmo, está baseada nas cores da bandeira da França e nos três ideais que compõem o lema da Revolução. Além disso, lançado em 1993, ano em que entrou em vigor o *Tratado*

---

1. É aconselhável, para não dizer imprescindível, ver o filme antes de ler o artigo; a compreensão será muito mais profunda. O filme encontra-se disponível em: https://www.youtube.com/watch?v=hJ4Zx77XTNM, acesso em: 07 fev. 2025.

de *Maastricht*, unificando os países europeus na chamada Comunidade Europeia, o filme é ao mesmo tempo um reflexo desse acontecimento e uma reflexão sobre ele. No DVD que foi lançado no Brasil pela *Versátil*, aparece o seguinte esclarecimento do próprio Kieślowski:

O projeto do filme surgiu no quadro de uma Europa que queria romper com as fronteiras nacionais. O Leste ruía. Todo o mundo estava em processo de transformação. O comunismo desfalecia, assim como o Muro de Berlim. Neste quadro, não interessava mais discutir a liberdade dos países. Quis tratar o assunto em um plano bem íntimo: o que a liberdade representa para vocês, para mim. A liberdade é um mito. Vivemos clamando por ela, mas raramente estamos dispostos a exercê-la. Estamos sempre dispostos a tolher nossa liberdade e a criar dependência, seja em nome de ideologia, religião ou amor[2].

O filme, que na primeira versão tinha duas horas e vinte minutos de duração, chegou, depois de sucessivas montagens, ao formato final pretendido por Kieślowski de 98 minutos, o mesmo dos outros dois filmes da trilogia. O roteiro é assinado pelo próprio Kieślowski ao lado de Krzysztof Piesiewicz, mas nos créditos finais há também uma menção à colaboração de Agnieszka Holland, Edward Zebrowski e Slawomir Idziak. A belíssima fotografia de Idziak carrega nos tons azulados e capricha nas composições, dando um toque de fina sensibilidade ao filme. Mas de beleza ainda mais extraordinária e papel fundamental no desenrolar da própria trama do filme é a música de Zbigniew Preisner, colaborador de Kieślowski em quase todos os seus filmes. A trilha é executada pela Orquestra Sinfônica de Varsóvia, dirigida por Wojciech Michniewski, e pelo coral Silesia Philarmonic, que canta em grego o famoso hino sobre o amor, da Primeira Carta de Paulo aos Coríntios (capítulo 13). Não só a música, mas também a sua letra têm papel importante no desenrolar do enredo do filme. A edição inglesa do disco da trilha[3] traz a letra em inglês e em francês.

---

2. Disponível em: http://50anosdefilmes.com.br/2013/a-liberdade-e-azul-trois-couleurs-bleu/. Acesso em: 07 fev. 2025.

3. *Song for the Unification of Europe – Julie's version – Trois Couleurs: Bleu –* OST. As trilhas dos filmes da *Trilogia das cores* foram lançadas em disco, em francês, pela Virgin, em associação com a MK2.

A versão brasileira traduziu o original francês *Trois couleurs: bleu* por *A liberdade é azul*[4], já relacionando o valor da Revolução Francesa a uma cor da bandeira da França à qual está associado, como faria com os outros dois filmes da trilogia. O DVD do filme foi lançado no Brasil duas vezes, em edições bem diferentes: a primeira, em 1999, traz o filme em tela cheia (4:3, com laterais cortadas), som regular (Dolby Digital 2.0) e uma curta entrevista de quatro minutos, feita com o diretor polonês; a segunda, relançado em 2006 com formato de imagem correto (wide 1.85:1 anamórfico), som remasterizado (Dolby Digital 2.0) e uma batelada de material extra, incluindo uma análise crítica da professora carioca Andréa França (que escreveu um livro sobre Kieślowski), cenas revisadas pelo próprio diretor, *making of* com cenas de bastidores e entrevistas. Todos os extras somam mais de uma hora de exibição e têm legendas em português. O filme também está disponível em uma caixa intitulada *Trilogia das cores*, que engloba os dois outros filmes da série[5].

O filme foi aclamado pela crítica e chegou até a inspirar uma coleção de moda em 2015[6]. Ganhou vários prêmios nos principais festivais de cinema da Europa. Foi indicado a nove *Césars*, o Oscar francês, e levou três prêmios: melhor atriz para Juliette Binoche, melhor montagem para Jacques Witta e melhor som para Jean-Claude Laureux e William Flageollet. No Festival de Veneza, recebeu o Leão de Ouro como melhor filme (empatado com *Short cuts – Cenas da vida*, de Robert Altman) e o prêmio de melhor fotografia. Recebeu ainda três indicações ao Globo de Ouro – melhor filme estrangeiro, melhor atriz para Binoche, melhor trilha sonora –, mas não ganhou nenhum dos três.

---

4. Vale lembrar que a palavra *blue*, em inglês, significa tanto "azul" quanto "sentimento de tristeza", o que é bem significativo para o que diz respeito à trama do filme, como se verá neste artigo. Disponível em: http://www.cinereporter.com.br/criticas/liberdade-e-azul-a/. Acesso em: 07 fev. 2025.
5. Disponível em: http://www.cinereporter.com.br/criticas/liberdade-e-azul-a/. Acesso em: 07 fev. 2025.
6. Vitorino Campos se inspirou no filme *A liberdade é azul* para compor sua coleção de inverno 2015. O estilista baiano apostou na mistura de texturas, em cores como preto, azul, roxo, branco, vermelho e verde-limão. Disponível em: http://revistaquem.globo.com/Moda/noticia/2014/11/vitorino-campos-se-inspira-em-filme-liberdade-e-azul-para-desfile.html. Acesso em: 07 fev. 2025.

Para a nossa análise do filme, a partir de elementos da filosofia agostiniana da liberdade, seguiremos esta sequência: primeiro, procuraremos justificar a escolha deste tema como sendo central ao pensamento agostiniano, e que ao mesmo tempo permite acesso à totalidade de seu pensamento; a seguir, apresentaremos o marco teórico a partir do qual analisaremos o filme; depois contextualizaremos a temática em experiências e interpretações do próprio Agostinho, para, então, finalmente, fazer uma leitura do tema da liberdade no próprio filme, a partir de todos os elementos que antes foram trabalhados.

1. Seria o conceito de "liberdade da vontade" o mais apropriado para entender a filosofia de Agostinho? Seria o conceito mais catalisador?

Não parece fora de propósito perguntar, antes de tudo, se o tema da liberdade[7] é o mais apropriado para dar acesso ao pensamento de Agostinho, se é este um conceito que, ocupando um lugar central em seu pensamento, pode ir como que abrindo os nós que compõem o que se constitui uma espécie de novelo do conjunto de sua obra. Não seria mais adequada para isso a questão do "mal" e, vinculado a ela, o tema do "pecado original", conceito que recebeu em Agostinho a sua forma mais

---

7. A bibliografia agostiniana sobre a liberdade é vastíssima. Citamos como obras importantes: THONNARD, F. J., La notion de liberté en philosophie augustinienne, *Revue des Études Augustiniennes* 16 (1970), 243-270; BALL, J., Les développements de la doctrine de la liberté chez Saint Augustin, *Année Théologique* 7 (1946), 400-430; GALINDO RODRIGO, J. A., La concepción agustiniana de la libertad. Su complejidad y sus paradojas, *Pensamiento Agustiniano. Jornadas Internacionales de Agustinología*, maio de 1988, Caracas, Universidad Católica Andrés Bello, 1988, v. III, 61-81. Para o entendimento da liberdade no contexto da vontade, onde está situada, ver DEN BOK, N. W., Freedom of the Will. A Systematic and Biographical Sounding of Augustine's Thoughts on Human Willing, *Augustiniana* 44 (1994), 237-270; STUMP, E., Augustine on Free Will, in: STUMP, E.; KRETZMANN, N. (org.), *The Cambridge Companion to Augustine*, Cambridge, Cambridge University Press, 2001, 124-147; SONTAG, F., Augustine's Metaphysics and Free Will, *The Harvard Theological Review* 60 (1967), 297-306. Comparação com a visão aristotélica de liberdade, em: CHAPPELL, T. D. J., *Aristote and Augustine on Freedom. Two Theories of Freedom, Voluntary Action and Akrasia*, New York, St. Martin's Press, 1995.

acabada? Não seria, ao contrário, o tema que lhe é oposto, o da "restauração do homem pela obra da graça", tão fundamental em Agostinho, especialmente em suas obras mais tardias, que lhe valeria o conhecido título de "doutor da graça"? Não seria talvez o tema da "ordem", que recebeu tratamento especial em obra que traz esse mesmo título, mas que sem dúvida perpassa toda a obra agostiniana, sendo uma das bases de sua metafísica? Não seria o tema do "tempo", e, relacionado a ele, o da "eternidade" e da "imutabilidade", que recebeu de Agostinho belíssimas reflexões, especialmente em suas *Confissões*? Não poderia ser ainda um dos dois temas que o próprio Agostinho indica nos *Solilóquios* como sendo os únicos que de fato importam ao homem conhecer: "Deus" e a "alma"? O primeiro, ao qual dedicou especificamente uma de suas obras mais importantes, *A Trindade*, e é como que uma luz que ilumina todas as outras realidades a partir de sua fonte? Ou o segundo, sobre o qual dedicou sua atenção em algumas obras[8] e que desempenha papel tão importante na sua compreensão do homem? Não seria talvez o tema da "verdade", tema fundamental do *Contra acadêmicos* e que se constituiu na busca fundamental da vida de Agostinho, como que a bússola de seu peregrinar? Ou, ainda, não seria o tema da busca da felicidade, que, vinculado ao tema da verdade, se constitui no seu fim, em cuja posse o homem encontra o descanso para o seu inquieto caminhar e que foi também objeto específico de uma das primeiras obras agostinianas, *A vida feliz*?

Haveria, por acaso, um elemento comum que, perpassando todos esses temas, fosse como que o seu substrato? Parece-nos, de fato, que o elemento que permite relacionar todos esses temas, sendo ao mesmo tempo fundamental para a sua compreensão, é o conceito de "vontade". Com efeito, é a vontade que em Deus mesmo se constitui em pessoa, como Amor que une o amante (o Pai) e o amado (o Filho), e não é outra coisa, portanto, que a graça, a própria vida de Deus comunicada ao homem. É ela que no homem criado, em sua alma, juntamente com a memória e a inteligência, expressa o seu ser imagem e semelhança de Deus. É somente

---

8. *A alma e sua origem* (De anima et eius origine), *As duas almas do homem* (De Duabus Animabus), *A potencialidade da alma* (De Quantitate Animae), *A imortalidade da alma* (De Immortalitate Animae).

ela, no entanto, que entre essas três faculdades possui a autonomia que a torna capaz de opor resistência à ação de Deus, dando origem ao mal. É ela, ao mesmo tempo, que, sendo a faculdade do futuro, motiva a inteligência a pôr atenção nas realidades, de forma a torná-las presentes na ação humana, e, uma vez tornadas realidade, é ela que motiva a inteligência a buscá-las na memória como recordação. É ela que, dentro das tríades agostinianas, ocupa o papel de responsável pela manutenção da ordem na criação, levando cada ser a ocupar o seu lugar próprio nesta ordem, de acordo com o peso que lhe é próprio. É ela que, ocupando este papel, pode fazer com que cada ser se estabilize em seu próprio lugar e assim se aquiete e descanse, experimentando a vida feliz. Mas, mais uma vez, é somente ela que, por sua autonomia, pode pôr fim a esta ordem e harmonia pacífica, gerando a desordem e a queda.

E, no entanto, ainda que reconhecido como um dos temas fundamentais de Agostinho, há bastante controvérsia quanto à importância da sua reflexão sobre o conceito de "vontade" no conjunto da história da filosofia. Isabelle Koch, por exemplo, desconfia que talvez a tão difundida invenção do conceito de "vontade" por Agostinho não seja mais que expressão de um uso exacerbado de uma palavra, já que o latim dispunha somente desta palavra para traduzir uma série de outras palavras gregas: *orexis* (desejo), *boulesis* (mais desejável), *proairesis* (escolha), *horme* (tendência) etc. A vontade seria em Agostinho, assim, citando a René-Antoine Gauthier, apenas um "movimento da alma inteira cujo conceito permanece com contornos muito vagos"[9] e que não seria fundamentalmente diferente do desejo ou da tendência dos quais falavam Platão, Aristóteles ou os estoicos. Agostinho não teria dado um passo decisivo na descoberta e evolução deste conceito. O que se encontraria em sua obra seria apenas o uso de conceitos antigos de uma forma realmente nova e, mais precisamente, seria somente na retomada de um lugar-comum das éticas antigas, aquele segundo o qual a ação humana tem sempre como fim a felicidade, que Agostinho teria tratado fundamentalmente o tema da vontade. Ou seja, ele teria subordinado completamente a perspectiva

---

9. KOCH, O conceito de "voluntas" em Agostinho, *Discurso* 40 (2010), 73.

psicológica à ética, e, em vez de analisar a vontade em sua própria estrutura, a teria visto apenas em relação ao seu fim, a busca da felicidade. Seria somente neste sentido que ele teria se distanciado do intelectualismo moral dos antigos, que concediam à razão papel preponderante na busca de acesso à felicidade.

Para Agostinho, segundo Koch, a vontade é uma "força intencional pela qual a alma produz um esforço em vista de uma satisfação"[10], de maneira que o essencial a ela é a busca de aquisição de um objeto que possa preencher o seu desejo de fruição sem perigo de perda, o que significaria o seu estado de satisfação, de repouso. Mais que qualquer elemento estrutural da vontade, tais como a sua capacidade de duplicação entre querer e não querer (*velle* e *nolle*) ou a sua capacidade de escolha entre diferentes alternativas (o que pertence essencialmente à definição do livre-arbítrio), o que a definiria essencialmente seria a relação do seu querer com um fim determinado: o fim universal da busca da felicidade. A vontade em si mesma, em sua própria essência, para Agostinho, se definiria, assim, por seu fim e não por sua estrutura: a "vontade de felicidade é fundamental e estrutura o conjunto de nossas volições, pois é em vista desse fim último que é a vida feliz que fazemos tudo o que fazemos, a tal ponto que ela constitui a 'vontade humana nela mesma': cada uma de nossas volições particulares determina-se em relação a um fim particular, mas 'a vontade humana nela mesma não tem outro fim senão a felicidade' (*A Trindade* XI, 10)"[11]. Isso se comprovaria ainda pelo fato de que este elemento, a busca de felicidade, seria o único que permaneceria em todos os estados em que a vontade humana é exercida: antes da queda (na condição original), após a queda e antes da redenção (a humanidade decaída), depois da redenção, mas ainda não plenamente experimentada (após a acolhida da graça, ainda neste mundo), na sua plena realização na eternidade (na bem-aventurança eterna). Nenhum elemento formal que caracterize a vontade em sua estrutura permanece inalterado em todos estes estados da humanidade; o estado do livre-arbítrio da vontade,

---

10. Ibid., 80.
11. Ibid., 82.

por exemplo, embora usado comumente como elemento determinante de sua definição, não permanece o mesmo nestes quatro estados: o livre-arbítrio, tal como Adão o possuía antes do pecado original, era um "poder não pecar"; aquele que os bem-aventurados possuirão após a ressurreição será um "não poder pecar", um arbítrio completamente liberado da possibilidade de pecar. Entre os dois, nosso livre-arbítrio, posterior à queda e anterior ao juízo final, poderia ser definido antes como um servo-arbítrio, como um "não poder não pecar"[12].

Se seguíssemos o enfoque de Isabelle Koch, portanto, seria mais adequado tomar como tema que, respeitando a localização da liberdade no âmbito da vontade, possibilitaria sua melhor compreensão no pensamento agostiniano da busca da felicidade. Mas há importantes enfoques que nos apontam outros caminhos. Hannah Arendt, por exemplo, pensa de forma bem diferente. Embora concordando que a influência prática do espírito romano – que se expressa, por exemplo, na busca da felicidade como ponto de partida e fim da filosofia – seja talvez mais determinante no pensamento agostiniano do que a onipresente influência grega, especialmente neoplatônica, Arendt defende que a contribuição agostiniana à evolução do conceito de "vontade" seja determinante; ele seria na verdade o seu fundador. O mundo grego, com efeito, não conheceu este conceito, e o próprio fato de que inexista na língua grega uma palavra que possa expressar o estado espiritual da alma em situações em que se vê obrigada a escolher e a colocar-se em ação é uma confirmação dessa lacuna existencial. Quem por primeira vez teria chegado a algo aproximado ao conceito de "vontade" seria Aristóteles, que com o conceito de *proairesis* inventa uma faculdade intermediária entre a razão e o desejo, responsável por estabelecer tanto quanto possível a harmonia entre as duas realidades naturalmente discordantes: "A *proairesis* é a saída para a contradição. Se a razão e o desejo permanecessem, sem uma mediação, em seu antagonismo natural e bruto, teríamos de concluir que o homem, assediado pelos impulsos conflitantes de ambas as faculdades, 'obriga-se a afastar-se de seu desejo' quando permanece moderado; e 'obriga-se a afastar-se de

---

12. Cf. ibid., 73-74; 78-86; 92-93.

sua razão' quando o desejo o domina"[13]. A *proairesis* aristotélica, segundo Arendt, também se exerceria, como observara Koch, tendo em vista um fim, que é a felicidade (*eudaimonia*), que todos os homens desejam e sobre o qual não se exerce deliberação, de maneira que a força da *proairesis* recairia sobre a escolha dos meios que pudessem levar de maneira mais adequada àquele fim: "O elemento de razão na escolha é chamado 'deliberação', e nunca deliberamos a respeito de fins, mas somente sobre os meios de obtê-los. 'Ninguém escolhe ser feliz; escolhe, sim, ganhar dinheiro ou correr riscos com o propósito de ser feliz'"[14]. Aristóteles, com o conceito de *proairesis*, já teria chegado, portanto, ao conceito equivalente que em latim chamamos de *liberum arbitrium*, uma faculdade intermediária entre a razão e a vontade, que supõe de um lado a atividade da razão, atividade consciente e de juízo, mas que supõe do outro lado uma atividade de decisão, na qual intervém a liberdade da vontade.

Mas a liberdade da vontade é algo bem mais amplo e mais profundo que a sua capacidade de livre-arbítrio; é como que o seu substrato ontológico que o sustenta, é a sua condição de possibilidade. Assim é a liberdade da vontade em Agostinho: muito mais que a possibilidade de escolher entre meios diferentes os que levem de melhor forma ao fim desejado, ela consiste na capacidade de duplicação entre querer e não querer (*velle* e *nolle*) que lhe é essencial. Foi essa divisão interior à própria vontade que Agostinho experimentou de maneira dilacerante nos momentos que antecederam à sua conversão; na verdade ele queria entregar-se à verdade que já conhecera havia muitos anos e, assim, possuí-la, mais que apenas conhecê-la, mas não tinha uma vontade íntegra, forte, em parte queria e em parte não queria. Tal divisão é constitutiva da vontade, de maneira que, para que haja vontade, é necessário que exista ao mesmo tempo uma contrapartida, uma espécie de contra-vontade; a vontade se constitui na administração desse conflito, e a deliberação sobre meios é subsequente a essa divisão:

---

13. ARENDT, H., O querer (a Vontade), in: ID., *A vida do espírito*, Rio de Janeiro, Relume Dumará, [4]2000, 231.
14. Ibid., 231.

É da natureza da vontade duplicar-se, e, neste sentido, onde quer que haja uma vontade, há sempre duas vontades, nenhuma das quais é plena [*tota*], e o que falta a uma está presente na outra [...]. Pois encontramos o mesmo conflito de vontades onde nenhuma escolha entre o bem e o mal está em jogo, onde ambas as vontades devem ser ditas más ou ambas boas. Sempre que um homem tenta chegar a uma decisão, "encontra-se um espírito oscilando entre muitas vontades"[15].

Trabalhada sempre em conjunção com a razão na administração dos conflitos advindos das paixões que assediam a alma, a vontade ficou restrita na história da filosofia ao livre-arbítrio; fato que foi acertadamente diagnosticado por Bergson, como bem observa Hannah Arendt[16]. Mas o livre-arbítrio não é uma faculdade autônoma, nem com relação à razão nem com relação à vontade, e por isso mesmo a vontade, restrita ao exercício do livre-arbítrio, não era abordada como faculdade autônoma: "Toda vez que nos deparamos nas discussões medievais com a vontade não estamos lidando com o poder espontâneo de começar algo novo nem com uma faculdade autônoma, determinada por sua própria natureza e obediente às suas próprias leis"[17]. E, no entanto, a vontade só poderá ser descoberta como faculdade autônoma por meio de sua comparação com a razão e com as emoções vindas dos desejos, e precisamente pelo fato de que nem uma nem outra possui liberdade: a prova da liberdade da vontade "retira sua plausibilidade de uma comparação da vontade com a razão, por um lado, e com os desejos, por outro; e não é possível, para nenhum dos dois, dizer-se livre"[18]. A liberdade é, dessa forma, como bem nota Arendt, a pedra de toque que está por trás da grande desconfiança que também a modernidade terá com o conceito de "vontade", já que a vontade praticamente se identifica com a liberdade, enquanto o pensamento, mesmo que a supondo, não está tão estreitamente ligado a ela: "O que despertou a desconfiança dos filósofos [com o conceito de 'vontade'] foi precisamente a conexão inevitável com a liberdade – repetindo,

---

15. Ibid., 256.
16. Cf. ibid., 210.
17. Ibid., 232.
18. Ibid., 220.

a noção de uma vontade não livre é uma contradição em termos"[19], ou como disse de forma lapidar Descartes: "Vontade e liberdade são uma só"[20]. Essa desconfiança se deve a que a liberdade se apresenta como algo absolutamente incontrolável, de modo algum plenamente dominada pela razão. O surgimento da vontade como faculdade autônoma só teria sido possível, portanto, segundo Arendt, quando a sua liberdade fosse realmente colocada em questão, e isso acontece somente em Agostinho, quando, experimentando a divisão interior da vontade como algo que lhe é constitutivo essencial, se coloca em questão a identificação do seu querer e poder. Agostinho experimenta que quer fazer algo (entregar-se a Deus, para possuí-lo e não apenas conhecê-lo), mas percebe-se incapaz de poder fazer o que quer, o que o faz recordar do versículo tantas vezes citado por ele: "Não faço o bem que quero, e faço o mal que não quero" (Rm 7,22-23)[21]. Kant e, antes dele, o próprio Aristóteles, diz Arendt, acreditavam na possibilidade de identificação do querer e poder no interior da vontade humana, mas não Agostinho, para quem a liberdade da vontade se constitui em verdadeiro problema, quiçá o mais crucial de todo o seu pensamento: "A liberdade da vontade torna-se um problema, e a vontade como faculdade autônoma é descoberta somente quando os homens começam a duvidar da coincidência entre o 'tu deves' e o 'eu posso', quando surge a questão: *as coisas que só a mim dizem respeito estão em meu poder?*"[22]. De fato, a autonomia da vontade, a sua capacidade de posicionar-se livremente não somente em relação a alternativas de escolha que estão fora de si, mas também em relação a si mesma, e ao mesmo tempo a sua divisão interior que muitas vezes dificulta tanto o seu passar à ação, tudo isso é algo que desconcerta qualquer

---

19. Ibid., 206.
20. Citado por ARENDT, op. cit., 206.
21. Sobre a exegese deste importante texto em Agostinho, ver VAN FLETEREN, F., Augustine's Evolving Exegesis of Romans 7:22-23 in its Pauline Context, *Augustinian Studies* 32:1 (2001), 89-114; BERROUARD, M. F., Exégèse augustinienne de Rom 7,7-25, *Recherches Augustiniennes* 16 (1981), 131-145.
22. ARENDT, op. cit., 233; os vários itálicos nos textos citados são nossos e têm em vista destacar ideias que nos parecem importantes.

estudioso: "É precisamente a liberdade 'sem lei' de que a vontade parece gozar que fez com que até mesmo Kant falasse ocasionalmente de liberdade como mais que 'uma simples entidade do pensamento, um fantasma do cérebro'"[23]. E, no entanto, o próprio Kant, segundo Arendt, se tivesse se aprofundado mais na concepção agostiniana de vontade teria se dado conta do quanto ela está vinculada ao conceito de "temporalidade", de existência no tempo a partir de um começo, do ser criatura feita a partir do nada, e teria percebido quão embaraçoso e dificilmente explicável pela razão é a atividade livre da vontade, que pode dar início espontaneamente a uma ação, sem que haja uma causa que lhe preceda: "Se Kant tivesse conhecido a filosofia da natalidade de Santo Agostinho, provavelmente teria concordado que a liberdade da espontaneidade *relativamente* absoluta não é mais embaraçosa para a razão humana do que o fato de os homens nascerem – continuamente recém-chegados a um mundo que os precede no tempo. A liberdade da espontaneidade é parte inseparável da condição humana. Seu órgão espiritual é a vontade"[24].

É, com efeito, segundo Hannah Arendt, somente em sua relação com a temporalidade e em sua relação com as outras faculdades da alma, memória e inteligência, que a vontade pode ser corretamente entendida em Agostinho. É com essas duas chaves interpretativas oferecidas por Arendt, aliada a uma terceira chave – a da odem do amor – oferecida diretamente pelo próprio Agostinho, que leremos o filme *A liberdade é azul*, como veremos no ponto a seguir. Basta agora, com a argumentação anteriormente apresentada, convencermo-nos de que o tema da liberdade da vontade é fundamental no pensamento agostiniano, e nos oferece ao mesmo tempo uma porta de entrada ao conjunto de seu pensamento. Não nos parece que, contrariamente ao que pensa Koch, Agostinho tenha se limitado, no tratamento do tema da vontade, ao enfoque moral, determinando a sua essência pelo fim a que ela aspira: a busca da felicidade. Parece-nos, ao contrário, que Agostinho analisa a vontade em si mesma, em sua própria estrutura, e em vínculo com os

---

23. Ibid., 206.
24. Ibid., 267.

principais conceitos de sua metafísica: a ordem criada, a estrutura da alma e a existência temporal. O enfoque agostiniano é ontológico e não apenas moral. Fique assentado que trabalharemos com o conceito de "liberdade" entendido como a capacidade da vontade de pôr a alma em ação, chegando a escolhas sem nenhuma coação, a partir da motivação que lhe vem dos seus desejos interiores, mas também, ao mesmo tempo, da sua capacidade de duplicação interna entre querer e não querer, tal como defendido por Arent. Essa definição de "vontade" corresponde, segundo Sciuto, à que Agostinho chegou em um segundo momento de seu pensamento, ao qual pertence, por exemplo, a obra *Confissões*. Em um primeiro período, o de *O livre-arbítrio*, ele teria se limitado ao conceito de "vontade" identificada com o exercício do livre-arbítrio, a capacidade de escolher entre alternativas diferentes. Em um terceiro período, ao qual pertence a obra *A Trindade*, a vontade seria vista em sua relação com as outras duas faculdades da alma, memória e inteligência, em seu papel específico e determinante de união, com a possibilidade não menos importante de separação e desunião. E finalmente, no quarto período, ao qual correspondem as obras antipelagianas, a vontade seria vista em uma perspectiva histórica, em sua relação com a temporalidade, como uma faculdade que deve ser libertada em um processo histórico: "A liberdade agora poderá mostrar a sua natureza temporal, em seus desdobramentos entre um princípio, um desenvolvimento dramático e um fim possível"[25].

Assim, embora não analisando o conceito de "vontade" no transcorrer da evolução do pensamento agostiniano, a leitura de Arendt coincide com a de Sciuto e nos oferece base sólida como marco teórico para a leitura do filme *A liberdade é azul*.

---

25. SCIUTO, I., La volontà del male tra libertà e arbitrio, in: ALICI, L. *Il mistero del male e la libertà possibile. Linee di antropologia agostiniana*, Studia Ephemeridis Augustinianum 48, Roma, Institutum Patristicum Augustinianum, 1995, 111-176, aqui 125: "La libertà, allora, potrà mostrare la sua natura temporale, nel suo dispiegarsi tra l'inizio, uno sviluppo darammatico e la fine possibile".

2. Marco teórico para a leitura da liberdade da vontade no filme *A liberdade é azul*

Acabamos de indicar que o marco teórico a partir do qual leremos o tema da liberdade no filme *A liberdade é azul* divide-se em três pontos interdependentes: a liberdade da vontade entendida em relação às outras faculdades da alma (memória e inteligência); em relação ao tempo, em seus três momentos (passado, presente e futuro); e, finalmente, dentro do contexto da *ordo amoris*. Deve ficar claro que, como bem observa Hannah Arendt, o objetivo da compreensão da liberdade na vontade nestes três âmbitos é a superação daquela divisão interior que a vontade experimentava em si mesma, ou melhor, de si contra si mesma, da contravontade que se instaura contra a vontade, duplicando-a; duplicação que Agostinho experimentou dramaticamente em si mesmo, tal como expressa nas *Confissões*. Não é por acaso, portanto, que a leitura proposta por Arendt como uma espécie de redenção da vontade corresponda ao que Sciuto apresenta como desdobramentos posteriores da compreensão agostiniana da vontade, ou seja, que pertencem a obras posteriores à elaboração das *Confissões* (onde aparece a noção de vontade dividida, duplicada). Quanto ao elemento que acrescentamos como sendo a terceira chave de leitura, ainda que não seja algo específico da produção mais tardia de Agostinho, e que seja por exemplo já o tema fundamental do *Sobre a ordem* e da primeira parte da produção agostiniana, é fundamental para entender o que se propõe sobretudo nas últimas obras agostinianas sobre a graça, sendo esta apresentada como a condição de possibilidade de redenção da vontade, ou seja, o reordenamento da *ordo amoris* pela ação da graça que "prepara" e auxilia a vontade, devolvendo-lhe a liberdade perdida[26].

Assim, o histórico da evolução do conceito de "liberdade da vontade" em Agostinho se mostrará admiravelmente coincidente com o desenrolar da trama do filme, como veremos mais adiante. Esse histórico pode ser assim resumido: mais do que o exercício do livre-arbítrio (a capacidade

---

26. Cf. SAGE, A., "Preparantur voluntas a Domino", *Revue des Études Augustiniennes* 10 (1964), 1-20.

de escolher entre diferentes alternativas), a vontade se caracteriza por uma capacidade essencial de duplicação do querer em não querer, o que gera um natural estado de tensão que só poderá ser superado por uma compreensão – e, mais do que compreensão, pelo exercício – da vontade em relação às outras faculdades da alma e às categorias da temporalidade (passado, presente e futuro; lembrança, atenção e expectativa).

2.1. A liberdade da vontade vista em relação às faculdades da alma: memória e inteligência

Segundo Hannah Arendt, a primeira solução que o próprio Agostinho encontra para pôr fim àquela divisão que é um constitutivo essencial da vontade é trabalhá-la não isoladamente, mas em inter-relação com as outras duas faculdades da alma. Isso, ele o faz de maneira mais clara na obra *A Trindade*[27]. Procurando nessa obra as imagens de Deus entendido como Trindade na própria alma, Agostinho analisa primeiramente a atividade das três faculdades na alma – memória, entendimento e vontade – no conhecimento sensível, explicando-o por meio da conjunção de duas séries de tríades: o objeto visto, a visão, a intenção que os une; depois, o objeto rememorado, a sua visão pelo pensamento e a *intenção* pela qual ele ali se aplica. Nessas tríades, a vontade exerce a *função de união*, que acontece de três formas: ela primeiramente une a forma do objeto percebido ao sentido que a percebe; a seguir, une a forma produzida no sentido à memória, alojando-a ali; e, finalmente, une essa forma da memória ao olhar interior daquele que pensa recordando. Ou, dito de outra forma, temos três claras funções da vontade na percepção sensível: na busca do conhecimento, ela *impulsiona, põe em movimento* o sentido em direção ao objeto a ser percebido; uma vez alcançado esse conhecimento, ela o *une* ao que o gerou; e, uma vez gerado, ela o *mantém* através da fruição do conhecimento alcançado. É importante ressaltar, no entanto, que a vontade, por ser autônoma, pode exercer no conhecimento também a função contrária, de *separação*; ela pode mover em direção contrária, pois

---

27. Cf. VARGAS, W. J., *Soberba e humildade em Santo Agostinho*, São Paulo, Loyola, 2014, 116-121.

é livre para escolher manter ou não a atenção no objeto conhecido, e, ao não mantê-lo, pode separar a mente do objeto conhecido[28]:

Na tríade "memória, entendimento, vontade", cabe à vontade a unidade das potências da alma. A vontade diz à memória o que reter e o que esquecer; diz ao intelecto o que escolher para o entendimento; é ela que os faz trabalhar, que os reúne e separa [...]. A vontade que aproxima estes termos (sentidos, imagem, memória...) e os une é também aquilo que os divide e separa. No caso da percepção, é por meio de um movimento do corpo que ela separa os sentidos daquilo que é percebido, a fim de impedir a percepção ou interrompê-la; no caso do olhar interior do pensamento e da memória, basta que, por meio da vontade, desvie-se o pensamento para algo diverso do que o corpo, para haver ruptura da trindade formada[29].

A seguir, Agostinho analisa o conhecimento que a alma tem de si mesma. Esse é o conhecimento mais importante para que ela encontre a sua própria identidade de imagem de Deus. Se a alma permanecesse fora de si, aplicada somente ao conhecimento do sensível, perderia a sua identidade, lançaria fora a sua essência mais íntima, a imagem de Deus; mas, voltando-se para o seu interior, ela reforma a sua imagem de Deus pela contemplação da Verdade, deixando-se formar pela "Eternidade, pela Verdade e pela Caridade". É, então, no conhecimento de si mesma, na volta ao seu próprio interior, que a alma encontrará a sua verdadeira imagem da Trindade. No conhecimento de si mesma, a vontade na alma *move* a *mens* – que acredita se desconhecer – a procurar o conhecimento (inteligência) de si mesma, que está de maneira implícita e latente em sua memória, *unindo*-o agora à inteligência de maneira reflexa, tornando-o conhecimento atual[30]. Essas três faculdades da alma estão intrinsecamente vinculadas a uma única substância, a própria alma, e se relacionam mutuamente, em dependência uma da outra: "Só posso ter vontade daquilo que conheço, pelo menos em parte, e só conheço aquilo que quero conhecer; só posso ter vontade daquilo que me lembro, só posso lembrar

---

28. Cf. SÉRVULO DA CUNHA, M. P., *O movimento da alma. A invenção por Agostinho do conceito de vontade*, Porto Alegre, Edipucrs, 2001, 42-51.
29. Ibid., 24-25.
30. Cf. ibid., 27-28.

do que quero"³¹. Dessa forma, a alma é imagem de Deus tanto na sua Trindade (aquele que ama, o Pai; aquele que é amado, o Filho; e o Amor que os une, o Espírito Santo), como na sua Unidade (as três pessoas em relação formam uma única substância). E a sua vontade, também no conhecimento que ela tem de si mesma, tem por função impulsionar o movimento, unir as outras duas realidades e mantê-las nessa unidade.

É fundamental, portanto, para Agostinho, que a vontade não seja vista isoladamente, de forma solitária, porque o mistério de onde ela procede é uma realidade relacional, e que só assim pode ser entendida. Da mesma forma, a liberdade da vontade, que é o seu constitutivo mais essencial, mais ainda que a sua própria capacidade de duplicação, só pode ser entendida e bem exercida em relação com a memória e o entendimento. Dessas duas relações, a que parece mais esquecida na história do pensamento é a da vontade com a memória. Como bem observa Sciuto,

> é surpreendente como as sucessivas elaborações do tema da liberdade no âmbito escolástico ignoram completamente esta conexão essencial com o tema da memória. Com efeito, o tema da liberdade será entendido prevalentemente como um problema do livre-arbítrio, completamente resolvido somente na relação entre dois elementos da tríade agostiniana: o intelecto e a vontade. Está esquecida a memória, que para Agostinho é o centro e princípio no qual se congregam intelecto e vontade³².

De fato, para Agostinho a memória é como que o substrato ontológico que sustenta aquilo que o intelecto pode conhecer e o que a vontade pode desejar e decidir; a memória é para ele muito mais uma faculdade ontológica que apenas psicológica; mais que lembrar-se de coisas e acontecimentos, a memória lembra a alma de si mesma, como existente que perdura no tempo. Assim, para que seja vencida aquela duplicação da

---

31. Ibid., 101.
32. SCIUTO, op. cit., 126: "È sorprendente che le successive elaborazioni del tema della libertà, in ambito scolastico, ignorino completamente questa essenziale connessione col tema della memoria. In effetti, il tema della libertà verrà prevalentemente inteso come problema del libero arbitrio, completamente risolto, perciò, nella relazione tra due soli elementi della triade agostiniana, l'intelletto e la volontà. Vienne smarrita la memoria, che per Agostino è centro e principio in cui si raccolgono intelletto e volontà".

vontade em contra-vontade, é fundamental que a alma faça memória de si mesma e, reunida em si pela força do intelecto, possa lançar-se à ação por meio de uma vontade unificada. A sua unificação vem da ajuda que ela recebe da memória e do intelecto.

Ao contrário da relação da vontade com a memória, a sua relação com o intelecto foi muito mais trabalhada e evidenciada na história do pensamento. Já Aristóteles, como vimos, através do conceito de *proairesis*, a capacidade de decidir entre meios em vista de um fim, estabelecia certa mediação entre razão e vontade. A *proairesis* é uma espécie de faculdade racional do querer, que se estabelece no lugar onde aparece um primeiro apetite irracional (*epithumia*), ou seja, ela faz com que os apetites se submetam à razão. Quando o homem se move de acordo com a *proairesis*, ele se move de acordo com a razão; quando se move de acordo com a *epithumia*, ele se move contra a *proairesis*. A *proairesis* implica, então, certo domínio do ato: aquele que age segundo o intelecto ou a razão é dito *kratès*, senhor de si mesmo, em oposição àquele que age de acordo com a *epithumia*, que é chamado de *akratès*, não senhor de si mesmo, mas escravo de suas paixões. Essa faculdade de deliberação deve se limitar, por isso, a exercer-se a respeito de coisas que estejam no nosso poder, que sejam possíveis de serem alcançadas, que existam meios para isso e que estes meios estejam ao nosso alcance. Para isso é importante a educação, cujo principal objetivo é o controle de si mesmo. Trata-se, em outras palavras, de reduzir o ato voluntário, *to ékousion*, à escolha, é *proairesis*. Todo o trabalho da educação visa, assim, em realidade, submetendo a vontade à razão, ou, mais exatamente, reduzindo todos os atos voluntários à *proairesis*, formar um querer que seja equivalente ao poder, ou seja, um querer racional do possível: o objetivo é que o aluno chegue a querer apenas o que ele pode. O verdadeiro querer não é, portanto, um "eu quero", mas um "eu posso", como bem observa Hannah Arendt: "É certo que, no sistema de pensamento pré-cristão, [a vontade] se situava no 'eu posso'"[33].

---

33. Citado por JEANMART, G., La dramatique de la volonté chez Augustin, *Philosophique. Annales Littéraires de l'Université de France-Comté* 8 (2005), 6, disponível em:

Também os estoicos procuram resolver essa tensão entre querer e poder na vontade pela mediação da razão. Deles vem a definição "a vontade é o desejo de acordo com a razão" (*quae quid cum ratione desiderat*), e daí vem a distinção entre o sábio, que domina seus impulsos através do uso da razão, e o insensato, que se deixa vencer pelos impulsos que, contrários à razão, vêm de uma excitação muito violenta (*incitata est vehementius*) e consiste na *libido* ou luxúria desenfreada (*libido ea vel est effrenata cupiditas*)³⁴. O sábio mantém o domínio sobre a sua vida afetiva respondendo a cada uma das "paixões" (πάθη) ou "perturbações" da alma (assim chamadas por Cícero) com uma "constância" (ευπαθειας): ao desejo, a vontade; à alegria, o gozo; ao medo, a precaução. À quarta paixão, a tristeza, não seria necessário contrapor-se, já que, como produto de um malsucedido, ela não seria capaz de atingir a alma do sábio. Já Epiteto, nesta busca de controle racional dos desejos vindos da vontade, chama a atenção para a necessidade de aprender a lidar com as "impressões" deixadas na alma pela realidade exterior. O que se busca é a *ataraxia*, a invulnerabilidade, o não deixar-se afetar pelas impressões vindas do exterior. A tarefa da filosofia consiste precisamente em oferecer os instrumentos para ajudar o homem a aprender a lidar com as impressões deixadas nele pela realidade exterior e, assim, afastar a dor: "A filosofia significa muito pouco além do seguinte: procurar saber como é viável exercitar a vontade de obter e a vontade de evitar sem obstáculos"³⁵. A primeira grande distinção que a razão deve fazer, e a vontade decidir por querer ou não querer, é entre o que está em seu poder e o que não está: "A primeira decisão da vontade é não querer o que não se pode obter e deixar de não querer o que não se pode evitar – em suma, não se interessar em qualquer coisa que não tenha poder"³⁶. Não basta, portanto, à vontade "deixar de querer" (ser indiferente); ela deve também aprender a querer o que de fato acontece (conformar-se à realidade tal como ela é): "Para

---

http://philosophique.revues.org/100: "Il est certain que dans le système de la pensée préchrétienne, [la volonté] se situait dans le 'je-peux'", acesso em: 07 fev. 2025.
    34. Cf. ibid., 6-7.
    35. ARENDT, op. cit., 244.
    36. Ibid., 244.

'viver bem', não é suficiente 'deixar de pedir para que os eventos aconteçam como se quer'; deve-se 'deixar a vontade ser tal que os eventos devam acontecer como acontecem'"[37]. A luta entre querer e poder no interior da vontade é vencida por uma onipotência da vontade que obriga o querer a conformar-se com o possível indicado pela realidade exterior.

Bem diferente é a visão de Agostinho. Para ele, a relação entre o exercício da razão e os desejos e paixões que lhe são apresentados pela vontade não se resolve por um controle titânico da razão sobre a vontade, nem somente por uma disposição voluntária de uma artilharia ascética. Ele reconhece, em primeiro lugar, que aquelas quatro paixões de que falavam os estoicos existem de fato na alma, e as define da seguinte forma: "O amor que aspira a possuir o que ama é desejo [*cupiditas*]; quando o possui e dele goza é alegria; quando foge do que lhe repugna é temor; se a seu pesar o experimenta é tristeza"[38]. Mas não concorda que essas paixões estejam presentes somente nos néscios; ao contrário, afirma que elas estão presentes em todos os homens e não têm valoração em si mesmas, senão que adquirem o seu valor a partir do fim para o qual estão dirigidas ou a partir do amor (da vontade) que as orienta:

> Assim, querem, se precaveem e gozam tanto os bons quanto os maus; ou, dizendo o mesmo por outras palavras, desejam, receiam e se alegram tanto os bons quanto os maus, mas, os primeiros, bem, e os últimos mal, conforme têm uma reta ou perversa vontade. A própria tristeza, em substituição da qual os estoicos nada admitem na alma do sábio, também ela é empregada no bom sentido[39].

Ou seja, também os homens bons e sábios, entre eles os cristãos, experimentam verdadeiramente a tristeza, e não a vencem apenas por

---

37. Ibid., 246.
38. *De Civitate Dei* XIV,vii,2: "Amor ergo inhians habere quod amatur, cupiditas est, id autem habens eoque fruens laetitia; fugiens quod ei adversatur, timor est, idque si acciderit sentiens tristitia est".
39. *De Civitate Dei* XIV,viii,3: "Proinde volunt, cavent, gaudent et boni et mali; atque ut eadem aliis verbis enuntiemus, cupiunt, timent, laetantur et boni et mali; sed illi bene, isti male, sicut hominibus seu recta seu perversa voluntas est. Ipsa quoque tristitia, pro qua Stoici nihil in animo sapientis inveniri posse putaverunt, reperitur in bono et maxime apud nostros".

uma indiferença diante da dor ou por meio de um controle racional, mas por dar-lhe um sentido, por orientar-lhe em direção a um fim. Assim, a própria *apathéia*, entendida pelos estoicos como privação ou domínio dos afetos que vão contra a razão e perturbam a mente, para Agostinho, em vez de se constituir em uma virtude, consiste na atual condição do homem em um vício, uma expressão de "desumanidade no coração e de falta de sensibilidade no corpo":

> Se é ao estado de alma sem afeto algum que se chama ἀπάθεια, quem não terá esta insensibilidade pelo pior dos vícios?[40]; e se outros, na sua vaidade tanto mais monstruosa quanto mais rara, se tomam de amores pela sua própria impassibilidade ao ponto de não se deixarem comover nem excitar, nem inclinar pelo menor sentimento, perdem toda a humanidade sem atingirem a verdadeira tranquilidade. Efetivamente, porque, se é duro, nem por isso se é correto, nem porque se é insensível, se é por isso sadio[41].

A verdadeira liberdade da vontade, tanto com relação aos desejos e paixões que vem de si mesma quanto da sua natural divisão e duplicação em contra-vontade, se adquire, segundo Agostinho, pela efetivação de outro elemento que é próprio da vontade, e só dela, ou seja, colocar a alma em ação, e especificamente, orientá-la para o amor: "Ao orientar a atenção dos sentidos, controlando as imagens impressas na Memória e fornecendo ao Intelecto o material para a compreensão, a Vontade prepara o terreno no qual a ação se pode dar [...]. A Memória e o Intelecto são contemplativos e, sendo assim, são passivos; é a Vontade que os faz trabalhar e que, ao final, os 'reúne'"[42]. Quando, dispondo livremente do material que lhe oferecem a memória e o intelecto, a vontade começa a agir, ela rompe o espaço ainda teórico do querer/não querer (*velle* e

---

40. *De Civitate Dei* XIV,ix,4: "Porro si illa ἀπάθεια dicenda est, cum animum contingere omnino non potest ullus affectus, quis hunc stuporem non omnibus vitiis iudicet esse peiorem?".
41. *De Civitate Dei* XIV,ix,6: "Si nonnulli tanto immaniore, quanto rariore vanitate hoc in se ipsis adamaverint, ut nullo prorsus erigantur et excitentur, nullo flectantur atque inclinentur affectu: humanitatem totam potius amittunt, quam veram assequuntur tranquillitatem. Non enim quia durum aliquid, ideo rectum, aut quia stupidum est, ideo sanum".
42. ARENDT, op. cit., 259.

nolle), interrompendo o conflito entre eles: "A vontade é redimida cessando de querer e começando a agir, e a interrupção não pode se originar de um ato de não querer, pois isso já seria uma nova volição"[43], e não uma ação. Dessa forma, a solução de sua divisão não vem de fora, de algo que lhe seja exterior, nem mesmo da razão, mas de uma transformação de si mesma em amor, já que esta ação, para redimi-la, deve ser orientada para o amor, ou melhor, identificar-se com o amor: "A solução do conflito interno da vontade surge por uma transformação na própria vontade, por sua transformação em Amor"[44]. Assim ela realiza propriamente a sua função de união, pois "o amor é obviamente o agente de ligação de maior êxito"[45]. Mas este transformar-se em amor, se fosse pleno, significaria para a vontade a sua própria dissolução, pois, ao adquirir o objeto de seu desejo como algo que não pode mais perder, ela se realizaria plenamente, se aquietaria, repousaria. E esta será a situação da vontade na eternidade, não agora, situação em que ela tem de lidar continuamente com objetos que estão sempre expostos ao perigo da perda: "A vontade decide como *usar* a memória e o intelecto, isto é, 'remete essas faculdades a alguma outra coisa', mas não sabe como usá-las com 'o júbilo, não da esperança, mas do que é realmente o melhor'. É este o motivo pelo qual a vontade não está jamais satisfeita, 'pois satisfação significa que a vontade está em repouso'"[46]. Ou seja, exercitando sua liberdade, a vontade pode, usando do material que traz em sua memória e em seu intelecto, dar um sentido para a sua ação, orientá-la para o amor, mas isso não põe fim ainda à sua inquietude, porque o amor só será pleno quando não houver mais o perigo da perda. Se não pode agora, entretanto, levar a vontade ao repouso pleno e à paz serena, a orientação da ação para o amor pelo menos apazigua em parte a sua inquietação, tornando-a resignada no amor, não ressentida. Nada "pode apaziguar a inquietação da vontade, 'a não ser a resignação', o desfrutar calmo e duradouro de algo presente; somente 'a força do amor é tão grande que faz com que

---

43. Ibid., 261.
44. Ibid.
45. Ibid.
46. Ibid., 262.

o espírito envolva em si mesmo as coisas sobre as quais refletiu longamente com amor"[47].

Segundo Hannah Arendt, a transformação da vontade em amor não pode ser obra da graça, nem pode ser espiritual, mas deve ser necessariamente uma ação da própria vontade, que, pondo-se a agir, impulsionando e movendo a alma para colocar-se em ação, dissolve a divisão que a atormentava: para pôr fim a essa divisão, "a graça divina não poderia servir, uma vez que ele descobrira que a fragmentação da vontade era a mesma tanto para a má como para a boa vontade; é um tanto difícil imaginar a graça de Deus decidindo se devo ir ao teatro ou cometer adultério"[48]. É no mínimo discutível essa visão de Arendt: é óbvio que não se pode imaginar a graça de Deus decidindo entre um bem e um mal, papel próprio do livre-arbítrio da criatura decaída, não da liberdade plena que Deus possui, mas tampouco se pode imaginar, percorrendo a totalidade do pensamento agostiniano, que em algum momento a vontade possa agir fazendo o bem, atuando com amor, se não fosse movida, mesmo que inconsciente e implicitamente, pela graça de Deus.

2.2. A liberdade da vontade vista em relação às categorias da temporalidade

A segunda solução para pôr fim àquela natural e essencial duplicação existente no interior da vontade na filosofia agostiniana encontra-se, segundo Hannah Arendt, na sua vinculação com a temporalidade, e, de maneira especial, pelo vínculo de cada uma das faculdades da alma com um período de tempo: a lembrança com a memória, a atenção com a inteligência e a espera com a vontade. De fato, Agostinho aborda o tema da temporalidade, do ponto de vista psicológico, como algo que existe para a alma, e somente para ela. O tempo só pode começar, na verdade, com a criatura racional, a única que pode experimentar consciente e livremente o transcorrer do tempo; é por isso que, segundo Agostinho, o relato bíblico da criação, no livro do Gênesis, distingue a criação do

---

47. Ibid., 262.
48. Ibid., 258.

mundo, que foi feita "no princípio", da criação da criatura racional, feita "no começo"[49]. A alma existe distendida no tempo, dividida entre a espera, a memória e a atenção; experimenta-se como uma realidade que só se compreende no tempo, e, mais que isso, constituída pelo tempo; como diz Moacyr Novaes, "a *distentio* é expressão da dispersão temporal na multiplicidade, para além das suas conotações estritamente cognitivas. Se toda a sua vida [do homem] é *distentio*, o tempo é a própria condição ou regime sob o qual se encontra o 'sujeito', e não meramente um seu 'objeto' de estudo"[50]. Ela se constitui como uma constante atividade de passagem, transição de um momento a outro que não para e não se deixa prender: ela faz experiência de si como algo fugidio, que não se deixa captar, como lembrança (presente do passado), como espera, expectativa (presente do futuro) e atenção (presente do presente). É só por meio da atenção (*atentio*) a esse movimento constante de passagem, instante que só se deixa captar se esvaindo, que ela pode fazer diante de seu natural estado de distensão (*distentio*)[51]. Ela tenta dar conta de si, apropriar-se de sua identidade, que vai se construindo por essa mesma atividade dispersa, por meio da atenção consciente e deliberada.

Ora, embora enuncie como papel próprio da inteligência a atenção, segundo Hannah Arendt, a atenção deliberada, tal como acontecera na atividade do conhecimento, é ao mesmo tempo papel específico da vontade: "A atenção, como vimos, é uma das maiores funções da vontade, o grande elemento unificador, que, aqui, naquilo que Santo Agostinho chama de 'distensão do espírito', reúne os tempos verbais do tempo no presente do espírito"[52]. Na verdade, certo antagonismo e uma espécie de luta difícil de ser resolvida, que já observamos no lidar com os desejos e paixões, existe também entre inteligência e vontade na sua relação com o tempo; enquanto a inteligência fixa a sua atenção no passado,

---

49. Ibid., 266.
50. NOVAES, M., Eternidade em Agostinho, interioridade sem sujeito, *Revista Analytica* 9 (2005), 115.
51. Cf. *Confessionum* XI. Ver o excelente artigo de Paul RICOEUR, As aporias da experiência do tempo. O livro XI das *Confissões* de Santo Agostinho, in: ID., *Tempo e narrativa*, Campinas, Papirus, v. I, 19-54.
52. ARENDT, op. cit., 265.

presentificando-o como lembrança, a vontade fixa a sua atenção no futuro, presentificando-o como expectativa: "O pensamento traz para o seu presente duradouro aquilo que ou é ou, pelo menos, foi, enquanto a vontade, estendendo-se para o futuro, move-se em uma região em que tais certezas não existem"[53]. Ambos lidam com a duplicação, mas, enquanto no intelecto a duplicação é experimentada como diálogo, na vontade ela é experimentada como conflito. De fato, a atividade do pensamento é um diálogo de si consigo mesmo, que consiste também em uma duplicação, um colocar-se a si mesmo e a toda a realidade como objeto de reflexão, como realidade refletida diante de si para ser mais bem compreendida. Para essa atividade pensante, que Sócrates chamou de "dois em um" (eu comigo mesmo), Platão de "diálogo sem som" (ou pensamento), Hegel de "atividade solitária", Descartes de "*cogito me cogitare*" e Kant de "*ich denke*", a duplicação é algo salutar, e a sua extinção seria a sua própria ruína: "No caso do ego pensante, 'curar-se' da divisão seria a pior coisa que poderia acontecer; poria fim completo ao pensamento"[54]. Para a vontade, não; a duplicação para ela é causa de conflito, e ela só pode harmomizar-se pelo vencimento desse conflito e a aquisição de sua unificação. É por isso que, enquanto a tonalidade própria do ego pensante é a serenidade, produzindo no filósofo o humor característico da melancolia, a tonalidade própria do ego volitivo é a tensão, e o seu humor característico é a inquietude. E isso se deve a que, enquanto o pensamento lida mais com o passado, com a lembrança, sobre a qual paira a segurança do já vivido, a vontade lida mais com o futuro, com o que ainda é incerto e inseguro, pairando sobre ela um ar de inquietude e de medo: "A lembrança pode afetar a alma com um anseio pelo passado, mas essa nostalgia, embora possa conter dor e pesar, não perturba a serenidade do espírito, pois envolve coisas que estão além de nosso poder de mudar. O ego volitivo, ao contrário, olhando para frente, e não para trás, lida com coisas que estão em nosso poder, mas cuja realização não está absolutamente assegurada"[55].

---

53. Ibid., 212.
54. Ibid., 238. Ver também 233-234; 256.
55. Ibid., 214.

Certa tentação de permanecer no passado nostálgico da lembrança sempre ronda a alma, e esta, juntando-se com o hábito de repetir sempre os mesmos comportamentos, pode provocar na alma uma espécie de paralisação do tempo. A lembrança e o hábito[56] prendem a alma ao passado, escravizando-a e mantendo-a cativa nas cadeias do tempo, fazendo com que não só o corpo seja para ela espacialmente um peso (cf. Sb 9,15), mas também o tempo seja experimentado como algo pesado e difícil de ser suportado. De fato, certa tentação de pôr fim à liberdade da vontade permanece sempre presente e explica

a carreira assombrosamente bem-sucedida [do fatalismo] no pensamento popular através dos séculos. E a razão deste sucesso não é outra que o fato de não haver outra teoria que possa acalmar com tanta eficácia qualquer ímpeto de ação, qualquer impulso para fazer um projeto, em suma, qualquer forma de "eu quero" [...]; seu grande atrativo é que, por meio dele, "o espírito libera-se de toda necessidade de movimento" [...]; ele consegue extinguir totalmente o tempo verbal futuro, assimilando-o ao passado[57].

Certo perigo de extinção do futuro, e da liberdade da vontade a que vai ele ligada paira sobre a teoria agostiniana da presciência e da providência divina, a mais criticável e a mais dúbia de todas as teorias agostinianas, segundo Hannah Arendt. Em ambas teorias está em perigo a permanência do tempo em seu único estado realmente existente, o presente, seja o extrapolando para o passado ("era para ser assim"), seja o extrapolando para o futuro ("se sei o que vai acontecer amanhã, eu me preparo e me precavenho"): "A falha dos dois argumentos, tanto no relacionado com o passado quanto no relacionado com o futuro, é a mesma: o primeiro extrapola o presente para o passado, e o segundo extrapola-o

---

56. "A luxúria provém da vontade perversa; enquanto se serve à luxúria, contrai-se o hábito; e, se não se resiste a um hábito, origina-se uma necessidade. Era assim que, por uma espécie de anéis entrelaçados – e por isso lhes chamei cadeia –, me segurava apertado em dura escravidão" ("*Quippe ex voluntate perversa facta est libido, et dum servitur libidini, facta est consuetudo, et dum consuetudini non resistitur, facta est necessitas. Quibus quasi ansulis sibimet innexis – unde catenam appellavi – tenebat me obstrictum dura servitus*"). *Confessionum* VIII,v,10.
57. ARENDT, op. cit., 213.

para o futuro; e ambos assumem que o agente da extrapolação fica de fora da esfera em que o acontecimento se dá, e que ele, o observador externo, não tem nenhum poder para agir"[58]. Ou seja, o perigo latente na teoria da presciência e da providência é que ela pode suscitar um comportamento de quietismo, de acomodação aos fatos e de paralisação avessa à ação. Sem pretender adentrar mais nesta complicada e controvertida teoria agostiniana, basta para o que diz respeito aos nossos objetivos neste estudo perceber, com Hannah Arendt, que Agostinho vai além desse perigo, e o que ele propõe é uma conformação tal da vontade humana com a vontade divina, de forma a que não se suprima a ação livre da vontade, mas que ela seja de tal maneira informada e ajudada pela graça, que possa fazer coincidir espontaneamente o seu livre querer com o que é ordenado pela vontade de Deus; querer e dever coincidem espontaneamente pela ação da graça, que liberta a liberdade da vontade e a leva a agir conformando o seu querer ao dever estabelecido por Deus[59].

O fundamental na teoria agostiniana da liberdade da vontade, em seu vínculo com a temporalidade, é a manutenção da primazia do futuro e a consequente primazia da faculdade da vontade entre as faculdades da alma, por causa de sua capacidade de pôr a alma em ação, dando início a algo novo na história. Por estar voltada para o futuro, a vontade é a faculdade da inquietude, embora aspire pelo repouso sereno do fruir do objeto desejado. Por isso mesmo, a tensão advinda da duplicação do querer em não querer acaba lançando a vontade naturalmente em busca de um fazer que substitua o não querer. A insustentável e diaceradora insegurança do "eu quero" ainda aberto para o futuro acaba por se desfazer em um inevitável "eu faço" que atualiza o futuro no presente: "Qualquer volição [...] anseia por seu próprio fim, o momento em que o querer algo terá se transformado em fazê-lo. Em outras palavras, o humor habitual do ego volitivo é a impaciência, a inquietude e a preocupação (*Sorge*) [...]; a inquietação preocupada da vontade só pode ser apaziguada por um 'eu-quero-e-faço', isto é, por uma interrupção de sua própria atividade"[60] de

---

58. Ibid., 263.
59. Cf. ibid., 263-267.
60. Ibid., 214.

duplicação teórica e investimento na ação. Como havia sido já observado ao tratarmos da liberdade da vontade entendida em relação com as outras faculdades da alma, também aqui a solução para a duplicação da vontade é a sua posta em ação, e especificamente em ação de amor, porque só no amor verdadeiro ela pode alcançar o que busca, desfrutar sem o perigo de perder. De fato, é só o amor que, mais forte que a morte, pode resistir e subsistir ao tempo; só ele pode vencer as malhas da temporalidade, eternizando o que se constrói espiritualmente no tempo: "O amor é uma espécie de vontade duradoura e livre de conflitos [...]; o que o amor produz é a duração, uma permanência da qual o espírito seria, de outra forma, incapaz [...]; 'o amor não acaba nunca; permanecem estes três – a fé, a esperança e o amor –, porém, o maior destes (o mais durável, por assim dizer) é o amor' (cf. 1Cor 13,8)"[61]. Sendo a faculdade do futuro, a vontade coloca o homem inevitavelmente diante da morte, que se apresenta à sua frente como uma realidade imprevisível, mas ao mesmo tempo irrevogável: "O homem é posto em um mundo de mudança e de movimento como um novo começo porque sabe que tem um começo e que terá um fim; sabe até mesmo que este começo é o começo do seu fim – 'toda a nossa vida nada mais é do que uma corrida em direção à morte'"[62]. Sabendo, portanto, que o que ela busca como objeto que a possa realizar, aquilo do que se pode fruir sem perigo de perda, não coaduna com a noção de tempo, em que esse objeto não pode ser encontrado como posse segura, a vontade boa é aquela que coloca toda a sua expectativa na eternidade feliz, onde poderá desfrutar do objeto de seu desejo, e, enquanto peregrina no tempo, busca utilizar-se dos meios que possam levá-la futuramente àquele fim[63].

Que essa superação da duplicação da vontade só possa ser resolvida na prática, através da ação orientada para o amor, Agostinho experimentou-o fortemente em sua própria vida, tal como expressou nas *Confissões*. Depois de ter descoberto, desde os 19 anos, pela leitura do *Hortênsio*, de Cícero, a existência da sabedoria, e de ter descoberto através do

---

61. Ibid., 262.
62. Ibid., 266.
63. Cf. KOCH, op. cit., 71-94.

neoplatonismo a noção de "substância espiritual", que o levou a entender melhor a natureza de Deus, e de ter ainda descoberto nas Cartas de Paulo que Deus havia se encarnado tornando-se caminho de acesso a Deus, experimentava ainda uma vontade dividida, que tinha um querer fraco, que ao mesmo tempo queria e não queria: "A vontade nova, que começava a existir em mim, a vontade de Vos honrar gratuitamente e de *gozar de Vós, único contentamento seguro*, ainda não se achava apta para superar a outra vontade, fortificada pela concupiscência"[64]. Experimentava, então, que conhecia a verdade, mas que era incapaz de possuí-la. Sabia que Deus, o eterno e imutável, era a única realidade que ele devia buscar para chegar a possuí-lo, pois só ele poderia ser possuído sem perigo de perda, e, no entanto, "continuava preso no lodo de gozar dos bens presentes que fugiam e me dissipavam"[65]. Dilacerado internamente por essa divisão da vontade, que queria entregar-se ao bem que não podia perder, mas ao mesmo tempo não queria, porque atraída pela beleza dos bens temporais, passageiros, é então que se encontra em um jardim, como outrora Adão, mas, ao contrário desse, se sente fortemente interpelado por uma palavra de Paulo: "Não caminheis em glutonarias e embriaguez, nem em desonestidades e dissoluções, nem em contendas e rixas; mas revesti-vos do Senhor Jesus Cristo e não procureis satisfação da carne com seus apetites" (Rm 13,13). Agostinho faz, ele mesmo, a experiência de que a superação da divisão da vontade não se dá no nível conceitual, lógico, mas da ação: as palavras de Paulo "são convincentes e resolutivas porque deixam de lado totalmente a questão da *solução*, enquanto, ao em vez disso, se limita a dar uma resposta, mais precisamente, uma resposta que consiste no chamado a *agir* de modo bom. Somente nesse

---

64. *Confessionum* VIII,v,10: "Voluntas autem nova, quae mihi esse coeperat, ut te gratis colerem fruique te vellem, Deus, sola certa iucunditas, nondum erat idonea ad superandam priorem vetustate *roboratam*".
65. *Confessionum* VI,xi,18-xiii,23: "Et ecce iam tricenariam aetatem gerebam in eodem luto haesitans aviditate fruendi praesentibus fugientibus et dissipantibus me". "*O que em grande parte e com violência me prendia e torturava era o hábito de saciar a insaciável concupiscência*" ("Magna autem ex parte atque vehementer consuetudo satiandae insatiabilis concupiscentiae me captum excruciabat, illum autem admiratio capiendum trahebat": *Confessionum* VI,xii,22).

sentido, e por essa razão, o passo é esclarecedor: não se trata de resolver um conflito que é insolúvel, mas de responder empenhando-se na ação"[66]. E, além disso, essa palavra de Paulo não lhe caiu às mãos como um evento isolado, que tivesse um significado em si mesmo e independente de uma caminhada; ao contrário, ela foi um elemento a mais em uma longa e sofrida caminhada de buscas. Fica claro, dessa forma, que a superação da divisão da vontade só se pode dar não só no tempo, mas no desenrolar do tempo, como um processo. Na verdade, a liberdade da vontade precisa ser libertada pela ação da graça, que a recupera a partir de dentro e sem violentá-la, mas realizando a sua plena essência. Comprovar isso foi o grande esforço de Agostinho nas obras do período de sua controvérsia com os pelagianos.

2.3. A liberdade da vontade vista no contexto da *ordo amoris*

A terceira chave de leitura que utilizaremos para analisar o filme *A liberdade é azul*, e que talvez seja a mais importante, é a que deriva da noção de ordem, ou da chamada *ordo amoris*, que é o princípio que rege toda a criação[67]. Mas a *ordo amoris* tem a sua origem no próprio Deus,

---

66. Cf. Sciuto, op. cit., 119: "Sono convincenti e risolutive perché lasciano perdere del tutto la questione della *soluzione*, mentre si limitano invece a dare una *risposta*; più esattamente, una risposta consistente nell'invito ad agire in modo buono. Soltanto in questo senso, e per questo motivo, Il passo risulta illuminante: no si tratta di risolvere um conflitto che è irresolubile, ma di rispondere impegnandosi nella'azzione". Diz ainda Sciuto: tal procedimento "*corresponde, de fato, ao modo geral de Agostinho entender os problemas vitais, nos quais verdadeiramente essencial é o resultado positivo, e não o perfeito conhecimento das promessas e dos passos intermediários*" ("corrispondi, anzi, al suo modo generale d'intendere i problemi vitali, nei quali veramente essenziale è la positività dell'esito, non la perfetta conoscibilità delle promesse e dei passaggi intermedi": 120).
67. Cf. Pegueroles, J., El orden del amor: esquema de la ética de San Agustín, *Augustinus* 22 (1977), 221-228; Bodei, R., *Ordo amoris. Conflitti terreni e felicità celeste*, Bologna, Il Mulino, 1991. A noção de ordem é fundamental na metafísica agostiniana; sobre isso, pode-se ver com interesse a excelente tese de Bouton-Touboulic, A. I., *L'ordre caché chez Saint Augustin*, Paris, Institut d'Études Augustiniennes, 2004, 651, e ainda Doignon, J., L'émergence de la notion d'"ordre très secret" dans les premiers Dialogues d'Augustin. Son incidence sur l'approche de Dieu, *Revue des Études Augustiniennes* 42 (1996), 243-253.

que, se a estabeleceu na criação, foi porque a tinha antes em si mesmo, ou melhor, esta ordem se identifica com ele mesmo. Em Deus, a ordem consiste em uma harmoniosa interação entre dois princípios aparentemente contraditórios: imutabilidade e movimento. Por um lado, Deus é o imutável, aquele que possui o ser em sumo grau, o único que pode manter-se no ser por si mesmo, sem a dependência de nenhum outro ser e sem nenhuma possibilidade de perda de ser. Ter o ser em sumo grau, com efeito, consiste em ser imutável, sem nenhuma possibilidade de mudança[68]. Por outro lado, essa imutabilidade não significa indiferenciação, de maneira que em Deus há também uma diferenciação harmoniosa, a diferenciação das pessoas. O Pai, primeira pessoa da Trindade, diferencia-se em uma segunda pessoa, à qual gera eternamente, em tudo semelhante a si, o Filho. Entre essas duas pessoas há uma relação de amor que as vincula: o Pai se vê refletido perfeitamente no Filho e o ama; o Filho acolhe esse amor do Pai, reconhecendo-se perfeitamente amado por Ele, como reflexo semelhante a Ele, e também o ama; o Pai é o amante, o Filho o amado, e o que está entre os dois, unindo-os em vínculo indissolúvel, é o Amor, o Espírito, a terceira pessoa da Trindade. Embora, portanto, Deus seja o imutável, único ser em quem nada de ser se pode perder, há nele ao mesmo tempo um movimento harmonioso e ordenado, o movimento do Amor. Sendo a terceira pessoa, o Espírito Santo, o próprio Amor, o vínculo entre as duas pessoas que se amam, é ela mesma a responsável pela manutenção dessa ordem em Deus. Esse papel lhe pertence precisamente porque ela se identifica com a vontade de Deus, e é papel próprio da vontade, sendo essencialmente amor, vincular realidades diferentes. Não é por acaso que muitas vezes, nomeando as pessoas da Trindade

---

68. A descoberta de um dos temas mais importantes da metafísica agostiniana, a noção de imutabilidade, coincidiu com a descoberta por Agostinho do conceito de substância espiritual, através do encontro com o neoplatonismo, o que determinou uma das conversões mais importantes em seu pensamento. Ver TRAPÈ, A., La nozione del mutabile e dell'immutabile secondo Sant'Agostino, in: ID. *Quaderni della Cattedra Agostiniana*, Tolentino, Edizioni Agostiniane, 1959, v. I; COOKE, B. J., The Mutability-Immutability principle in St. Augustine's metaphysics, *The Modern Schoolman* 23 (1946), 175-193; 24 (1946), 37-49.

de acordo com a sua função e identidade própria, Agostinho identifica o Espírito com a Ordem em Deus: "Unidade, Igualdade, Ordem"[69]. Essa ordem existente em Deus é impressa por ele na criação, quando ele a faz a partir do nada. Deus tudo faz com "medida, número e peso" (Sb 11,20) é um versículo que Agostinho utiliza de maneira recorrente para identificar a criação feita por Deus. Além disso, ele utiliza muitas outras definições triádicas[70] para expressar como toda a criação traz em si uma semelhança com o Pai por possuir o ser, uma semelhança com o Filho por possuir forma e beleza, e uma semelhança com o Espírito por possuir ordem e estabilidade. A fórmula triádica que aqui mais nos interessa é a que diz haver na criação "um modo, uma espécie e uma ordem", pois nela fica claro que o papel próprio do terceiro elemento, que no homem corresponde à vontade, é estabelecer a ordem. O papel do terceiro elemento é *dar consistência à unidade e à forma fornecidas pelos outros dois elementos*, fazendo com que cada ser permaneça em seu próprio lugar na ordem criada, conferindo-lhe *estabilidade, saúde e equilíbrio*[71]. Ele realiza esse papel pondo o ser em movimento, orientando-o a ocupar o seu lugar próprio na ordem criada de acordo com o peso que lhe é próprio. O peso que cada ser possui vem da quantidade de ser que nele Deus colocou quando o criou a partir do nada. Fundamentalmente Deus criou os seres em três níveis ontológicos: os superiores, que, como Deus, são plenamente espirituais, ainda que criaturas (os anjos); os inferiores, que são materiais, diferenciados entre aqueles que possuem apenas o ser e aqueles que, além do ser, possuem a vida (as plantas) e, além desta, a sensibilidade (os animais); e o mediano (o homem), que por sua alma, espiritual, se assemelha às criaturas espirituais, superiores, e que

---

69. Cf. Agostinho, *De Música* VI. Ver o comentário de Du Roy, O., *L'intelligence de la foi en la Trinité selon Saint Augustin. Genèse de sa théologie trinitaire jusqu'en 391*, Paris, Institut d'Études Augustiniennes, 1966, 287-295.
70. Bem supremo, Sabedoria suprema, Concórdia (ou Paz) suprema; Ser supremo, Verdade suprema e Bondade suprema; Princípio imutável, Sabedoria imutável, Caridade imutável; Vida, Sabedoria e Felicidade, e muitas outras. Cf. Vargas, op. cit., 96-121.
71. Cf. Du Roy, op. cit., 374-376.

por seu corpo, material, se assemelha às criaturas inferiores[72]. Ora, nas criaturas inferiores há também um movimento que as orienta para descansar em seu lugar próprio na ordem criada, e é suscitado nelas pelo que elas receberam de vestígio da terceira pessoa da Trindade, ainda que esse movimento nelas seja apenas natural, não livre. Na criatura racional, sim, esse movimento é livre e racional, e é exercido pelo que nela corresponde à terceira pessoa da Trindade, a sua vontade: *"O livre-arbítrio da vontade não é apenas um entre outros movimentos*; é justamente através dele, na verdade, que o homem é mais do que vestígio, que o homem é imagem de Deus [...]. O *fundamental é o movimento moral, o amor*. As criaturas, derivadamente, têm *peso*, mas apenas peso involuntário; o homem tem o privilégio de mover-se segundo sua vontade, isto é, sua vontade já é seu movimento"[73]. Ou seja, é a vontade que põe a alma da criatura racional em movimento para que ela se estabeleça e permaneça em seu lugar próprio na ordem criada, e assim toda a ordem do universo criado seja mantida; o peso do homem é o seu amor (*pondus meum, amor meus*[74]).

Ora, a vontade exerce esse seu papel de manutenção da ordem exercitando bem aqueles dois princípios que existem em Deus e que foram impressos na criação: uma relação com a imutabilidade e com o movimento. Por um lado, a ordem só pode ser mantida se o ser permanecer aderido àquele que é imutável e é a fonte de seu próprio ser, já que ele mesmo não possui o ser por si mesmo, pois é mutável. Agostinho concede grande importância a esse conceito de "adesão ao ser" (*ad-esse*) como condição para que a ordem seja mantida. Somente aderida a Deus, a criatura espiritual pode experimentar segurança, solidez e firmeza, pois

---

72. Cf. Turienzo, S. A., *"Regio Media Salutis"*. *Imagen del hombre y su puesto en la creación en San Agustín*, Salamanca, Publicaciones Universidad Pontificia de Salamanca, 1988.
73. Novaes, M., *O livre-arbítrio da vontade humana e a presciência divina*, Tese de doutorado, São Paulo, Faculdade de Filosofia, Letras e Ciências Humanas da Universidade de São Paulo, 1997, 61.
74. *Confessionum* XIII,ix,10. Sobre este tema do *peso* em Agostinho, ver Torchia, N. J., "Pondus meum Amor meus". The Weight-Metaphor in St. Augustine's Early Philosophy, *Augustinian Studies* 21 (1990), 163-176; O'Brien, D., "Pondus meum Amor meus" (Conf. XIII,9.10). Saint Augustin et Jamblique, *Studia Patristica* 16 (1985), 524-527.

então estará em seu lugar próprio na ordem criada, de acordo com o seu peso próprio; diz Agostinho nas *Confissões*: "Quando estiver unido a Vós (cf. Sl 62,9) [...], a minha vida será então verdadeira vida, porque estará toda cheia de Vós. Libertais do seu peso aqueles que encheis. Porque não estou cheio de Vós, sou ainda um peso para mim"[75]. Aderida a Deus, ela permanece em seu lugar próprio, de acordo com o seu peso próprio, e então seu peregrinar é leve; afastada dele, ela perde o seu lugar próprio e a sua consistência própria, correspondente ao seu peso, e então é toda a sua existência que se torna pesada: "A nossa firmeza só é firmeza quando Vós nela estais; mas, quando depende de nós, então é enfermidade"[76]. Longe de Deus, a existência para a criatura racional é instável e insegura, sem firmeza, e, por isso mesmo, enferma, miserável[77].

É por essa razão que havia para a criatura racional, como mandato e condição de sua permanência no paraíso criado por Deus, a sua adesão a ele; se dele se afastasse, perdendo a adesão, ela cairia: "Se abandonares o auxílio do Altíssimo, como não tens forças para te auxiliares em ti mesmo, cairás"[78]. Foi, de fato, o que aconteceu às mais altas criaturas racionais, os anjos, que, pretendendo autonomia e independência com relação a Deus, dele se afastaram e caíram, perdendo toda a sua consistência e firmeza: "Os anjos maus, tendo *abandonado* a Deus por ímpia soberba, foram arrojados da celeste mansão no abismo das trevas [...]. Os bons anjos, porém, *permaneceram* em Deus, desfrutando de seu reto conhecimento, com o qual estavam *seguros* de sua eterna

---

75. *Confessionum* X,xxviii,39: "Cum inhaesero tibi (Sl 62,9) [...] et viva erit vita mea tota plena te. Nunc autem quoniam quem tu imples, sublevas eum, quoniam tui plenus non sum, oneri mihi sum".
76. *Confessionum* IV,xvi,31: "Firmitas nostra quando tu es, tunc est firmitas; cum autem nostra est, infirmitas est".
77. Para Agostinho, a palavra *infirmitas* tem estes dois sentidos: de instabilidade, falta de *firmeza*, e de *enfermidade*, doença, que ele identifica com a própria condição humana decaída, *miserável*, e que por isso mesmo necessita inevitavelmente da *misericórdia* de Deus. Sobre o tema da *infirmitas* em Agostinho, ver BARTELINK, G., *Fragilitas (infirmitas)* humana chez Augustin, in: BRUNING, B. (org.), *Collectanea Augustiniana. Mélanges T. J. van Bavel*, Leuven, University Press, 1990, v. II, 815-828.
78. *Enarrationes in Psalmos* XC,sI,1: "Si recedas ab adiutorio Altissimi, te ipsum non valens adiuvare, cades".

estabilidade"⁷⁹. Essa mesma norma valeria, então, para sempre também para o homem: se permanecesse aderido a Deus, manter-se-ia ordenado em seu próprio lugar, de acordo com o seu peso próprio, e sua alma experimentaria repouso, quietude; mas, se dele se afastasse, perderia o seu peso próprio e, em vez de paz e repouso, experimentaria a desordem e a inquietude. Diz Agostinho de sua própria experiência: "Dentro de mim, inquieta-se a minha alma. Inquieta-se quando se *aproxima* do que é mutável. Refaz as suas forças *perto* do que é imutável"⁸⁰. Foi precisamente o que ele experimentou longe de Deus, completamente afastado dele, tal como ele o expressa nas *Confissões*: "Eis onde jaz *enferma* a alma que ainda *não aderiu à solidez da Verdade*. Avança e volta, retrocede e torna a retroceder, *como os sopros das línguas que ventam dos pulmões* dos sentenciosos"⁸¹. Não permanecendo em seu lugar próprio na ordem criada, de acordo com o peso que lhe é próprio, o homem se torna vazio, sem peso, como que perdido, lançado ao abismo, sem ter onde se agarrar, já que se afastou daquele ao qual estava aderido: "Leves e inflados, como que *suspensos sobre o vazio*, onde não puderam encontrar apoio seguro, vieram a cair"⁸². Isso foi o que aconteceu ao homem, "por causa do pecado original, que outra coisa não é que o abandono de Deus: "O início do pecado é a soberba; o início da soberba é o afastamento de Deus" (Sr 10,12-13)⁸³.

O outro princípio pelo qual a vontade manteria a ordem impressa por Deus na criação é o do movimento. A própria vontade se define como

---

79. *Enchiridion*, XXVIII,9: "Angelis igitur aliquibus impia superbia deserentibus Deum, et in huius aeris imam caliginem de superna caelesti habitatione deiectis. ... Ceteri pia obedientia Domino cohaeserunt, accipientes etiam, quod illi non habuerunt, certam scientiam qua essent de sua sempiterna et numquam casura stabilitate securi".
80. *Enarrationes in Psalmos* XLI,12: "Ad me turbata est. Ad incommutabile reficiebatur, ad mutabile perturbabatur".
81. *Confessionum* IV,xiv,23: "Ecce ubi iacet anima infirma nondum haerens soliditati veritatis. Sicut aurae linguarum flaverint a pectoribus opinantium, ita fertur et vertitur, torquetur ac retorquetur".
82. *De Spiritu et Littera* XII,19: "leves et inflati ac per se ipsos velut per inane sublati, ubi non requiescerent, sed fracti dissilirent".
83. Cf. O'CONNELL, R. J., Augustine's Exegetical Use of Ecclesiasticus 10,9-14, in: VAN FLETEREN, F. (org.), *Augustine, Biblical Exegete*, New York, Peter Lang, 2004, 233-252.

movimento: "A vontade é o movimento da alma, sem ser por nada coagida, orientado para adquirir uma coisa ou para não perdê-la"[84]. Muitas vezes Agostinho se refere à vontade como se ela fosse os pés da alma, aquela que a põe em movimento e não permite que ela permaneça inerte: "Os afetos humanos, sem os quais não se pode viver nesta vida mortal, são de alguma forma os pés por meio dos quais nos pomos em contato com as coisas humanas"[85]. É por meio dos afetos que a alma se põe em movimento, de maneira que cada afeto é uma forma de a própria alma se expressar: "Os nossos afetos são movimentos da alma. A alegria é a difusão da alma; a tristeza é a contração da alma; a cobiça é o avanço ganancioso da alma; o temor é a fuga da alma"[86]. Mas é o amor que é o seu movimento próprio; é ele que a motiva a buscar o objeto de seu desejo, e, uma vez alcançado, a não perdê-lo. Na verdade, o que o amor procura é a ausência do medo, é ver-se livre do medo de perder. O movimento da vontade deveria adequar-se, portanto, à qualidade ontológica do objeto de seu desejo, à quantidade de ser que ele possui em si. Assim, o único ser que ela poderia amar de forma absoluta, sem referência a nada além dele mesmo, é Deus, único que pode ser amado por si mesmo, porque único que não se pode perder. De fato, a vontade anseia por repousar, por aquietar-se e em certo sentido pôr fim a seu movimento em um objeto que possa amar sem perigo de perder. Só quando transformar-se em amor, portanto, a vontade se pode realizar, pois só o amor "não se extingue quando alcança seu objetivo, mas sim possibilita ao espírito 'permanecer *imóvel* para poder *desfrutá-lo*'"[87]. E, por outro lado, só um objeto que não se possa perder é correspondente a um amor assim de fruição e de gozo. Ou seja, amor verdadeiro e puro, como desejo, por um lado, e Deus, como "objeto" do desejo, por outro, são correspondentes,

---

84. *De Duabus Animabus contra Manichaeos* XX,14: "Voluntas est animi motus, cogente nullo, ad aliquid vel non amittendum, vel adipiscendumla".
85. *In Evangelium Ioannis Tractatus* LVI,4: "Ipsi igitur humani affectus, sine quibus in hac mortalitate non vivitur, quasi pedes sunt, ubi ex humanis rebus afficimur".
86. *In Evangelium Ioannis Tractatus* II,34: "Affectiones nostrae motus animorum sunt. Laetitia, animi diffusio; tristitia, animi contractio: cupiditas, animi progressio; timor, animi fuga est".
87. ARENDT, op. cit., 261.

pois somente os dois são eternos. Deus é o objeto de desejo próprio da criatura racional, pois só ele pode preencher o desejo de plenitude, de repouso e quietude; em uma palavra, de eternidade, que ela tem. Enquanto peregrina no tempo, a vontade da criatura racional experimenta o vazio de não poder ser preenchida plenamente por nada, a não ser o próprio Deus, e se move inquieta na busca de preenchimento desse vazio: "Inquieto está o nosso coração enquanto não descansa em Ti"[88], diz Agostinho na abertura das *Confissões*.

Amor de gozo e fruição, portanto, só de Deus, pois é o único objeto que o pode permitir sem defraudar, por ser o único que não se pode perder. Nisso consiste, precisamente, para a criatura racional, a ordem do amor: ela deve fruir e gozar do ser superior, pois é o único que não pode perder, e usar, utilizar-se das criaturas inferiores e semelhantes a si de modo a referi-las como meios a serviço da realização do amor a Deus[89].

Essa ordem está inscrita na criação como uma espécie de lei que lhe é interna, de maneira que é uma ordem justa, já que "nos ensina para onde havemos de dirigir o nosso amor"[90]. Agostinho distingue claramente o que se entende por fruir, gozar (*frui*) e usar, utilizar (*uti*): "Fruir consiste em ligar-se a uma coisa pelo amor a ela mesma. Usar, ao contrário, é reconduzir o objeto de que fazemos uso para o objeto que se ama"[91]. A razão pela qual as criaturas inferiores e semelhantes a si não devem ser amadas pela criatura racional está em que, assim como ela própria, também elas são criaturas, foram feitas do nada e para o nada se encaminham. Elas foram feitas por Deus e, por causa disso, trazem em si vestígios de sua unidade, beleza e bondade, e, como tal, atraem a criatura racional para que as possua; mas, tendo sido feitas do nada, não podem

---

88. *Confessionum* I,i,1: "Inquietum est cor nostrum, donec requiescat in te".
89. Cf. O'CONNOR, W. R., The Uti/Frui Distinction in Augustine's Ethics, *Augustinian Sudies* 14 (1983), 45-62; CANNING, R., The Augustinian Uti/Frui Distinction in the Relation between Love for Neighbour and Love for God, *Augustiniana* 33 (1983), 165-231.
90. *Confessionum* X,xxxvii,61: "Verum etiam iustitiam, id est quo eum conferamus (amorem)".
91. *De Doctrina Christiana* I,4: "Frui est enim amore inhaerere alicui rei propter seipsam. Uti autem, quod in usum venerit ad id quod amas obtinendum referre".

preencher o desejo de plenitude, de algo que não se possa perder, que ela traz em si. Diz, de maneira bela, Agostinho, nas Confissões: "Que não se agarre a elas [às criaturas inferiores e semelhantes a si] pelo visco do amor que entra pelos sentidos do corpo. Também as coisas caminham para não existirem (cf. Sl 138,7) e dilaceram a alma com desejos pestilenciais, porque ela quer existir e gosta de descansar no que ama. Mas não tem onde, porque as coisas não são estáveis: fogem"[92].

Esse movimento equivocado, "amor da criatura em lugar do Criador" (Rm 1,18-25)[93], procurando obter nelas o que elas não podem lhe dar, o gozo sem perigo de perda, é definido por Agostinho como o que está na origem do pecado: "A sua causa pode ter sido ou o desejo de alcançar alguns dos bens a que chamamos ínfimos ou o medo de os perder [...], a propensão imoderada para os bens inferiores, embora sejam bons, e o abandono de outros melhores e mais elevados, ou seja, a Deus mesmo, a vossa verdade e a vossa lei"[94]. A sua origem há de ser buscada, portanto, não nas criaturas inferiores, em si mesmas boas, uma vez que criadas por Deus, mas no amor desordenado, que não obedeceu à ordem inscrita na criação. Como esse movimento é equivocado, porque antinatural, os seus frutos só podem ser destruidores para a criatura racional. Ao inclinar-se para o que é inferior, afastando-se do superior e pretendendo ter no inferior fruição e gozo, a alma de certa forma se diminui em sua natureza, aproxima-se mais do nada sob a influência de um apetite defectivo[95]. Agostinho, no auge de sua busca de realização no amor

---

92. *Confessionum* IV,x,15: "Non in eis infigatur glutine amore per sensus corporis. Eunt enim quo ibant (cf. Sl 138,7), ut non sint, et conscindunt eam desideriis pestilentiosis, quoniam ipsa esse vult et requiescere amat in eis, quae amat. In illis autem non est ubi, quia non stant; fugiunt".
93. Sobre a exegese deste importante texto em Agostinho, ver MADEC, G., Connaissance de Dieu et action de grâces: essai sur les citations de l'Ep. aux Romains 1,18-25 dans l'oeuvre de Saint Augustin, *Recherches Augustiniennes* 2 (1962), 273-309.
94. *Confessionum* II,v,10-11: "causa factum sit, credi non solet, nisi cum appetitus adipiscendi alicuius illorum bonorum, quae infima diximus, esse potuisse apparuerit aut metus amittendi, [...] habet etiam honor temporalis et imperitandi atque superandi potentia suum decus, unde etiam vindictae aviditas oritur; et tamen in cuncta haec adipiscenda non est egrediendum abs te, Domine, neque deviandum a lege tua".
95. Cf. *Contra Secundinum Manichaeum* 11.

às coisas temporais e passageiras, expressa de maneira clara o vazio que se sente quando se coloca o coração nas coisas que caminham para o nada: "Estava sem apetites de alimentos incorruptíveis, não porque deles transbordasse, mas porque, *quanto mais vazio, tanto mais enfastiado me sentia*. Por isso minha alma não tinha saúde e, ulcerosa, lançava-se para fora, ávida de se roçar miseravelmente aos objetos sensíveis"[96]. E, quando descreve o fim de seu próprio caminho, aonde foi acabar, distante de Deus, e a partir de onde se recolhe, uma vez reencontrado o porto seguro de onde partiu, diz o seguinte: "Concentro-me, livre da dispersão em que *me dissipei* e *me reduzi ao nada*, afastando-me de vossa unidade para inúmeras bagatelas [...]; a minha beleza definhou-se (cf. Dn 10,8) e apodreci aos vossos olhos"[97]. Assim chega a ser o homem que coloca seu coração nos bens que passam; de certa forma ele se identifica com esses bens e se torna tão vazio, tão próximo do nada, como eles mesmos o são: "Ao sair de si para ir-se às coisas exteriores, o amor do homem começa a *esfumar-se* com as coisas amadas, que também se esfumam, e a derrocar as próprias energias, por assim dizer; se *esvazia*"[98]; sua alma se torna "vazia e sem peso, inchada e elevada, como que pendurada entre a terra e o céu, no espaço intermédio próprio do vento"[99]. A precariedade e a fugacidade deste mundo fazem com que todo sentimento que a alma que nele põe a confiança experimentar seja também fugaz. Permitimo-nos citar um longo, mas belíssimo texto de Agostinho, que expressa a fugacidade de todas as coisas que não são o próprio Deus:

---

96. *Confessionum* III,i,1: "Eram sine desiderio alimentorum incorruptibilium, non quia plenus eis eram, sed quo inanior, fastidiosior. Et ideo non bene valebat anima mea et ulcerosa proiciebat se foras, miserabiliter scalpi avida contactu sensibilium".
97. *Confessionum* II,i,1, 63 V47: "Colligens me a dispersione, in qua frustatim discissus sum, dum ab uno te aversus in multa evanui. [...] Et contabuit species mea et computrui (cf. Dn 10,8) coram oculis tuis".
98. *Sermo* XCVI,ii,2: "Ad ea quae foris sunt, incipit cum vanis evanescere, et vires suas quodam modo prodigus erogare. Exinanitur". Ver RONDET, H.; CHEVALLIER, L. L'idée de vanité dans l'oeuvre de Augustin, *Revue des Études Augustiniennes* 3 (1957), 221-234.
99. *Sermo* CLXXXIV,i,1 (Lambot 16): "Manes et leves, inflati et elati, et tamquam inter caelum et terram in ventoso medio pependerunt".

A alegria do mundo é *vaidade*. Espera-se com grande ansiedade, e, quando tiver vindo, não se pode conservar. O dia de hoje, que trouxe alegria aos homens do mundo, amantes da vaidade, amanhã já não existe. Nem tais homens serão amanhã, o que são hoje. *Todas as coisas passam, todas voam e esvaem-se como o fumo. E ai dos que as amam.* Toda a alma corre atrás do objeto do seu amor. "Toda a carne é feno, e toda a sua glória é como a flor do campo. Secou-se o feno, e caiu a flor, mas *a palavra do Senhor permanece eternamente*" (Is 40,6-8). Se queres viver eternamente, deves amar a Palavra do Senhor[100].

Como sair dessa situação de proximidade com o vazio, de insatisfação e insaciedade? Pelo restabelecimento da ordem, através de um reordenamento dos afetos, ou seja, que aos objetos de desejo corresponda um afeto adequado ao seu peso próprio. Como chegar a ter forças para fazer isso? É aqui que entra em jogo o terceiro elemento da definição agostiniana de vontade, e que é o mais importante: a sua liberdade. De fato, a vontade é desejo, movimento, que é motivado por um objeto que lhe é adequado (a posse sem o perigo de perda), mas ela mesma é, sobretudo, liberdade em todo esse movimento ("sem ser por nada coagida"). A vontade pode, então, posicionar-se livremente perante essa situação de insatisfação e vazio, mas não sozinha e de modo autossuficiente, senão informada, dilatada e acompanhada pela graça. Sua cura é motivada pela Caridade, o Amor de Deus. O primeiro passo, portanto, é reencontrar, mesmo que de forma não explicitada conscientemente, o Amor de Deus, a Caridade. Encontrando, ou melhor, experimentando o verdadeiro e eterno amor, a caridade, e ancorando-se neste amor, o homem pode reorientar o seu amor pelos objetos deste mundo temporal. Tendo contemplado o Bem Supremo, que nada nem ninguém pode arrancar-lhe, e tendo sido arrebatado em seus afetos pelo amor a ele, que tudo relativiza, o homem

---

100. *In Evangelium Ioannis Tractatus* VII,1: "Laetitia saeculi, vanitas. Cum magna exspectatione speratur ut veniat, et non potest teneri cum venerit. Iste enim dies qui laetus est perditis hodie in ista civitate, cras utique non erit: nec iidem ipsi cras hoc erunt quod hodie sunt. Et transeunt omnia, et evolant omnia, et sicut fumus vanescunt: et vae qui amant talia! *Omnis enim anima sequitur quod amat. Omnis caro fenum, et omnis honor carnis quasi flos feni; fenum aruit, flos decidit: Verbum autem Domini manet in aeternum* (Is 40,6-8). Ecce quod ames, si vis manere in aeternum".

dá continuidade ao papel divino de ordenar o mundo. Como bem diz Hannah Arendt, "regressando de um futuro absoluto, o homem pôs-se fora do mundo e ordenou-o. Vivendo no mundo, ele tem o amor ordenado, ama como se não estivesse no mundo, como se fosse o próprio ordenador do mundo. Ele tem aquilo que não pode ser perdido e está fora de qualquer perigo, o que o torna objetivo"[101].

Tanto o amor ao mundo como o amor a si próprio e ao próximo são agora compreendidos a partir desse "por amor de" (*propter*) Deus. Não se trata de fazer uma renúncia absoluta aos bens deste mundo, mas de uma renúncia relativa, uma "renúncia *por*", *pelo* amor do eterno. O amor de si mesmo transforma-se em esquecimento de si, não mais aquele alienado esquecimento de si da concupiscência, que se perdia na dispersão própria do mundo quando amado por si mesmo, mas de um esquecimento de si que é posse de si, pois é encontrar-se naquele que nos criou, que tem, portanto, a chave de nossa compreensão. O amor ao próximo também é exercido agora a partir de Deus, em Deus, visto da forma como o próprio Deus o vê, ou seja, como a criatura amada da forma como foi criada e não naquilo que ela própria se tornou ao longo de sua vida, seja positiva ou negativamente: "Sem odiar o homem por causa do vício, nem amar o vício por causa do homem; ele deve simplesmente odiar o vício e amar o homem"[102]; "em nenhum caso é a qualidade de pecador que é preciso amar no pecador"[103]; "daí resulta que devemos amar mesmo os nossos inimigos. Com efeito, não os tememos, visto que eles não nos podem retirar Aquele que amamos"[104]. Em todos os casos, no amor do mundo, de si mesmo e do próximo, orientados pelo amor a Deus, é a superação do medo da perda a maior conquista do homem. O homem torna-se realmente livre, pois a liberdade é sempre liberdade com relação ao medo da perda. "A caridade não conhece mais o medo, porque

---

101. ARENDT, op. cit., 44.
102. *De Civitate Dei* XIV,vi: "Uc nec propter vitium oderit hominem, nec amet vitium propter hominem; sed oderit vitium amet hominem".
103. *De Doctrina Christiana* I,28: "Omnis peccator in quantum peccator est, non est diligendus".
104. *De Doctrina Christiana* I,30: "Hinc efficitur ut inimicos etiam nostros diligamus: non enim eos timemus, quia nobis quod diligimus auferre non possunt".

não conhece mais a perda"[105], ou, como se diz na Primeira Carta de São João: "No amor não há temor" (1Jo 4,18).

Ora, isso se faz, sobretudo, pela presença da graça, mesmo que acolhida de forma não explicitada conscientemente, mas não sem uma ação da própria vontade, que necessariamente deve passar por um exercício de interioridade, de volta a si mesmo no próprio interior. Porque, de fato, no amor das criaturas que estavam fora de si, também a alma se esqueceu de si e se perdeu: "Afastou-se de si sem ficar em si mesma; sentiu-se impelida a sair de si, *saiu fora de si* mesma e *se precipitou sobre o exterior*"[106].

É necessário, portanto, que ela volte a si mesma para se reencontrar, e não de qualquer forma, mas em sua própria essência, como imagem e semelhança de Deus, que habita no mais íntimo de si como Mestre Interior; diz Agostinho: "Deixa as exterioridades, o teu vestido, e mesmo a tua carne, e desce ao teu interior, penetra no ponto mais íntimo do teu ser, penetra no teu espírito [...]. Foste feito à imagem de Deus, mas essa imagem está na tua alma, não no teu corpo. Procuremos Deus na sua semelhança, reconheçamos o Criador na sua imagem"[107]. Em seu próprio interior é que a alma poderá, utilizando sua memória e refazendo a sua história, dar-se conta de si mesma, através do seu entendimento, e reconhecendo a sua situação (*confessando*), pôr a sua vontade em um movimento que a leve a ações de amor, pois só assim ela se redime a si mesma: "Faça o homem o que pode, *confesse* o que é, para que possa ser *curado* por Aquele que sempre é o que é. Ele sempre era e é; nós não éramos e somos"[108]. A graça cura a liberdade da vontade através do amor, da ação espontaneamente orientada para o bem do próximo.

---

105. ARENDT, op. cit., 38. Para toda esta parte do reordenamento dos afetos através da caridade, ver a mesma obra nas páginas 36-44.
106. *Sermo* CXLII,3: "Recessit ab illo, et non remansit in se; ideo et a se pellitur, et a se excluditur, et in exteriora prolabitur".
107. *In Evangelium Ioannis Tractatus* XXIII,10: "Relinque foris et vestem tuam et carnem tuam, descende in te, adi secretarium tuum, mentem tuam, [...] quia utique non in corpore, sed in ipsa mente factus est homo ad imaginem Dei. In similitudine sua Deum quaeramus, in imagine sua Creatorem agnoscamus".
108. *In Epistolam Ioannis ad Parthos Tractatus* I,5: "Ideo quod potest homo faciat; ipse confiteatur quod est, ut ab illo curetur qui semper est quod est: ipse enim semper erat et est; nos non eramus et sumus".

3. Análise do conceito de "liberdade" no filme A liberdade é azul

Uma vez apresentadas essas três chaves de leitura, passemos então à leitura do tema da liberdade no filme *A liberdade é azul*. A nosso ver, existem no filme duas noções de liberdade em permanente tensão. Por um lado, está a liberdade que, em linguagem agostiniana, poderíamos chamar de *adâmica*: uma liberdade que se identifica com autonomia e independência, com a pretensão de ausência de qualquer empecilho que lhe possa servir de condicionamento ou até mesmo de determinismo. É uma liberdade que, para conseguir essa autonomia, pretende desvencilhar-se de todos os vínculos, desatando-se de tudo o que possa de alguma forma prendê-la, mesmo que fosse algo que pretendesse ser seu fundamento. E por isso mesmo, por não importar-lhe o fundamento que a sustenta, contenta-se somente com a sua atividade mais exterior, a sua capacidade de escolher entre uma coisa ou outra, e de certa forma "fazer o que quer". É a liberdade que se entende como reduzida ao exercício do livre-arbítrio. Essa visão de liberdade aparece como imagem no filme na própria cor que a simboliza, o azul, como indicativo do que é infinito, incontrolável, e, vinculado a ele, na imagem do homem que se lança no abismo praticando *bungee jumping*, ainda que essa imagem apenas sugira o contrário: é como se pretendesse poder lançar-se sem estar apegado e sustentado por nada. Por outro lado, está a liberdade entendida fundamentalmente em relação ao amor, como faculdade que move a alma na busca da fruição amorosa de um objeto que a possa satisfazer, ou seja, que não esteja exposto ao perigo da perda, o que só se pode dar no contexto do amor. É óbvio que isso não pode ser conseguido nas atuais condições espaço-temporais, e, por isso mesmo, os condicionamentos que lhe vêm das relações, do passado (memória), do futuro (projetos...), não são entendidos como empecilhos, porque compreendidos no contexto do amor ultrapassam a espacialidade e a temporalidade. Os empecilhos são o preço de sua falta de plenitude, mas são também a condição de possibilidade de sua existência. Do contrário, ela seria uma liberdade no vazio, que é onde acaba caindo a primeira noção de liberdade. Esse segundo modelo de liberdade é uma liberdade com vínculos.

Várias imagens ilustram essa visão de liberdade no filme, ainda que uma, a nosso ver, seja a mais significativa: Julie está tomando um café em um bar, e, enquanto o café empapa o bloquinho de açúcar, um claro-escuro passa sobre os objetos na mesa como que a indicar a ação do tempo. Ou seja, essa liberdade se entende, sobretudo, como envolvimento mútuo (como o café e o açúcar, em que as realidades se misturam em um processo de mútua transformação), que acontece no transcorrer do tempo (sendo, portanto, fundamental a memória de uma história e projetos que vinculem para o futuro).

Entre essas duas visões de liberdade, sendo como que o terreno onde elas podem existir, está a vontade em sua estrutura fundamental de duplicação entre querer e não querer (*velle e nolle*), cuja tensão conduz naturalmente a uma ação que visa pôr fim à divisão. Por isso, parece-me que o diálogo mais importante no filme, constituindo-se naquilo que impulsiona uma mudança de atitude da protagonista, antes dividida entre o primeiro e o segundo conceitos de liberdade, ora fugindo de todo vínculo, mas agora solicitada por alguém que a ama, é aquele que se estabelece entre Julie e Olivier a certa altura mais ou menos na metade do filme: ao saber que Olivier estava trabalhando nas partituras do concerto sobre a unificação da Europa, ela o interroga, ao mesmo tempo triste e nervosa: "Por que você fez isso?", ao que ele responde: "Para fazê-la chorar, para fazê-la correr. Foi a única forma de lhe fazer dizer: 'Quero ou não quero'". É a perfeita descrição do que Hannah Arendt entende por vontade dividida, aquela à qual Agostinho se refere nas *Confissões*. Esse é o divisor de águas do filme. Era necessário que Julie acionasse a sua vontade e se movesse; e a vontade é essencialmente movimento. Ao pretender estacionar o movimento, ela na verdade não instaurara um novo movimento, mas estabelecera a sua paralisia. Por isso, na verdade, o primeiro modelo de liberdade é um equívoco e, assim como o mal, que não tem substância, mas é apenas uma deficiência, uma danificação de algo que é essencialmente um bem – a natureza –, da mesma forma aquele primeiro modelo não é mais que uma negação da verdadeira liberdade. E, por ser assim um movimento inconsistente, é que no filme Julie se mantém a maior parte do tempo no vazio, como que morta em vida. É a partir dessa cena que Julie começa sua mudança, e da letargia e inércia de antes passa a um movimento de vida e de amor que a levará finalmente ao trabalho de terminar o concerto abandonado sem conclusão.

Temos, assim, portanto, os três pontos que a seguir ilustraremos com cenas do próprio filme: o "movimento" equivocado da liberdade, ou a liberdade paralisada; a liberdade bem orientada; e o processo que conduz de um ao outro. Antes, porém, de passarmos a esses três pontos, gostaríamos de ilustrar com a experiência de Agostinho o que serve de quadro que contextualiza a análise que o diretor do filme faz da liberdade: a experiência da perda.

3.1. A experiência da perda como contexto de análise da liberdade

Toda a reflexão proposta pelo filme sobre o tema da liberdade parte de uma experiência de perda: a morte inesperada e trágica do marido e da filha da protagonista, Julie. A filha, ainda criança, pouco antes do acidente é mostrada brincando com um papel azul, que envolvera o pirulito que ela chupa, dentro do carro. Após o acidente, o papel, que pela cor já simbolizava o tema da liberdade proposto pelo filme, voa pelos ares, enquanto uma bola de voleibol que estava no interior do carro rola descontrolada, saindo do carro após a colisão em uma árvore. Aparece já de alguma forma o imprevisível e fora de controle que paira sobre o tema da liberdade e que atravessará todo o filme. A criança morre, e a protagonista acorda no hospital com a notícia da morte do marido e da filha. Pelo pequeno televisor trazido por um amigo, ela acompanha a transmissão do enterro dos dois, enquanto o locutor comenta que o falecido era um grande músico, que estava em processo de composição de uma sinfonia em homenagem à unificação da Europa, um lindo projeto de futuro em que a própria protagonista estaria envolvida (uma jornalista que a visita no hospital pergunta se não era ela a autora das composições do marido). E assim está contextualizado o quadro em que será trabalhado o tema da liberdade no filme: a experiência da perda e tudo a que ela vai vinculado: a dor e a angústia da falta de aceitação do ocorrido, a inércia e o desejo de paralisar-se no passado, como se aquele acontecimento não tivesse ocorrido, a necessidade que o instinto de sobrevivência traz de procurar uma saída e fugir da paralisia no passado. É o mesmo quadro em que Agostinho trabalha o tema da liberdade da vontade: está em questão a faculdade que põe a alma em movimento em sua busca de adquirir um objeto que seja correspondente ao seu desejo, um objeto que não se deixe perder. Está em questão um processo de libertação da liberdade, que passa por uma reconciliação com o tempo, pelo exercício de recuperação da história pela memória e de recuperação do sentido pelo reacender no presente de projetos que suscitem esperança para o futuro.

Antes, porém, de passarmos propriamente à análise do tema da liberdade no filme, convém recordar que também Agostinho viveu uma forte experiência de perda: a morte de um grande amigo, que ele descreve de forma bela e dramática no livro IV das *Confissões*. Trata-se de um colega de infância que, embora tendo crescido juntos e participado juntos de jogos, somente tornaram-se amigos depois de se reencontrarem mais tarde, e não durou mais que um ano e meio a forte amizade para que a doença e a morte o arrebatassem de sua companhia. A dor e o sofrimento com que Agostinho descreve essa experiência de perda é comovente:

> Com tal dor, entenebreceu-se-me o coração (cf. Lm 5,17). Tudo o que via era morte. A pátria era para mim um exílio, e a casa paterna, um estranho tormento. Tudo o que com ele comunicava, sem ele convertia-se-me em enorme martírio. Os meus olhos indagavam-no por toda parte, e não me era restituído. Tudo me aborrecia, porque nada o continha e ninguém me avisava: 'Ali vem ele!', como quando voltava, ao encontrar-se ausente. Tinha-me transformado em um grande problema. Interrogava à minha alma porque andava triste e se perturbava tanto, e nada me sabia responder. Se lhe dizia: 'Espera em Deus' (Sl 41,6.12; 42,5), não obedecia. E com razão, pois o homem tão querido que perdera era mais verdadeiro e melhor que o fantasma em que lhe mandava ter esperança. Só o choro me era doce. Só ele sucedera ao meu amigo, nas delícias da alma (cf. Sl 138,11; Pr 29,17)[109].

---

109. *Confessionum* IV,iv,9: "Quo dolore contenebratum est cor meum (cf. Lm 5,17), et quidquid aspiciebam mors erat. Et erat mihi patria supplicium et paterna domus mira infelicitas, et quidquid cum illo communicaveram, sine illo in cruciatum immanem verterat. Expetebant eum undique oculi mei, et non dabatur; et oderam omnia, quod non haberent eum, nec mihi iam dicere poterant: 'Ecce veniet', sicut cum viveret, quando absens erat. Factus eram ipse mihi magna quaestio et interrogabam animam meam, quare tristis esset et quare conturbaret me valde, et nihil noverat respondere mihi. Et si dicebam:

É uma bela descrição do que se vive na experiência da perda e uma precisa expressão do que se mostra ao longo do filme como sentimento geral de Julie: a sensação de um vazio insubstituível, uma lembrança constante da pessoa perdida em tudo o que de alguma forma remete a ela, e a decepção aterrorizante da ausência irrevogável, uma tristeza mortal na alma que torna os olhos tristes e entenebrecidos, incapazes de ver beleza em coisa alguma. Na verdade é como se ele mesmo, que perdera o amigo, tivesse morrido um pouco; é o que o próprio Agostinho expressa: "Que bem se exprimiu um poeta, quando chamou ao seu amigo 'metade da sua alma'! Ora, eu, que senti que a minha alma e a sua formavam uma só em dois corpos, tinha horror à vida, porque não queria viver só com a metade"[110]. Experimenta uma vizinhança com a morte alheia, que faz com que ela mesma se torne uma vizinha próxima de si mesmo: "Dominava-me um pesadíssimo tédio de viver e um medo de morrer"[111]; é como se os papéis se invertessem e o morto verdadeiro fosse aquele que permaneceu em vida: "A morte dos vivos pela perda da vida dos mortos"[112]. Agostinho experimenta a sua alma desnorteada, perdida no espaço e no tempo, sem ter um lugar onde descansar e sem ter um tempo onde refugiar-se do presente angustiante:

> Trazia a alma despedaçada a escorrer sangue: repugnava-lhe ser por mim conduzida, e *eu não encontrava lugar onde a depusesse*. Não descansava nos bosques amenos, nem nos jogos e cânticos, nem em lugares suavemente perfumados, nem em banquetes faustosos, nem no prazer da alcova e do leito, nem finalmente nos livros e versos. Tudo me horrorizava, até a própria luz. Tudo o que não era o que ele era tinha por mau e fastidioso, exceto os gemidos e as lágrimas, pois só nestas encontrava repouso[113].

'Spera in Deum' (Sl 41,6.12; 42,5), iuste non obtemperabat, quia verior erat et melior homo, quem carissimum amiserat, quam phantasma, in quod sperare iubebatur. Solus fletus erat dulcis mihi et successerat amico meo in deliciis animi mei (cf. Sl 138,11; cf. Pr 29,17)".
    110. *Confessionum* IV,vi,11: "Bene quidam dixit de amico suo: dimidium animae suae. Nam ego sensi animam meam et animam illius unam fuisse animam in duobus corporibus, et ideo mihi horrori erat vita, quia nolebam dimidius vivere".
    111. *Confessionum* IV,vi,11: "Taedium vivendi erat in me gravissimum et moriendi metus".
    112. *Confessionum* IV,ix,14: "Ex amissa vita morientium mors viventium".
    113. *Confessionum* IV,vii,12: "Portabam enim concisam et cruentam animam meam impatientem portari a me, et ubi eam ponerem non inveniebam. Non in amoenis

Nenhuma alegria para a alma em luto, nem a boa comida, os belos lugares, nem mesmo o sexo, tal como experimenta a protagonista de nosso filme. E o pior de tudo: a sensação de nada a poder conter; é como se flutuasse no vazio sem ter onde repousar e se tivesse a impressão de ir caindo para um abismo sem fundo: "Se ali tentava colocá-la, para descansar, *deslizava pelo vácuo* e ruía sobre mim, continuando eu a ser um lugar de infelicidade, *onde não podia permanecer e de onde não podia afastar-me*"[114]. É a horrível sensação de estar em lugar nenhum e, no entanto, de necessitar sair dele. A alma procura saídas, e, ainda sem importar muito o lugar para onde fugir, a fuga para longe de tudo o que possa lembrar a pessoa amada e perdida apresenta-se como uma possibilidade. Agostinho também a vive: "Para onde o meu coração fugiria do meu coração? Para onde fugiria de mim mesmo? Para onde me não seguiria? (cf. Sl 138,7). Por isso fugi da pátria. Os meus olhos procurariam menos esse amigo lá onde o não costumasse ver. Da cidade de Tagaste vim para Cartago"[115]. E, no entanto, nada! [...] A alma continua o seu pranto. Só o tempo se apresenta como remédio, e vai trazendo novos encontros, novos projetos e novas esperanças: "O tempo vinha e passava, dia após dia (cf. Sl 60,9). Vindo e passando, inspirava-me novas esperanças e novas recordações. Pouco a pouco reconfortava-me nos antigos prazeres, a que ia cedendo a minha dor"[116]. E, sobretudo, a companhia de bons amigos e a experiência de sentir-se amado e querido vai aos poucos abrindo-lhe o coração e os

---

nemoribus, non in ludis atque cantibus nec in suave olentibus locis nec in conviviis apparatis neque in voluptate cubilis et lecti, non denique in libris atque carminibus adquiescebat. Horrebant omnia et ipsa lux et quidquid non erat quod ille erat, improbum et odiosum erat praeter gemitum et lacrimas; nam in eis solis aliquantula requies".

114. *Confessionum* IV,vii,12: "Si conabar eam ibi ponere, ut requiesceret, per inane labebatur et iterum ruebat super me, et ego mihi remanseram infelix locus, ubi nec esse possem nec inde recedere".

115. *Confessionum* IV,vii,12: "Quo enim cor meum fugeret a corde meo? Quo a me ipso fugerem? Quo non me sequerer? Et tamen fugi de pátria (cf. Sl 138,7). Minus enim eum quaerebant oculi mei, ubi videre non solebant, atque a Thagastensi oppido veni Carthaginem".

116. *Confessionum* IV,viii,13: "Ecce veniebant et praeteribant *de die in diem* (Sl 60,9) et veniendo et praetereundo inserebant mihi spes alias et alias memorias et paulatim resarciebant me pristinis generibus delectationum, quibus cedebat dolor meus ille".

olhos para ver a vida de uma nova forma e de encontrar nela beleza; os sinais de amizade que, "procedendo do coração dos que amam e dos que pagam amor com amor, manifestam-se no rosto, na língua, nos olhos e em mil gestos cheios de prazer, como se fossem acendalhas; inflamam-se os corações e de muitos destes se vem a formar um só"[117]. É o que também Julie experimenta no filme: o tempo a redime pelo movimento de trazer pessoas que manifestam singelos gestos de amor, como os da prostituta, mas principalmente os do amigo e amante Olivier.

Mas como homem introspectivo, por quem nada passa sem que se pergunte profundamente pelo seu sentido, Agostinho pergunta-se seriamente pela razão de haver vivido daquela forma aquela experiência de perda, com tanta dor e dilaceramento interior, e chega à conclusão de que foi porque seu amor era desordenado, tal como explicamos anteriormente; diz ele: "Mas por que me penetrava tão facilmente e até ao mais íntimo aquela dor, senão porque derramei na areia a minha alma, amando a um mortal como se ele não houvesse de morrer?"[118]. É uma bela imagem: o seu amor foi derramado onde o tempo leva, como as ondas do mar na praia levam a areia. Embora criatura racional e espiritual como ele mesmo, o seu amigo era criatura e caminhava para o nada da morte e não poderia ser amado de forma absoluta. Era o seu amor, portanto, que tinha sido equivocado, desordenado, não respeitando a ordem da criação, e por isso, como consequência natural, sofrera: "Desgraçada é toda alma presa pelo amor às coisas mortais. *Despedaça-se quando as perde* e então sente a miséria que a torna miserável, ainda antes de as perder"[119]. O correto teria sido amar o seu amigo não por ele mesmo somente, nem pelo sentimento e agrado que ele próprio, Agostinho, sentia

---

117. *Confessionum* IV,viii,13: "A corde amantium et redamantium procedentibus per os, per linguam, per oculos et mille motus gratissimos quasi fomitibus conflare animos et ex pluribus unum facere".
118. *Confessionum* IV,viii,13: "Nam unde me facillime et in intima dolor ille penetraverat, nisi quia fuderam in harenam animam meam diligendo moriturum ac si non moriturum?".
119. *Confessionum* IV,vi,11: "Miser est omnis animus vinctus amicitia rerum mortalium et dilaniatur, cum eas amittit, et tunc sentit miseriam, qua miser est et antequam amittat eas".

nessa amizade, mas referido realmente ao amor de Deus e por Deus. Só a presença do amor de Deus no amor que entre eles havia poderia fazer com que ele não sentisse de forma tão dilacerante a perda: "Só há amizade verdadeira quando sois vós quem enlaça os que vos estão unidos 'pela caridade difundida em nossos corações pelo Espírito Santo que nos foi dado' (Rm 5,5)"[120]. Somente quando o amor estiver referido à sua fonte, único lugar onde ele existe sem perigo de perda, é que ele próprio pode ser experimentado mais serenamente, pois então já não há perda, ainda que objetiva e faticamente ela ali esteja; a presença misteriosa do amor que vem da relação pessoal com Deus faz intuir outra forma de presença e a persistência da vida que não é tirada, mas transformada: "Só não perde nenhum amigo aquele a quem todos são queridos naquele que nunca perdemos. E quem é esse senão Deus, o Deus que criou o céu e a terra (cf. Gn 1,1) e os enche (cf. Jr 23,24) porque, enchendo-os, os criou? Ninguém vos perde, a não ser que Vos abandona"[121].

Além dessa experiência pessoal de perda, Agostinho descreve o conjunto da sua vida através da comparação com o texto do Filho Pródigo (cf. Lc 15,11-32)[122], leitura que nos parece paradigmática a respeito do que a seguir propomos como itinerário autêntico e inautêntico da liberdade da vontade. Agostinho reconhece, em primeiro lugar, que pretendeu autonomia e independência com relação ao pai; quis romper todos os vínculos com ele. O próprio fato de pedir de forma antecipada a herança indica como que uma espécie de desejo da morte do pai: "Insisti em apoderar-me da melhor parte da minha *herança* 'e não guardei em Vós a minha força' (Sl 58,10), mas '*afastei-me* de Vós para uma *região longínqua*' (Lc 15,13)"[123]. Agostinho, como o filho pródigo, rompe a adesão

---

120. *Confessionum* IV,iv,7: "Vera amicitia, quia non est vera, nisi cum eam tu agglutinas inter haerentes tibi caritate diffusa *in cordibus nostris per Spiritum Sanctum, qui datus est nobis* (Rm 5,5)".

121. *Confessionum* IV,ix,14: "Solus enim nullum carum amittit, cui omnes in illo cari sunt, qui non amittitur. Et quis est iste nisi Deus noster, *Deus, qui fecit caelum et terram* (Gn 1,1) et implet ea (Jr 23,24), quia implendo ea fecit ea? Te nemo amittit, nisi qui dimittit".

122. Cf. BLUMENKRANZ, B., La Parabole de l'Enfant Prodigue chez Saint Augustin e Saint Cesaire d'Arles, *Vigiliae Christianae* 2 (1948), 102-105.

123. *Confessionum* IV,xvi,30: "Tam bonam partem substantiae meae sategi habere in potestate et fortitudinem meam non ad te custodiebam (Sl 58,10), sed profectus sum abs te in longinquam regionem (Lc 15,13)".

com o pai e pretende ter uma liberdade entendida como absoluta autonomia, como independência, como "fazer o que bem entender", fazer o que quiser. E, rompido o vínculo, distancia-se do pai com os seus afetos, com o movimento de sua vontade, semelhante ao movimento lascivo da serpente seduzindo a Adão[124], acabando por experimentar "afeições tenebrosas": "Arrastado pelas *vaidades*, me *afastava* de Vós [...]; andava *longe* de vossa face, retido por *afeições tenebrosas*. Todavia, não nos *apartamos* ou *aproximamos* de Vós com os pés ou com as distâncias de lugares"[125].

E, longe de Deus, centrado unicamente em si mesmo, acaba por afeiçoar-se cada vez mais às coisas exteriores, abandonando paradoxalmente a si mesmo e misturando-se de forma simbiótica com aquelas coisas passageiras, tornando-se também ele volátil, vazio: "O amor-próprio começa por *abandonar* a Deus; mas, então, o amor de si se vê *lançado fora de si* para as coisas amáveis de fora [...]. Começaste por amar o exterior a ti e te *perdeste a ti* [...], te *esvaziaste*, te irradiaste, te empobreceste *apascentando os porcos*"[126]. E, no entanto, o sofrimento que agora experimenta "roçando as coisas sensíveis", que passam e facilmente se perdem, será o começo de sua própria cura. Agostinho o interpreta como a mão do próprio Deus, que, fazendo-lhe experimentar o desgosto dessas coisas passageiras, o interpelava a voltar à casa do pai, onde possuía bens muito melhores; diz ele: "*A vossa onipotência está perto de nós*, ainda quando erramos *longe* de Vós [...]. Vós, que 'nos dais a dor como preceito' (Sl 93,20), que 'nos feris para curar' (Dt 32,39) e nos tirais a vida para não

---
124. *De Trinitate* XII,xi,16: "Assim como a serpente não se arrasta com passos largos, mas com insensíveis movimentos de suas escamas, assim o *lascivo movimento de queda*, pouco a pouco, toma conta dos negligentes. Começando estes com o perverso desejo de assemelhar-se a Deus, chegam à semelhança com os animais" ["*Quomodo enim coluber non apertis passibus, sed squamarum minutissimis nisibus repit, sic lubricus deficiendi motus neglegentes minutatim occupat, et incipiens a perverso appetitu similitudinis Dei, pervenit ad similitudinem pecorum*"].
125. *Confessionum* I,xviii,28: "In vanitates ita ferebar et a te, Deus meus, ibam foras, [...] nam longe a vultu tuo in affectu tenebroso. Non enim pedibus aut spatiis locorum itur abs te aut reditur ad te".
126. *Sermo* XCVI,ii,2: "Incipit enim deserto Deo amare se, et ad ea diligenda quae sunt extra se, pellitur a se. [...] Coepisti diligere quod est extra te, perdidisti te; [...] exinanitur, effunditur, inops redditur, porcos pascit".

morrermos *longe de Vós*"[127]. E assim, interpelado pela própria dor, pela própria miséria, ele entra em si mesmo, ao recôndito mais profundo da consciência, e "cai em si", faz memória do quanto era bom o seu pai e de quantos bens valiosos havia em sua casa, e assim decide voltar: "Voltado a si [...], diz: 'me *levantarei* e irei ao meu Pai' [...]. Se, pois, havia saído de si, negue-se a si mesmo, voltando em si para voltar ao Pai, de quem também tinha saído. O que significa 'negue-se a si'? [...] Retire-se de si mesmo, mas não para o fundo – para o inferior – mas – para cima – para *aderir-se* a Deus. O bem que tens, atribua-o a quem o fez; o mal que tens, atribua-o a ti mesmo"[128]. A cura para o filho pródigo e, como ele, para Agostinho é a recuperação do vínculo e da adesão a Deus, fonte da vida e do ser, da beleza e da liberdade, em quem todas essas coisas podem ser hauridas em sua pureza. Por isso, ele reconhece com gratidão a esse Deus que o sustenta como sua raiz e fonte, mas também o interpela em sua livre vontade a retornar a ele podendo contar com o seu perdão: louvo e agradeço "*a Vós, que permaneceis eternamente*, a Vós, que chamais de novo, a Vós, que ofereceis o perdão à alma humana adúltera quando esta, como *pródiga*, se volta para Vós"[129]. De fato, a atitude do pai quando do retorno do filho será de gratuita misericórdia, motivada unicamente pela situação de miséria do filho maltrapilho. O pai se antecipa a correr ao encontro do filho, dando a indicar que sempre estava ali olhando o horizonte na expectativa da volta do filho: "O que significa sair-lhe ao encontro senão *antecipar-se por sua misericórdia*? E o que lhe moveu à *misericórdia*? O estar já o filho consumido de *miséria*"[130]. E, depois de

---

127. *Confessionum* II,ii,3-4: "Non enim longe est a nobis omnipotentia tua, etiam cum longe sumus a te. [...] Qui *fingis* dolorem *in praecepto* (Sl 93,20) et percutis, ut sanes (Dt 32,39), et occidis nos, ne moriamur abs te".
128. *Sermo* XCVI,ii,2: "*Et reversus ad semetipsum* (Lc 15,17) [...] dixit? *Surgam, et ibo ad patrem meum* (Lc 15,18). [...] Si ergo exierat a se, et a quo exierat; redeundo ad se, ut eat ad patrem, neget se. Quid est, neget se? [...] Subducat se sibi, sed non deorsum versus. Subducat se sibi, ut haereat Deo. Quidquid boni habet, illi tribuat a quo factus est: quidquid mali habet, ipse sibi fecit".
129. *Confessionum* V,xii,22: "Contemnendo te manentem et revocantem et ignoscentem redeunti ad te meretrici animae humanae".
130. *Sermo* CXXXVI,6: "Quid est occurrere, nisi misericordiam praerogare? Quare ille motus misericórdia? Quia iam iste confectus miseria".

acolhê-lo com ternura e afeto, o pai o reconduz ao lugar de filho, ao qual ele havia abdicado pedindo rompimento de vínculos pela solicitação da herança, mas agora o faz colocando-o em lugar bem sólido, apoiando-o sobre base bem segura, da qual ele não poderá cair ou separar-se tão facilmente; assume-o como filho no Filho, onde ele pode viver segundo o seu peso próprio e sem sentir em demasia o peso das coisas deste mundo, que, embora leves pelo passageiro e sem peso que são, se tornam exageradamente pesadas quando instaladas no interior do coração humano: "[O pai] correu ao seu encontro e colocou os braços no seu ombro, isto é, pôs os braços nos ombros do filho. O braço do pai é o Filho; deu-lhe, pois, levar sobre o Cristo, o qual não é carga, mas alívio. 'Meu jugo é suave e meu fardo é leve' (Mt 11,30). Está o filho de pé, seu pai apoiado nele; mas, *apoiando-se nele, não lhe deixava cair de novo*. Tão sem peso é a carga de Cristo que, longe de oprimir, alivia"[131].

3.2. A liberdade entendida como independência e autonomia

Na verdade, o diretor apresenta de forma genial, e profundamente de acordo com a visão agostiniana, como primeira visão da liberdade, aquela que, tendo a Adão por modelo, busca a independência e a autonomia, e o faz de forma mais negativa que positiva. Como a pouco dissemos, ela consiste mais em uma deficiência que em algo que tenha valor em si mesmo, é mais uma negação que a afirmação de algo, assim como foi o pecado que deu origem ao mal, o pecado original. Como vimos na leitura agostiniana da liberdade, tudo começa com o abandono da fonte, com a perda da adesão à fonte do ser e da vida, e também da liberdade. Essa busca de desprender-se de qualquer vínculo aparece ao longo de todo o filme, mas está simbolizado especialmente na cena do senhor já velho, que, mesmo nessa condição, mantém-se apegado a um ponto de

---

131. *Sermo* CXXXVI,6: "*Incubuit in illum occurrens*: id est, super collum eius posuit brachium suum. Brachium Patris, Filius est; dedit ut Christum portaret; quae sarcina non onerat, sed sublevat. *Iugum meus*, inquit, *leve est, et sarcina mea levis est* (Mt 11,30). Super erectum incumbebat; superincumbens rursus cadere non sinebat. Tan levis est sarcina Christi, ut non solum non premat, sed etiam allevet".

apoio quando se lança amarrado em uma corda em direção ao abismo. É uma condição que atravessa toda a vida, é essencial ao ser humano.

Uma vez rompido o vínculo de adesão à fonte, a consequência natural é a proximidade do nada, o sentimento do vazio, a busca de ocupar lugar nenhum. É o sentimento que descrevia Agostinho da alma que sente a dor da perda e não sabe para onde ir, porque nenhum lugar lhe preenche. De fato, Julie, recuperada fisicamente do acidente, tendo saído do hospital, toma as providências para desvencilhar-se de tudo o que de alguma forma lhe prende à vida. Quer ficar com o mínimo para sobreviver. Pede à funcionária para *esvaziar* o quarto azul, que era o da filha falecida. Destina, perante o advogado, todo o dinheiro da sua herança para a manutenção da mãe, o pagamento dos funcionários e, depois de questionada a respeito do quanto iria para a sua conta, diz: "Para a minha conta, nada". Decidida a mudar-se para um lugar onde não seja conhecida por ninguém, onde de alguma forma possa se avizinhar a este nada, manda retirar todos os móveis da casa, não fica nada a não ser o colchão. Diz a Olivier: "Levaram tudo, só ficou o colchão". É importante notar que nesse colchão ela havia pouco fizera sexo com o próprio Olivier, que claramente manifestara amá-la fazia muito tempo, e tem de ouvir depois da noite juntos: "Você não vai sentir a minha falta; sou como qualquer mulher". Ou seja, é como se dissesse: "Sou como todas, nada tenho de especial, somos todos um montão de gente igual, no fundo somos um nada". Parece haver uma crítica velada ao sexo pelo sexo, vivido fora de um contexto de amor e de relação, porque, se da parte de Olivier havia neste momento amor, da parte de Julie, não; na verdade, o sexo nesse momento para ela é apenas uma oportunidade de dizer a Olivier que ela é "qualquer uma".

E, assim, ela parte em busca de um lugar "no nada, no vazio". Quando vai alugar um apartamento, encontra um imóvel ainda não acabado, acentuando ainda mais essa ideia de falta de consistência e firmeza, que ficará ainda muito mais clara no diálogo com o corretor do imóvel: "Em que você trabalha? – Em nada! O que você faz? – Não faço nada". O nada para Julie é a fuga de tudo. De fato, em diálogo com Olivier, que, depois de tanto procurá-la, a reencontra e lhe pergunta: "Você fugiu? Você fugiu de mim?", e ela então assume que foge e que busca o nada, o não ser reconhecida por ninguém: "Ninguém sabe onde eu vivo". No fundo, o que ela busca é a fuga para um lugar que nada pode conter, a fuga do próprio coração; como em um texto que citamos de Agostinho, quando fala da perda de seu amigo, é o que está buscando também Julie. Agostinho descreve a liberdade que ali se busca como a liberdade de um fugitivo: "De cabeça altiva, desgarrando-me para longe de Vós, preferindo os meus caminhos aos vossos, amando *a liberdade de escravo fugitivo*"[132]. É a liberdade de alguém que de alguma forma se sente perseguido sempre e por alguém tão próximo, do qual, por isso mesmo, é impossível desvencilhar-se de si mesmo, do próprio coração.

Do ponto de vista da análise que propomos, o nada é a mais forte expressão da negação da liberdade da vontade, pois significa a pretensão de pôr fim a todo movimento de ação, permanecendo em um estado de paralisia da vontade que nem vai nem retrocede, mas permanece na divisão entre querer e não querer. Significa a proposição de que não se vença essa divisão da vontade pela ação, mas que se permaneça em um estado que na vontade é apenas passageiro, de transição, a própria divisão. Permanecer na vontade dividida é estacionar o movimento da vontade, como se isso mesmo não fosse uma opção, a pior delas, a opção pelo meio-termo, que no fim das contas significa não ter nada, nem uma coisa nem outra.

Vinculado ao tema do nada, é o tema da morte que está em questão. A morte é a mais forte proximidade do nada. Nada que aparece em primeiro lugar no filme na falta das pessoas que Julie mais amava e que nada pode substituir. Ela mesma tenta o suicídio bem no início do filme, ainda convalescente no hospital, mas é incapaz de fazê-lo, o que já indica que algo ainda a vinculava à vida, como ficará claro ao longo do filme. O tema do suicídio reaparece quando, depois do encontro com o rapaz que vira o acidente e que agora devolve a Julie um objeto pessoal que ficara no carro, um *crucifixo*, ela mais uma vez vai à piscina, cujo azul enche a tela, e nela mergulha como se não quisesse mais voltar à superfície. E o assunto da morte volta em outros momentos: conversando com sua mãe,

---

132. *Confessionum* III,iii,5: "Sum praefidenti collo ad longe recedendum a te, amans vias meas et non tuas, amans fugitivam libertatem".

que vive em uma casa de repouso para idosos, esta lhe pergunta pelo marido e pela filha, ao que ela responde: "Eles morreram". E, pouco adiante, comenta: "Não quero bens, nem amigos, nem recordações, nem amor [...]; tudo isso é uma armadilha!". Não há como não recordar as palavras de Agostinho sobre a fugacidade dos bens que passam e a armadilha que eles significam para quem neles coloca o coração como se fossem eternos. A questão da morte ainda aparece referida à própria protagonista, quando a mãe, que está com Alzheimer, comenta: "Me disseram que você tinha morrido". É, de fato, o que Julie está vivendo: a morte. Embora não cometa o suicídio de fato, ela tenta cometê-lo existencialmente, procurando um lugar que fosse como o nada, lugar que efetivamente só pode ser encontrado na morte.

A reflexão sobre o nada em Agostinho é ampla, rica e profunda[133]. Para ele, o nada deve ser entendido em dois sentidos inter-relacionados: por um lado, o nada é visto, em enfoque cosmológico, como o oposto ao ser, como aquilo que não é nada, de onde Deus formou as criaturas; não que isso seja alguma coisa, mas apenas que Deus nada usou para fazer o mundo. Essa origem do mundo faz com que ele seja fugaz, de maneira que tudo o que há nele é passageiro, caminha para um fim, para o nada. Daí vem o segundo sentido, que, derivando desse primeiro, significa a situação existencial de quem se apoia nas coisas que passam como se elas não passassem. Estes experimentam um vazio existencial, uma falta de firmeza e solidez que as faz sentir a si mesmas como "almas pendidas entre o céu e a terra" ou como a fumaça que se esvanece no ar quanto mais sobe: "Por que são comparados à fumaça? Porque a fumaça sobe e se eleva de qualquer maneira rumo ao céu; quanto mais ela se eleva, mais ela se evanesce e se dissipa facilmente"[134]. É o resultado da falta de peso, consequência do abandono da fonte do ser e da vida, da beleza e da liberdade, e da não ocupação do lugar próprio na ordem criada.

---

133. Cf. ZUM BRUNN, E., Le dilemme de l'être et du néant chez S. Augustin. Des premiers dialogues aux *Confessions*, *Recherches Augustiniennes* 6 (1969), 9-102; ID., "Être" ou "ne pas être" d'aprés Saint Augustin, *Revue des Études Augustiniennes* 14 (1968), 91-98.
134. *Sermo* XXII,8: "Quare fumo comparati sunt? Quia fumus erigit se, extollit se tamquam in caelum. Sed quanto fit superior, tanto facilius vanescit et disperit".

Finalmente, o tema do medo da morte, ou do medo da perda, aparece de forma meio velada no diálogo entre Julie e a mãe, quando, depois de sofrer internamente com uma ratazana e seus filhotes que encontrou na despensa de seu apartamento, e que na verdade é um espelho para a sua própria situação de perda da filha, ela pergunta à mãe se quando criança ela tinha medo de ratos, ao que a mãe responde que sim, e Julie afirma: "Eu tenho medo". Ela mesma não tem coragem de matar os ratos, certamente porque neles vê a sua própria situação, e por isso pede emprestado um gato ao vizinho, e à amiga prostituta pede que limpe o local, jogando fora os ratos. É a morte próxima de si, do marido e da filha, que morreram de fato, e a sua própria morte existencial, que lhe custa enfrentar.

A busca do vazio e do nada para Julie, além de espacial, tinha de se concretizar também temporalmente. Isso ela vai tentar fazer pelo apagar de todas as lembranças e pela negação de investimento em qualquer projeto futuro. Por um lado, ela tenta apagar todo o passado, tentando ficar como que sem memória. Quando procura o apartamento para alugar, a única condição que apresenta é de que não haja crianças por perto. E certamente não seria pelo barulho ou pela algazarra, mas porque elas lhe lembrariam a filha, que perdeu sendo ainda criança. Ao ser interrogada pelo corretor de imóvel a respeito de seu próprio nome, depois de fornecer o nome de casada, volta atrás e apresenta o seu nome de solteira: "Julie Vignon". É como se quisesse apagar o seu passado de esposa e de mãe, que a vinculava respectivamente ao marido e à filha, recém-falecidos. Depois, vivendo já no apartamento e sendo solicitada a assinar um abaixo-assinado para expulsar do condomínio uma prostituta que traz para o lugar seus amantes, Julie se recusa a assinar, e, referindo-se ao passado da mulher, responde: "Não importa". De fato, pretende que o passado nada importe mais a ela; na verdade pretende que nada importe; essa é, de fato, a resposta que ela dá ao jovem que viu o acidente e que lhe traz algo que encontrou no carro e que imagina ser muito importante: "Nada é importante".

E a mesma prostituta, que a visita para agradecer-lhe por não ter sido expulsa do condomínio graças à sua ajuda não assinando o documento, traz-lhe, sobretudo, o tema da memória. Primeiro, olhando o lindo lustre azul que antes ficava no quarto da filha de Julie, única recordação que ela

191

trouxera da antiga moradia, a prostituta diz: "Na minha infância, em minha casa tinha um lustre semelhante [...]; eu o tinha esquecido". Depois, expressando ainda mais fortemente o tema da memória, vai à janela, e, olhando o lugar onde ficava o mendigo que sempre tocava exatamente a música que Julie e o marido estavam compondo em homenagem à unificação europeia, diz: "Pobre homem, foi-se embora e esqueceu a sua flauta", que depois saberemos ser o objeto mais importante daquele mendigo, o único ao qual ele se agarrava. É a própria Julie que está ali refletida: também ela partiu, foi-se embora na tentativa de deixar o mais precioso: a sua própria história e as suas relações.

Mas, mais que todas as imagens ou palavras, é a personagem mesma da mãe com Alzheimer o que melhor traz à trama o tema da memória. Internada em uma casa de tratamento, ela não se lembra bem das coisas passadas, confunde sempre o nome de Julie e a chama de "Marie-France", o nome da irmã mais nova. Sobre o "Marie", depois comentaremos; sobre o "France", cabe conjecturar se não se quer propor uma reflexão sobre a identidade e a memória da própria França como civilização, país homenageado no filme nos seus três valores expressos na Revolução Francesa: liberdade, igualdade e fraternidade.

Mas não só Julie tenta desvencilhar-se do passado; também busca desfazer-se de todo vínculo com algum projeto de futuro que desse sentido ao seu agir. A expressão mais clara dessa pretensão é o jogar fora, em um caminhão de lixo, as partituras que junto com seu marido compunha em homenagem à unificação da Europa. Por sorte, a funcionária da biblioteca havia feito uma cópia, que servirá a Olivier para propor posteriormente a Julie a retomada da obra. Julie não quer nenhum vínculo com o futuro, nada a motiva, a nada mais ela ama.

Também aqui, portanto, no âmbito da temporalidade, o que Julie acaba por fazer é propor de tal forma uma falta de vínculos no passado e no futuro que o que resulta é a negação da liberdade da vontade. Como vimos, em Agostinho, seguindo a Hannah Arendt, as formas principais de superação daquele estado de inércia da vontade em sua duplicação de querer e não querer é o seu entendimento em relação às faculdades da alma – memória e inteligência – e às categorias de temporalidade – passado, presente e futuro. Só com o exercício da memória, pela recuperação das lembranças passadas, e com a atenção da inteligência (e, especialmente da vontade) posta em projetos futuros, que pela ação podem tornar-se presente, é que a vontade vence a sua natural e estrutural divisão.

3.3. A liberdade entendida a partir de sua orientação ordenada para o amor

O segundo modelo de liberdade que aparece no filme, ao que me parece, é aquele que na concepção agostiniana existia na condição humana originalmente, e que, embora destruído na humanidade decaída, pode ser restaurado ainda agora pela ação da graça que liberta a liberdade decaída, mas que só será plena na eternidade: é a concepção da liberdade orientada para o amor, ou melhor, orientada pelo amor de forma ordenada, segundo a ordem impressa na própria criação.

Assim, em primeiro lugar, a busca de desvinculação de tudo e a busca de um lugar que fosse uma espécie de nada por parte da protagonista, um lugar onde ninguém a conhecesse e para onde ela mesma nada levasse da vida anterior, nem memória, nem expectativa, revela-se um projeto inexequível. E isso provavelmente porque tal projeto é contrário à natureza humana, criada por um Deus, que é essencialmente comunhão e que colocou a marca de seu ser impressa em toda a criação. Essa incapacidade de romper todos os vínculos aparece em vários detalhes ao longo do filme. Embora desejasse não levar nada de sua antiga moradia para o novo apartamento, ela acaba levando um objeto, o lustre azul, que a vincula por um lado à sua filha, já que o objeto ficava no quarto dela, e ao tema da sua própria liberdade, pela cor do objeto que alude ao tema do filme. O tema da solidão e do abandono, buscada de maneira insatisfatória, aparece no já referido diálogo com a prostituta, em sua visita de gratidão a Julie; a prostituta diz: "Você vive só? Eu não consigo passar uma noite sozinha [...]. Aconteceu alguma coisa [...], você não é o tipo de mulher que um homem abandone!". E, de fato, não é Julie que está sendo abandonada, tanto que Olivier a procura até conseguir novamente encontrá-la. O amor o vinculava a ela e, mesmo que ela não quisesse, se viu encontrada por quem a amava. E, da mesma forma, a respeito do mendigo, do qual a prostituta havia comentado ter ido embora, esquecendo-se de sua flauta, Julie o encontra no dia seguinte, de volta, deitado apoiando a cabeça na caixa onde guarda a sua própria flauta, e, ao interrogá-lo sobre o seu sumiço, ouve dele: "Devemos sempre ter algo a que nos agarrar", como que a dizer que a vida dele se apoiava na música, que era também um dos apoios da vida anterior de Julie. É o mesmo que se expressa em uma delicada imagem no momento em que Julie toma café no bar: ela coloca a colherzinha na boca de uma garrafa, que fica ali pendente, mas que não cai porque sustentada pela boca da garrafa.

Há também outra cena em que de maneira bem velada e indireta aparece uma alusão à inviabilidade de um caminho de absoluta negação de tudo: Julie acorda à noite com o barulho de uma briga que acontece na rua, às portas do prédio onde ela mora. Um homem entra correndo pelas escadarias do prédio em busca de refúgio. Ela escuta as suas rápidas pegadas até que se faz silêncio. Então ela sai para ver o que se passa e, enquanto isso, a porta de seu apartamento é fechada pelo vento. Ela se desespera inicialmente, mas depois se vê obrigada a passar a noite ali fora à espera de alguém que lhe traga uma chave no dia seguinte. Depois saberemos por ela mesma que um vizinho a auxiliou naquela noite emprestando-lhe um cobertor. A porta do lugar por ela pretendido como o lugar da fuga, do nada, da inexistência de vínculos, ao se fechar, parece indicar que esse é um lugar inexistente, ou impossível de ser alcançado, precisamente por ser contrário à natureza humana. Poder-se-ia falar talvez de inferno, aquilo que é absolutamente contrário à natureza criada por Deus. E, obrigada a estar fora desse lugar, o que ela encontra em seu abandono é um simples, mas belo, gesto de solidariedade e amor: alguém que se preocupa com ela e de alguma forma a cuida.

Mas a cena onde talvez apareça de forma mais clara a necessidade inevitável de vínculos é a da conversa com a mãe na casa de acolhida; a mãe diz a Julie: "Disseram-me que você tinha morrido, mas vejo que você está bem, está jovem". Ou seja, embora pretendesse morrer, e internamente estivesse mesmo morrendo, a vida, no entanto, resistia e se manifestava forte em seu próprio corpo. Julie, comentando então com a mãe a respeito da morte do marido e da filha, diz: "Antes eu era feliz: eu os amava e eles me amavam!". Aqui aparece claramente a concepção agostiniana da vontade realizada em seu objetivo, transformando-se em amor, embora o amor de Julie necessitasse ainda ser ordenado, não absolutizando o que não pode ser absolutizado, porque efêmero. O certo é que, como em Agostinho, a vida feliz só pode ser alcançada plenamente no amor. A conversa continua, e a mãe pergunta a Julie: "Você tem dinheiro?", e acrescenta: "Não se pode renunciar a tudo". É necessário ter algo a que se agarrar. Não é por acaso, portanto, que enquanto elas conversam a imagem não cansa de mostrar no televisor colocado à frente da mãe idosa a cena a que nos referimos mais de uma vez do idoso que se lança ao abismo, mas muito bem agarrado em uma corda. Olhando a TV, a mãe enferma de Alzheimer diz à filha: "Não me falta nada [...], tenho a TV, vejo o mundo inteiro. Você vê?". Julie responde: "Não". Ou seja, ainda com o Alzheimer que lhe apaga as lembranças, criando uma espécie de espaço vazio, a mãe estava como que vinculada ao mundo inteiro pelo televisor, assim como o homem pela corda que o prende ao ponto de lançamento. E Julie, no entanto, ainda que jovem e com saúde, não quer se apegar a nada. E o tema da morte, que mais um vez aparece no diálogo, não é afinal a solução assumida por Julie. De fato, ainda que se tenha falado que ela tinha morrido e que na verdade ela tenha experimentado a morte existencialmente, uma força ainda permaneceu nela e consiste precisamente nos vínculos que ela tinha e que resistiram a toda tentação suicida. É a palavra clara de Julie dita à enfermeira que a vê tirar da boca uma quantidade enorme de comprimidos que ela é incapaz de ingerir: "Eu não sou capaz". É como se dissesse: "Algo me prende ainda à vida".

E o filme faz questão de mostrar Julie realmente como uma pessoa muito afetuosa, de maneira alguma fria e indiferente no trato com os outros. Assim, mesmo optando conscientemente pela busca do vazio e pela fuga de todas as relações do passado, inadvertidamente, sem que ela mesma perceba, novos vínculos vão se estabelecendo. Nesse sentido, é especialmente significativa a relação com a prostituta. Além daquelas duas cenas que já comentamos – a da visita de gratidão por não ter sido despejada do condomínio pela ajuda de Julie e a da contribuição para tirar os restos dos ratos mortos –, há a bela cena em que no meio da noite a prostituição telefona a Julie pedindo-lhe socorro. São duas horas da manhã, e ainda assim Julie vai ao seu encontro. Encontra-a em uma casa noturna chorando e explica-lhe o motivo: o pai, vindo de trem de uma cidade vizinha, passara boa parte da noite na boate. Ainda que triste, no entanto, o relato da prostituta é cheio de afeto e compaixão; ela comenta do pai: "Ele tinha um ar de cansado e não parava de olhar para a bunda das mulheres no palco [...]. Depois foi embora e pegou o último trem". O espectador é levado mais a sentir compaixão tanto da prostituta quanto de seu pai, ambos inseridos em contextos de carência e sofrimento, do que a esboçar qualquer julgamento moral. A expressão de gratidão da prostituta para com Julie é acentuada, não porque Julie tivesse feito alguma coisa por ela de muito importante, mas unicamente porque estava ali presente, porque se importou com ela; mais de uma vez ela repete: "Você veio!". É como se dissesse: "Não estou só e abandonada, tenho alguém por mim, alguém se importa comigo, eu sou importante para alguém, não sou nada, não sou insignificante". Assim, inadvertidamente, Julie vai estabelecendo novos vínculos, selados sempre pelo amor gratuito.

Mas o que mais se apresenta como prendendo Julie à vida, o que mais resiste à sua busca de inanidade, é na verdade a memória. Prova-o, como já mencionamos, o lustre azul que ela leva para a nova habitação como recordação da filha. Sobre esse lustre, a prostituta, em sua visita a Julie, lhe pergunta: "É uma recordação?", ao que ela responde: "Eu o encontrei", como que tentando desfazer-se do papel de recordação do objeto, mas isto era inevitável. Vez por outra o lustre volta à tela. Outro objeto azul é encontrado por ela em sua bolsa e remete diretamente à memória da filha: um pirulito enrolado em um papel azul, igual ao que a filha chupava momentos antes do acidente. Julie o devora vorazmente, como que em uma tentativa desesperada de acabar com todas as memórias. Mas será em vão. Da mesma forma, quando visita a mãe no sanatório, cuja memória se perdeu quase totalmente, encontra-se por todos os lados na parede com fotos que registram em parte a sua própria história. Ou seja, em um espaço onde as lembranças parecem nada significar (no quarto de alguém com Alzheimer), elas persistem ainda, como que a indicar que de alguma forma se fazem presentes e delas não se pode desvencilhar tão facilmente.

Outras muitas imagens remeterão continuamente Julie à sua própria história. Talvez a mais importante seja a da ratazana com seus filhotes, à qual já nos referimos. A imagem é longa e amplamente trabalhada. De fato, ela servirá a Julie como oportunidade para a sua tomada de consciência, já que ela se verá refletida como que em um espelho nessa imagem. À noite, enquanto tenta pegar no sono, impossibilitado pelo incômodo com a presença dos ratos em casa, escuta o chiar dos ratinhos recém-nascidos como uma espécie de martelo na própria memória. E, no entanto, não é capaz de matar os ratos, como já dissemos; por mais que quisesse, ela mesma não era capaz de desvencilhar-se de seu passado e de extingui-lo. É em torno dessas cenas que envolvem os ratos que se forma a autoconsciência de Julie, de maneira que, quando ela se encontra com Olivier e tem aquele diálogo sobre a vontade dividida, ao qual já nos referimos como cena central para a nossa leitura, a sua percepção de si mesma já está lúcida o suficiente para que aquele diálogo pudesse provocar o início de sua mudança de comportamento: de uma vontade dividida, ou melhor, de uma vontade em estado de não funcionamento, de inércia e languidez, a uma vontade decidida e que expressa essa decisão na ação. De fato, a sua vontade estava mais em estado de inércia que de divisão; é por isso que Olivier a chacoalha para que pudesse chegar a dizer "quero-não quero" e, uma vez estabelecida a tensão da divisão, passasse inevitavelmente à ação.

Uma imagem, porém, ou melhor, mais que uma imagem uma música, a fará voltar constantemente ao seu passado e estabelecer um vínculo com o seu futuro, e dele com o seu presente: vez por outra ela se depara com o toque da música que ela compunha com seu marido, o concerto em homenagem à unificação da Europa. Ela é tocada na flauta em mais de uma ocasião pelo mendigo, em situações de proximidade com a protagonista, sobretudo quando ela toma café em um bar. A cena, além de parecer enunciar o tema das misteriosas coincidências que vinculam como em uma rede diferentes seres humanos, tem o papel fundamental de restabelecer aos poucos o vínculo de Julie com o futuro, especialmente com o projeto de conclusão do concerto inacabado. Ela se resiste fortemente a assumi-lo. No princípio destrói as partituras que tem em suas mãos, depois desiste também da proposta feita por Olivier de juntos terminarem a obra; mas, depois de ver pela televisão que Olivier trabalha no acabamento da obra, o procura em busca de uma explicação e, interpelada por ele à ativação de sua vontade, acaba retomando a obra, animada então por um projeto de futuro. Só quando, portanto, a memória se recompõe reconciliando-se com o passado e a expectativa se acende em relação ao futuro é que a vontade pode se libertar da divisão que se instaura naturalmente em seu centro por meio da ação.

3.4. O processo de libertação da liberdade da vontade

Como vimos, seguindo Hannah Arendt e Sciuto, a passagem da liberdade adâmica à liberdade redimida pelo amor não se faz de modo instantâneo nem voluntarista. Acontece realmente como um processo no tempo, que supõe, por um lado, passos dados pelo homem no uso de sua livre vontade e, por outro, a ação da graça – mesmo que não manifestada nem percebida explicitamente –, que liberta a liberdade para agir espontaneamente na prática do amor: é necessário "*curar o próprio ferimento*, o que *se faz lentamente*, com o progresso realizado na renovação da imagem interior"[135]. De fato, no caso de Julie, é o seu interior – suas visões, suas atitudes, seus afetos – que necessita ser modificado, e isso não se faz de uma hora para outra; é necessário contar com a ajuda do tempo, que tudo relativiza e amadurece, devolvendo cada coisa a seu lugar. E, junto com ele, ou melhor, nele, é bom que se frise, a ação da vontade e da graça.

Um primeiro passo neste processo parece ser o do reconhecimento da própria fraqueza não só da vontade, que já não pode fazer o que quer, mas de toda a condição humana. É necessário reconhecer que para Agostinho a condição humana após a queda é, sem nenhum atenuante, uma condição de "miséria". Numerosos textos corroboram essa visão; citemos apenas este longo, mas claríssimo, texto, tirado da controvérsia com os pelagianos, na discussão sobre a condição de pecado das crianças e da sua consequente necessidade de batismo:

---

135. *De Trinitate* XIV,xvii,23: "Sanare languorem, quod fit paulatim proficiendo in renovatione huius imaginis".

Não condeno a natureza das crianças como culpável de um ato voluntário, pois ninguém nasce porque quer; nem acuso a condição de seu nascimento porque nascem, mas porque nascem na *miséria*; se *ninguém tivesse pecado, a natureza humana teria nascido no paraíso*, fecunda com a bênção de Deus, até que o número dos santos, por Deus conhecido, estivesse completo. Neste paraíso não chorariam as crianças, nem estariam um tempo privadas da razão, nem estariam carentes de algum de seus membros, nem enfermos ou sem movimento, sujeitas a dores, despedaçadas pelos animais ferozes, sujeitas a envenenamentos ou a feridas em acidentes, desprovidas de algum sentido ou de alguma parte do corpo; não seriam um brinquedo do diabo, nem seriam domadas pelo chicote quando saem da infância, ou instruídas à força pelos trabalhos; nenhuma nasceria demente, com o espírito obtuso, nem se tornariam melhores com os sofrimentos ou trabalhos; e, com exceção da pequenez de seus corpos, proporcional ao seio materno, *nasceriam no mesmo estado de Adão*. Não seriam como hoje as vemos; nem sofreriam males semelhantes *se a natureza humana não tivesse sido alterada* e condenada por causa de um grande pecado[136].

Uma boa expressão dessa condição humana na existência atual no filme pode ser considerada uma imagem que não por acaso aparece nos três filmes da trilogia de Kieślowski: uma velhinha caminha com muita dificuldade em direção a um depósito de lixo e, com mais dificuldade ainda, tenta colocar no depósito uma garrafa velha. Toda a dificuldade que experimenta, aliada à fraqueza geral em que é apresentada sua condição, é uma expressão adequada para a condição humana na queda, ao mesmo tempo fraca, sem firmeza e enferma (os três sentidos que

---

136. *Contra Julianum opus imperfectum* III,198: "Nec sua voluntate arguo naturam parvulorum, nemo enim, quia vult, nascitur, nec conditione nascendi, nisi quia miseri nascuntur, non quia nascuntur. Nasceretur enim etiam in paradiso natura humana ex Dei benedictione fecunda, etiamsi nemo peccasset, donec Deo praecognitus sanctorum numerus compleretur. Sed illi parvuli nec flerent in paradiso nec muti essent nec aliquando uti ratione non possent nec sine usu membrorum infirmi et inertes iacerent nec morbis affligerentur nec a bestiis laederentur nec venenis necarentur nec aliquo casu vulnerarentur, vel ullo sensu aut ulla parte corporis privarentur nec a daemonibus vexarentur nec surgentes in pueritiam domarentur verberibus aut erudirentur laboribus nec ulli eorum tam vano et obtunso nascerentur ingenio, ut nec labore nec dolore ullo emendarentur, sed excepta propter incapaces uteros matrum sui corporis quantitate, tales omnino, qualis Adam factus est, gignerentur. Nunc autem nec tales essent, quales videmus, nec talia paterentur nisi peccato illo magno natura humana in has miserias mutata atque damnata".

Agostinho dá à palavra latina *infirmitas*). Esse parece ser também o pensamento do próprio diretor do filme, que, em uma entrevista para um documentário feito em homenagem a ele mesmo, se define como alguém que é "mais ou menos", assim como é a vida de todos os humanos, bem diferente do pretendido sucesso em tudo, como é comum nos filmes americanos[137].

Dentro desse contexto de realismo com relação à condição humana, parece totalmente incompatível com a visão agostiniana a proposta estoica de controle racional dos afetos, do não se deixar afetar pelas impressões causadas na alma por tudo o que acontece exteriormente a ela, ou mesmo a atitude resignada de identificação do próprio querer com o que, de fato, acontece (o querer do possível). Na concepção agostiniana, parece muito mais normal chorar as perdas, digeri-las pouco a pouco. No filme, Julie parece ir passando pouco a pouco da atitude estoica à agostiniana. Talvez não seja correto chamar de estoica a sua primeira postura diante da perda; na verdade, ela não chora motivada por um controle racional, e sim por uma espécie de inércia, de uma paralisação da vontade, a faculdade do movimento da alma. O fato é que no início do filme, quando a protagonista vê a empregada chorando na cozinha e lhe pergunta por que chora, ela responde: "Eu choro porque você não chora". De fato, Julie resiste a chorar expressamente mais no início do filme. Chega inclusive a machucar a mão arranhando-a em um muro, como que em busca de outra forma de expressar a dor, a insatisfação e a incompreensão que não através do choro. Só chegará realmente a chorar depois que se vê identificada com a situação dos ratos, aos quais ordena matar. Então vai à piscina e chora expressamente. A prostituta vai ao seu encontro e diz claramente: "Você está chorando!". E Olivier, quando procura desinstalá-la com aquela palavra que desperta a ativação da sua vontade, diz: "Eu queria fazê-la chorar".

Mas não bastava chorar; era necessário que a esse choro se desse um sentido, e isso só será possível pela reativação do amor, o que só se fará

---

[137]. Essa comparação é feita pelo próprio Kieślowski no documentário que não por acaso leva o seguinte título: "I'm so-so" (*Eu sou mais ou menos*), disponível em: https://www.youtube.com/watch?v=5iR8hvDQWCk, acesso em: 07 fev. 2025.

pelo uso da memória e da vontade, em uma volta ao passado e ao futuro. Mas, para isso, se fazem necessárias duas atitudes fundamentais: o entrar em si mesma (a interioridade) e a atenção aguçada (exercida em conjunção pela inteligência e pela vontade). De fato, Julie, ainda que em estado de letargia e inércia, tem a atenção sempre bem-posta em tudo o que acontece, até nos mínimos detalhes: nas palavras, nas imagens, nos sons. As imagens das quais lança mão o diretor para passar sua visão parecem não passar despercebidas pela protagonista do filme: ela presta atenção no café, no açúcar, na garrafa, no lustre, nos ratos, no corrente passar da luz do sol. A tela, em um determinado momento preenchida pela imagem de um olho, no fim do filme, parece indicar a necessidade constante da atenção aos sinais presentes no interior da existência temporal.

E essa atenção, que é papel próprio da vontade, se aprofunda por um constante processo de interiorização, de onde vai emergir pouco a pouco a sua autoconsciência mais lúcida. O diretor utiliza-se de dois expedientes usados com exaustão no filme para reforçar essa ideia de entrada no próprio mundo interior: o escurecer da tela por alguns segundos, sempre acompanhado do som da música do concerto que estava sendo composto por Julie e pelo marido, e o entrar constantemente na piscina, que, além do mais, pela cor azul, remete ainda à liberdade que pode emergir desse mergulho profundo em si mesmo. O tema da entrada na própria interioridade como um adentrar-se em lugar escuro e de trevas e onde se é iluminado pela luz do Mestre Interior é um tema caro a Agostinho. E também o tema dos olhos interiores, como cegos na atual situação de queda, e, portanto, necessitados de cura pela iluminação do Verbo, é para ele algo importante: "Embora a sua visão externa estivesse sadia, a visão interna estava ferida. Tinha sadios os olhos do corpo, mas *tinha doentes os olhos do coração*"[138]. De fato, havia em Julie uma visão equivocada das coisas, sobretudo um ordenamento equivocado dos amores, e isso ela precisava reconhecer nessa entrada em si mesma.

O novo sentido que Julie dará aos acontecimentos vividos aparece implícito no filme. De forma totalmente subliminar, aparece a figura de

---

138. *In Evangelium Ioannis Tractatus* XIV,12: "Erat ergo aliquid intus saucium, et aliquid foris sanum: corporis oculos habebat sanos, cordis oculos habebat saucios".

Cristo e de seu sofrimento por amor na cruz[139]. Dessa maneira, parece ser indicado, como caminho de sentido para o sofrimento, a oferta gratuita por amor. Discretos registros, que facilmente poderiam passar inadvertidos, parecem trazer à luz a figura de Cristo, e especialmente de sua paixão e sofrimento por amor. Quando o corretor de imóveis pergunta a idade de Julie, apenas para constar no documento, pergunta aparentemente sem importância, ela responde: 33 anos. Não parece exagero lembrar a idade em que Cristo sofreu a sua paixão. Da mesma forma, quando Olivier a encontra, depois de ela ter fugido e partido para um lugar onde ninguém pudesse encontrá-la, lhe diz: "Faz três dias que eu venho a procurar". Pode parecer um vínculo arbitrário, mas facilmente se pode pensar nos três dias mencionados no livro bíblico de Oseias (cf. Os 6,2) como o tempo final para Deus se manifestar em salvação do homem, tal como aconteceu entre a paixão e a ressurreição de Cristo. Da mesma forma, o próprio nome através do qual a mãe enferma de Alzheimer confunde Julie, Marie-France, parece evocar a figura de Maria, que, aos pés da cruz, sofre a perda do filho, de quem cuidara com tanto amor, e, no entanto, o faz de forma serena e firme, não com resignação ou indiferença racional.

E não deixa de ser interessante perceber ainda que o objeto que o rapaz que acompanhou o acidente vem devolver a Julie, dizendo ser "algo muito importante", seja precisamente um trancelim com a cruz do Cristo. É a imagem do sacrifício do Cristo, levado a cabo na cruz de forma ao mesmo tempo injusta e gratuita, que é trazida à tona e acompanha subliminarmente o filme. Quando, no fim do filme, se diz que o concerto, depois de terminado, seria executado uma única vez, ao mesmo tempo, por doze orquestras em doze cidades da Europa, não há como não pensar no único sacrifício de Cristo oferecido uma só vez por todo o seu povo (simbolizado no número doze das tribos de Israel do

---

139. Sobre o tema da cruz de Cristo em Agostinho, ver BRÉVENT, P., La croix, véritable sacrifice: Saint Augustin, *Résurrection* 21 (1962), 110-116; CLANCY, F. G., La cruz en los *Tractatus in Iohannem*, de Agustín, *Augustinus* 44 (1999), 79-88; McWILLIAM, J. E., Augustine's Developing Use of the Cross, 387-400, *Augustinian Studies* 15 (1984), 15-33; CAPÁNAGA, V., Las dimensiones de la cruz en la existencia cristiana según S. Agustín, *Revista de Espiritualidad* 35 (1976), 237-250.

Antigo Testamento e dos apóstolos no Novo Testamento). É a mesma ideia que se pode perceber na cena do socorro, no meio da noite, oferecido por Julie à sua amiga prostituta, sem em nenhum momento julgá-la por sua vida desregrada. Esta insiste em dizer a Julie: "Você veio [...], você me salvou!". Não há como não pensar no Cristo, que veio à humanidade sofredora no meio da noite escura do pecado dela, não para condená-la, mas para salvá-la (é importante lembrar que o nome "Jesus" significa "Deus salva"). Na verdade, a única coisa que salva é o amor vivido gratuitamente, pois só o amor rompe a mutabilidade do tempo e os limites do espaço. Em um texto belíssimo, Agostinho diz ter feito Cristo com o material de sua cruz, a árvore da vida, um ponto de apoio para o homem levantar-se de sua queda:

> O rio das coisas temporais arrasta, mas nosso senhor *Jesus Cristo é como a árvore plantada à beira do rio* [...]; quis em certo modo ser plantado à beira do rio das coisas temporais. *És arrastado para o abismo? Agarra-te à árvore.* Agarra-te, dando voltas, o amor ao mundo? *Agarra-te a Cristo! Por ti Ele se fez temporal, para que tu sejas eterno,* pois Ele de tal modo se fez temporal que continua sendo eterno. Se lhe acrescentou algo que pertence ao tempo, não perdeu nada de sua eternidade. Tu, entretanto, nasceste temporal e pelo pecado te fizeste temporal. Tu te fizeste temporal pelo pecado; Ele se fez temporal pela *misericórdia,* perdoando os pecados [...]. A um lhe força a falta, a outro leva-lhe a *compaixão.* O mesmo passa com esta mortalidade: nós caímos nela pela culpa, *Ele desceu a ela pela misericórdia*: veio ao cativo como redentor, não como opressor[140].

---

140. *In Epistolam Ioannis ad Parthos Tractatus* II,10: "Rerum temporalium fluvius trahit: sed tamquam circa fluvium arbor nata est Dominus noster Iesus Christus. [...] Voluit se quodammodo circa fluvium temporalium plantare. Raperis in praeceps? tene lignum. Volvit te amor mundi? tene Christum. Propter te factus est temporalis, ut tu fias aeternus; quia et ille sic factus est temporalis, ut maneret aeternus. Accessit illi aliquid ex tempore, non decessit ex aeternitate. Tu autem temporalis natus es, et per peccatum temporalis factus es: tu factus es temporalis per peccatum, ille factus est temporalis per misericordiam dimittendi peccata. [...] Illum causa premit, illum humanitas adduxit. Sic in ista mortalitate, nos reatu tenebamur; ille misericordia descendit: intravit ad captivum redemptor, non oppressor". Sobre isso, ver BARTELINK, G., À l'image de "celui dont la Sagesse sait temporiser en vue du bien", in: BRUNING, B., *Collectanea Augustiniana. Mélanges T. J. van Bavel,* Leuven, University Press, 1990, v. II, 805-813.

Cristo, com efeito, faz o caminho inverso ao do homem, que, afastando-se de Deus, caíra e fora precipitado ao abismo da multiplicidade e dispersão das criaturas inferiores; ele desce sem perder o vínculo que mantinha com as outras pessoas da Trindade; não deixa a sua divindade quando como verbo assume a humanidade[141]. Ele desce voluntariamente, ao contrário de Adão, que é precipitado involuntariamente depois de haver rompido o vínculo com Deus. Assim, estando ao mesmo tempo apegado ao eterno por sua divindade, mas partilhando conosco a humanidade com suas penas, Cristo pode estabelecer no coração do temporal uma escada para o eterno. E ele o faz por meio da cruz, que será o apoio seguro ao qual o homem poderá se apegar para amar sem o medo de perder. No amor gratuito do sacrifício de Cristo na cruz encontra-se a plenitude do amor, o amor ordenado. Na sua cruz está crucificado o mundo e o amor por ele (cf. Gl 6,14), mas está eternizado o amor bem orientado pelo mundo e pelas pessoas. Algo parecido se expressa no lema da Ordem religiosa dos Cartuxos: "Enquanto o mundo gira, a cruz permanece firme" (*stat crux dum volvitur orbis*), imagem que se fez ver de maneira fortuita, mas bela, no terremoto recentemente ocorrido no Haiti: no meio das ruínas de muitos prédios, entre eles uma igreja, permanece fixa, única e não destruída uma cruz. É outra forma de dizer: "Só o amor não passa, só no amor não se perde a ninguém, nem a si mesmo".

Mas o passo final de libertação da liberdade da vontade, como vimos, seguindo especialmente Hannah Arendt, está, sobretudo, na passagem da divisão teórica entre querer e não querer a ação prática. Já fizemos referência àquela cena central em que Olivier interpela Julie a que faça uso de sua vontade, que a ponha em movimento através da duplicação entre querer e não querer, para que então passe forçosamente à ação.

Essa cena, no entanto, não tem sentido se tomada isoladamente, mas somente se entendida dentro do contexto de um processo de recuperação da memória e de reapropriação dos sonhos e projetos futuros, e só por isso terá realmente a força para desencadear uma mudança de atitudes.

---

141. Cf. In *Evangelium Ioannis Tractatus* XXIII,6; LI,3; LXIX,3-4; *Sermo* CCLXI (Lambot16).

De fato, certa paralisia no passado, de forma um tanto nostálgica e melancólica, como que se resignando ao aparente fatalismo que insiste em se impor como a explicação verdadeira dos fatos, persiste até que Julie se depare com o seu projeto futuro sendo trabalhado por outro, por Olivier. Quando vê pela televisão o anúncio de que Olivier continua trabalhando na obra, e na mesma cena toma conhecimento de uma jovem e bela mulher que aparentemente pode ser amante de seu falecido marido, instigada por essas imagens, ela se lança à ação. Procura Olivier, depois aquela misteriosa mulher, com quem estabelece um diálogo em que o tema da memória, do afeto e do futuro está no centro; sobre o fato de ela ser amante de seu marido, diz Julie: "Eu não sabia, acabei de saber agora". A amante diz: "Você odiará a ele e a mim". Em meio ao diálogo, Julie descobre que a mulher estava grávida. Refeita a memória total dos fatos, tomando ela conhecimento do que acontecia havia anos sem que ela o soubesse e vendo o anúncio de uma criança para o futuro, criança à qual está ligada de alguma forma pelo vínculo com seu marido, ela parece se animar ainda mais a agir. Na cena seguinte, quando visita novamente sua mãe na casa de repouso, ao ver pela janela de seu quarto, na TV a que a mãe assiste, a cena de um homem não mais se lançando no abismo, mas equilibrando-se em uma corda, parece tomar a decisão de terminar a obra inacabada juntamente com Olivier. Equilibrando-se entre o passado, que agora traz mais completo em sua memória, e o futuro, para o qual se motiva com um projeto cujo tema é a união, ela se lança à ação. Assim, a música cujo tema é a união ativa nela a mesma faculdade que pode provocar a união de passado e futuro no presente, e de memória e inteligência em si mesma, a vontade, como amor.

É então que discordamos de Arendt em pensar que não qualquer ação possa redimir a vontade, libertando a sua liberdade dividida entre o querer e o não querer, mas somente a ação que se expressa como amor. Porque o que se passa daqui para diante no filme é uma mostra da profunda generosidade de Julie e de quão gratuito é o seu amor.

Já na primeira conversa com a ex-amante do seu marido ela se mostrara generosa, aconselhando à mulher que não fumasse durante a gravidez, quando esta lhe pede um cigarro. Mas essa generosidade se expressará de forma muito mais pródiga quando ordena não mais vender a casa que estava à venda, para que seja mantida e doada à amante, a fim de que ali crie o seu filho. Quando recebe em sua antiga casa a ex-amante do marido para apresentar-lhe a proposta de doação da casa – aquela mesma casa que antes fora abandonada e colocada à venda, ainda que disso Julie nada recebesse, e que agora é oferecida gratuitamente a serviço de uma obra de amor –, recebe dela o elogio que resume bem a sua personalidade: "Patrick [o amante] falava muito de você, dizia que você é boa e generosa, e que sempre se pode contar com você".

O que se passa logo a seguir, nas duas cenas finais do filme, que são como que a sua apoteose, é a expressão da redenção da vontade, que se liberta de sua divisão por meio de ações de amor. Julie chama Olivier ao telefone, comunica-lhe ter terminado o que faltava da música e pede que ele busque as partituras. Ele se nega, argumentando que só o fará quando os dois assumirem a autoria da música. É a assunção de uma realidade que anteriormente, com seu marido, Julie não fazia. Era necessário agora que a realidade fosse assumida em toda a sua plenitude, com a reconstituição do passado, até mesmo o que estava escondido, e com o reacendimento da esperança para o futuro. Julie desliga o telefone e pensa por uns instantes. Parece haver ainda certo medo do futuro. Mas agora não. Ela agora já é novamente capaz de amar, e é só através do amor que é lançado fora o temor (cf. 1Jo 4,18). Então, liga novamente e pergunta a Olivier se é verdade que ele ainda dorme no colchão em que os dois tinham vivido aquela última noite de sexo; noite em que ela não expressara nenhum amor, ao dizer ser qualquer uma. Ele, ao contrário, a amava e não negara o seu passado; ao contrário, apegava-se a ele como o que mais amava e, por isso, responde prontamente ao que a seguir ela pergunta: "Ainda me ama?". "Sim."

A última cena, de grande beleza, tem como fundo a música do concerto para a unificação da Europa, e o coro que se ouve tem como letra o célebre cântico sobre o amor, da Primeira Carta de Paulo aos Coríntios: "O amor é paciente; o amor é benigno; não é invejoso; não se vangloria, não se orgulha, não se porta com indecência, não busca os próprios interesses, não se enfurece, não guarda ressentimento do mal; não se alegra com a injustiça, mas congratula-se com a verdade; tudo sofre, tudo crê, tudo espera, tudo suporta" (1Cor 13,4-7).

Enquanto Olivier e Julie fazem sexo, agora como expressão de muito amor, de ambas as partes, a imagem vai mostrando os vários personagens do filme: o *jovem rapaz que presenciou o acidente* segura firmemente a sua cruz no peito, depois de interceptar o despertador que o acordara; parece uma referência ao tempo necessário para construir todo o processo de libertação da liberdade da vontade, mas que parece parar quando o amor acontece, quando a eternidade entra no tempo. A *mãe*, que no sanatório olha fixo para um ponto como se o tempo parasse e que de repente fecha os olhos, dando a entender que talvez morresse. A *enfermeira*, que em uma imagem nublada corre ao seu encontro, parece corroborar a possibilidade da morte; é novamente o tempo e seu inevitável caminhar para o fim na vida de cada pessoa, mas com a lembrança de que parece haver também um estado em que o tempo para e se estabiliza, se eterniza. A *amante do ex-marido* é apresentada com a barriga grande, estando próximo o nascimento do filho, que aparece pulsando com sua respiração no ventre da mãe pela imagem do ultrassom; parece indicar que a vida vence a morte, e há sempre a possibilidade de começar algo novo, elemento fundamental na definição arendtiana da vontade. A *prostituta* que, com olhar triste, é colocada ao lado de uma cena de espetáculo erótico na casa noturna onde trabalha, e a última imagem de Julie triste e com uma lágrima que cai lentamente dos olhos, parece pôr fim a certo otimismo das imagens das outras pessoas, e parece indicar que este processo de libertação da vontade é escatológico, que já há sinais de sua vitória, mas que infeliz e inexoravelmente ainda convivemos com as dores de uma vontade localizada no tempo e no espaço.

O amor é ainda um amor crucificado. Parece-nos, no entanto, que, mesmo assim crucificado, ou melhor, sendo assim crucificado, é que esse amor só pode ser motivado internamente pela graça, embora esta quase nunca seja tematizada explicitamente. É a graça do amor verdadeiro, do amor que vai ao extremo do sacrifício pelo outro, como foi o amor de Cristo na cruz.

Conclusão

Vale retomar, a modo de conclusão, o vínculo entre o marco teórico que escolhemos para fazer a leitura do filme *A liberdade é azul* e a trama do próprio filme. Em primeiro lugar, podemos perceber que o próprio contexto em que o diretor do filme trabalha o tema da liberdade é o mesmo que está presente na definição agostiniana de vontade: "A vontade é o movimento da alma, sem ser por nada coagida, orientado para adquirir uma coisa ou para não perdê-la"[142]. Com efeito, o diretor trabalha o tema da liberdade no contexto da experiência da perda e em uma chave de leitura em que é fundamental o conceito de "movimento", seja em seu aspecto negativo, como inércia, seja em seu aspecto positivo, em que o movimento na vontade é efetivado pela ação. E, no conceito agostiniano de "liberdade da vontade", é a liberdade que faz a mediação entre o desejo que movimenta a alma, por um lado, e a busca de um objeto que seja adequado a este desejo, por outro. Ou seja, o desejo de repouso e quietude pela posse do objeto desejado, que a vontade tem essencialmente, só pode ser satisfeito por meio de um objeto que não se possa perder.

Encontramos no filme um primeiro modelo de liberdade que, por ser antinatural, isto é, por negar a ordem impressa por Deus na criação, mais que ser afirmativo, positivo, leva à desativação da vontade e à consequente paralisação do movimento na alma. Ao pretender o rompimento de todos os vínculos, seja das relações, seja dos laços temporais (lembranças e projetos), cria-se na vontade tal situação de vazio e inércia que leva à impossibilidade de duplicação nela entre querer e não querer, duplicação que significaria a ativação da vontade em sua própria essência. Essa é a postura da protagonista em quase toda a trama do filme. Mas, mais uma vez, como esse movimento é antinatural, persiste de forma resistente uma busca velada e inconsciente de ativação da vontade, pela sobrevivência de um resíduo de memória e de projetos interrompidos. Foi necessário, entretanto, que alguém, de forma um tanto abrupta, interpelasse à vontade tornada inerte pela força do hábito e do ânimo entristecido.

---

142. *De Duabus Animabus contra Manichaeos* XX,14: "Voluntas est animi motus, cogente nullo, ad aliquid vel non amittendum, vel adipiscendumla".

Quando isso acontece, porém, e a vontade ativada se duplica em querer e não querer, instaura-se nela uma tensão insustentável que a leva de maneira quase forçada a passar à ação. E a única ação que realmente a redime, a liberta da tensão, é aquela que é orientada pelo objeto que lhe é próprio: o amor. Pois somente o amor, em sua fonte, é eterno (é o próprio Deus) e retamente orientado no mundo temporal pela relação com aquela fonte, nunca permite perder o objeto desejado. É o que acontece a Julie, a protagonista do filme, que, suscitada de forma silenciosa e não percebida explicitamente pelo exercício pausado e processual de sua memória, e provocada à recuperação de um projeto vital pelo assistir pela televisão à narrativa da retomada de tal projeto por alguém que realmente a amava, Olivier, é finalmente interpelada pela palavra do mesmo Olivier a duplicar a sua vontade de forma tão tensionante que o resultado natural seria o pôr-se em ação, abandonando a inércia. Sua ação consistirá precisamente na retomada de um projeto de futuro, agora assumido em nome próprio, que não por acaso se trata do término de uma composição musical cujo objetivo é celebrar a "união" (papel específico da vontade entre as faculdades da alma) europeia e cuja letra do coro não é outra coisa que o hino paulino ao amor, que é louvado especificamente por ser a única coisa que perdura no tempo e o ultrapassa, possibilitando experimentar já algo da quietude, repouso e gozo fruitivo que a vontade busca e que só será pleno na eternidade.

Bibliografia

ABBUD, C. N. *Iluminação trinitária em Santo Agostinho*. Tese de doutorado. São Paulo: Faculdade de Filosofia, Letras e Ciências Humanas da Universidade de São Paulo, 2007.

AGOSTINHO, A. *A Cidade de Deus, contra os pagãos*. Tradução de Oscar Paes Leme. Petrópolis: Vozes, 1991.

———. *A Graça. Volume 1*. Tradução de Agustinho Belmonte. São Paulo: Paulus, 1999.

———. *A Graça. Volume 2*. Tradução de Agustinho Belmonte. São Paulo: Paulus, 1999.

———. *A Trindade*. Tradução e introdução de Agustinho Belmonte. São Paulo: Paulus, 1994.

———. *Confissões*. Tradução de J. Oliveira Santos e A. Ambrósio de Pina. São Paulo: Nova Cultural, 2004.

———. *O livre-arbítrio*. Tradução, organização, introdução e notas de Nair de Assis Oliveira. São Paulo: Paulus, 1995.

———. *Réplica a Juliano, obra inacabada*. Disponível em: http://www.augustinus.it/spagnolo/incompiuta_giuliano/index.htm. Acesso em: 07 fev. 2025.

ARENDT, H. *O conceito de amor em Santo Agostinho*. Lisboa: Instituto Piaget, 1997.

———. O querer (a vontade). In: ———. *A vida do espírito*. Rio de Janeiro: Relume Dumará, [4]2000.

BABCOCK, W. S. Cupiditas and Caritas. The Early Augustine on Love and Human Fulfilment. In: *The Ethics of St. Augustine*. Atlanta: Scholars Press, 1991, 39-66.

BALL, J. Les développements de la doctrine de la liberté chez saint Augustin. *Année Théologique* 7 (1946), 400-430.

BARDY, G. Amour et charité. *Bibliotèque Augustinienne* 35 (1959), 529-531.

BARTELINK, G. À l'image de "celui dont la Sagesse sait temporiser en vue du bien". In: BRUNING, B. (org.). *Collectanea Augustiniana. Mélanges T. J. van Bavel.* Leuven: University Press, 1990, v. II, 805-813.

———. Fragilitas (infirmitas) humana chez Augustin. In: BRUNING, B. (org.). *Collectanea Augustiniana. Mélanges T. J. van Bavel.* Leuven: University Press, 1990, v. II, 815-828.

BERROUARD, M. F. Exégèse augustinienne de Rom 7,7-25. *Recherches Augustiniennes* 16 (1981), 131-145.

BEZANÇON, J. N. Le mal et l'existence temporelle chez Plotin et S. Augustin. *Recherches Augustiniennes* 3 (1965), 133-160.

BIANCHI, U. Agustín sobre la concupiscencia. *Augustinus* 36 (1991), 39-51.

Bíblia de Jerusalém (Edição revista). São Paulo: Paulus, 2002.

BLUMENKRANZ, B. La Parabole de l'Enfant Prodigue chez Saint Augustin e Saint Cesaire d'Arles. *Vigiliae Christianae* 2 (1948), 102-105.

BODEI, R. *Ordo amoris. Conflitti terreni e felicità celeste.* Bologna: Il Mulino, 1991.

BONNER, G. Libido and Concupiscentia in St. Augustine. *Studia Patristica* 6 (1962), 303-314.

BOUTON-TOUBOULIC, A. I. *L'ordre caché chez Saint Augustin.* Paris: Institut d'Études Augustiniennes, 2004.

BOYER, C. Concupiscence et nature innocente (rèponse a des objections). In: *Augustinus Magister. Congrès International Augustinien, Paris, 21-24 septembre 1954. Communications*, v. II. Paris: Institut d'Études Augustiniennes, 1954, 309-316.

———. Dieu pouvait-il créer l'homme dans l'état d'ignorance et de difficulté? Étude de quelques textes augustiniens. *Gregorianum* 11 (1930), 32-57.

———. La concupiscence est-elle impossible dans un état d'innocence? In: *Augustinus Magister. Congrès International Augustinien, Paris, 21-24 septembre 1954. Communications.* Paris: Institut d'Études Augustiniennes, 1954, v. II, 737-744.

BREVENT, P. La croix, véritable sacrifice: Saint Augustin. *Résurrection* 21 (1962), 110-116.

BRUZZONE, A. *Hermenêutica e subjetividade, de Agostinho de Hipona a Paul Ricoeur. Três estudos sobre o si, a memória e a identidade*. Dissertação de mestrado. São Paulo: Faculdade de Filosofia, Letras e Ciências Humanas, Departamento de Filosofia, Universidade de São Paulo, 2012.

BURNS, J. P. La condición original de la humanidad. *Augustinus* 36 (1991), 53-57.

CANNING, R. The Augustinian Uti/Frui Distinction in the Relation between Love for Neighbour and Love for God. *Augustiniana* 33 (1983), 165-231.

CAPÁNAGA, V. Las dimensiones de la cruz en la existencia cristiana según S. Agustín. *Revista de Espiritualidad* 35 (1976), 237-250.

CHAPPELL, T. D. J. *Aristote and Augustine on Freedom. Two Theories of Freedom, Voluntary Action and Akrasia*. New York: St. Martin's Press, 1995.

CLANCY, F. G. La cruz en los *Tractatus in Iohannem*, de Agustín. *Augustinus* 44 (1999), 79-88.

COOKE, B. J. The Mutability-Immutability Principle in St. Augustine's Metaphysics. *The Modern Schoolman* 23 (1946), 175-193; 24 (1946), 37-49.

DEN BOK, N. W. Freedom of the Will. A Systematic and Biographical Sounding of Augustine's Thoughts on Human Willing. *Augustiniana* 44 (1994), 237-270.

DIHLE, A. *The Theory of Will in Classical Antiquity*. Berkeley/Los Angeles/London: University of California Press, 1982.

DOIGNON, J. L'émergence de la notion d'"ordre très secret" dans les premiers Dialogues d'Augustin. Son incidence sur l'approche de Dieu. *Revue des Études Augustiniennes* 42 (1996), 243-253.

GALINDO RODRIGO, J. A. La concepción agustiniana de la libertad: su complejidad y sus paradojas. In: *Pensamiento Agustiniano. Jornadas Internacionales de Agustinología, Maio 1988*. Caracas: Universidad Católica Andrés Bello, 1988, v. III, 61-81.

———. Libertad y libre albedrío en san Agustin. *Augustinus* 31 (1986), 343-355.

———. Reflexiones sobre la doctrina agustiniana acerca de la Voluntad. *Augustinus* 17 (1972), 337-355.

HINTIKKA, G. H. St. Augustine and the concept of Will. In: KOISTINEN, T. (org.). *Philosophical Studies in Religion, Metaphysics and Ethics*. Helsinki: Luther Agricola Society, 1997.

HUFTIER, M. Libre arbitre, liberté et péché chez S. Augustin. *Revue Théologique de Ascetique et Mystique* 33 (1966), 187-281.

JEANMART, G. La dramatique de la volonté chez Augustin. *Philosophique: Annales Littéraires de l'Université de France-Comté* 8 (2005), 1-16. Disponível em: http://philosophique.revues.org/100. Acesso em: 07 fev. 2025.

KAHN, C. H. Discovery the Will. From Aristotle to Augustine. In: *The Question of "Eclecticism". Studies in Later Greek Philosophy.* Berkeley: University of California Press, 1996, 234-259.

KENT, B. Augustine's Ethics. In: STUMP, E.; KRETZMANN, N. (org.). *The Cambridge Companion to Augustine.* Cambridge: Cambridge University Press, 2006, 205-233.

KOCH, I. O conceito de "voluntas" em Agostinho. *Discurso* 40 (2010), 71-94.

LAMBERIGTS, M. Julien d'Eclane et Agustin d'Hippone: deux conceptions d'Adam. In: BRUNING, B. (org.). *Collectanea Augustiniana. Mélanges T. J. van Bavel,* v. I. Leuven: University Press, 1990, 373-410.

LEBOURLIER, J. Grâce et liberté chez s. Augustin. La grace d'Adam dans la "De correptione et gratia". In: *Augustinus Magister. Congrès International Augustinien, Paris, 21-24 septembre 1954. Communications.* Paris: Institut d'Études Augustiniennes, 1954, v. II, 789-793.

LETIZIA, F. "Ordo dux ad Deum": la idea de orden en la ontología y ética agustinianas. *Augustinus* 28 (1983), 385-390.

MADEC, G. Connaissance de Dieu et action de grâces: essai sur les citations de l'Ep. aux Romains I,18-25 dans l'ouevre de saint Augustin. *Recherches Augustiniennes* 2 (1962), 273-309.

———. Liberte, volonté, libre arbitre. *Bibliotèque Augustinienne* 6 (1991), 571-575.

MATTEWS, W. El neoplatonismo como solución agustiniana al problema del mal. *Augustinus* 28 (1982), 339-356.

MENGARELLI, A. La libertà cristiana in Agostino e Pelagio. *Augustinianum* 15 (1975), 347-366.

MCWILLIAM, J. E. Augustine's Developing Use of the Cross, 387-400. *Augustinian Studies* 15 (1984), 15-33.

MORÁN, J. Nota de *De Civitate Dei* XI,26. Edição da BAC (Biblioteca de Autores Cristianos), volume XVI-XVII. Madrid: La Editorial Católica, 1958.

NOVAES, M. Eternidade em Agostinho, interioridade sem sujeito. *Revista Analytica* 9 (2005), 93-121.

———. Livre-arbítrio e liberdade na condição humana. In: ———. *A razão em exercício. Estudos sobre a filosofia de Agostinho.* São Paulo: Discurso Editorial, 2007, 287-341.

———. *O livre-arbítrio da vontade humana e a presciência divina.* Tese de doutorado. São Paulo: Faculdade de Filosofia, Letras e Ciências Humanas da Universidade de São Paulo, 1997.

O'BRIEN, D. "Pondus meum amor meus" (Conf. XIII,9.10). Saint Augustin et Jamblique. *Studia Patristica* 16 (1985), 524-527.

O'CONNELL, R. J. Augustine's Exegetical Use of Ecclesiasticus 10,9-14. In: VAN FLETEREN, F. (org.). *Augustine, Biblical Exegete*. New York: Peter Lang, 2004, 233-252.

O'CONNOR, W. R. The Uti/Frui Distinction in Augustine's Ethics. *Augustinian Sudies* 14 (1983), 45-62.

ORBE, A. San Agustín y el problema de la concupiscencia en su marco histórico. *Revista Española de Teología* 1 (1940/41), 313-337.

PAGLIACCI, D. *Volere e amare. Agostino e la conversione del desiderio*. Roma: Città Nuova Editrice, 2003.

PEDONE, G. *Il problema della volontá in S. Agostino*. Lanciano: Città Nuova Editrice, 1940.

PEGUEROLES, J. Amor Dei. La doble naturaleza del amor en la predicación de San Agustín. *Espíritu* 28 (1979), 135-164.

———. Amor proximi. El socialismo del amor en San Agustín. *Espíritu* 30 (1981), 145-160.

———. El deseo y el amor en San Agustín. *Espíritu* 38 (1989), 5-15.

———. El orden del amor. Esquema de la ética de san Agustín. *Augustinus* 22 (1977), 221-228.

———; SCIACCA, M. F. Dialéctica del desprendimiento y del empeño, y dialéctica de la concupiscencia y de la apatía. *Augustinus* 38 (1965), 157-168.

RAHNER, K. *Curso fundamental da fé*. São Paulo: Paulus, 1989.

RICOEUR, P. As aporias da experiência do tempo. O livro XI das *Confissões* de Santo Agostinho. In: ———. *Tempo e narrativa*. Campinas: Papirus, 1994, v. I, 19-54.

———. Le Mal. Un défi à la philosophie et à la théologie. In: ———. *Lectures 3, Aus frontières de la philosophie*. Paris: Seuil, 1994, 211-233.

———. O "pecado original". Estudo de significação. In: ———. *O conflito das interpretações. Ensaios de hermenêutica*. Rio de Janeiro: Imago, 1978, 240-241.

RONDET, H.; CHEVALLIER, L. L'idée de vanité dans l'oeuvre de Augustin. *Revue des Études Augustiniennes* 3 (1957), 221-234.

SAGE, A. "Preparantur voluntas a Domino". *Revue des Études Augustiniennes* 10 (1964), 1-20.

SCIUTO, I. La volontà del male tra libertà e arbitrio. In: ALICI, L. (org.). *Il mistero del male e la libertà possibile. Linee di antropologia agostiniana*. Roma: Institutum Patristicum Augustinianum, 1995, 111-176.

Segundo de Jesús. Las pasiones en la concepción agustiniana de la vida espiritual. *Revista de espiritualidad* 14 (1955), 251-280.

Sérvulo da Cunha, M. P. *O movimento da alma. A invenção por Agostinho do conceito de vontade.* Porto Alegre: Edipucrs, 2001.

Sontag, F. Augustine's Metaphysics and Free Will. *The Harvard Theological Review* 60 (1967), 297-306.

Stark, J. C. The Pauline Influence on Augustine's Notion of the Will. *Vigiliae Christianae* 43 (1989), 345-361.

Stump, E. Augustine on Free Will. In: Stump, E.; Kretzmann, N. (org.). *The Cambridge Companion to Augustine.* Cambridge: Cambridge University Press, 2006, 124-147.

Thonnard, F.-J. Caractères platoniciens de l'ontologie augustinienne. *Augustinus Magister. Congrès International Augustinien, Paris, 21-24 septembre 1954. Communications.* Paris: Institut d'Études Augustiniennes, 1954, v. I, 317-327.

———. La notion de concupiscence en philosophie augustinienne. *Recherches Augustiniennes* 3 (1965), 59-105.

———. La notion de liberté en philosophie augustinienne. *Revue des Études Augustiniennes* 16 (1970), 243-270.

———. Ontologie augustinienne. L'être et ses divisions plus générales. *L'année théologique augustinienne* 14 (1954), 41-53.

Torchia, N. J. "Pondus meum Amor meus": the Weight-Metaphor in St. Augustine's Early Philosophy. *Augustinian Studies* 21 (1990), 163-176.

Trapè, A. La nozione del mutabile e dell'immutabile secondo Sant'Agostino. In: ———. *Quaderni della Cattedra Agostiniana.* Tolentino: Edizioni Agostiniane, 1959, v. I.

Turienzo, S. A. *"Regio Media Salutis". Imagen del hombre y su puesto en la creación en San Agustín.* Salamanca: Publicaciones Universidad Pontificia de Salamanca, 1988.

Van Bavel, T. J. "Fruitio", "Delectatio" and "Voluptas" in Augustine. *Augustinus* 38 (1993), 499-510.

Van Fleteren, F. Augustine's Evolving Exegesis of Romans 7:22-23 in its Pauline Context. *Augustinian Studies* 32:1 (2001), 89-114.

Van Oort, J. La concupiscencia sexual y el pecado original. *Augustinus* 36 (1991), 337-342.

Vargas, W. J. *Aporias do conceito de liberdade da vontade em Santo Agostinho.* Maringá: Viseu, 2018.

VARGAS, W. J. *Deus e o homem e sua relação em Santo Agostinho*. São Paulo: Loyola, 2021.

―――. *Soberba e humildade em Santo Agostinho*. São Paulo: Loyola, 2014.

VERWILGHEN, A. *Christologie et spiritualité selon Saint Augustin. L'himne aux Philippiens*. Paris: Beauchesne, 1985.

ZOUNDI, J. *La fin de l'homme dans le principe et fondament de Saint Ignace et ses sources augustiniennes en vue d'une inculturación au Moogo*. Dissertazioni dottorali. Roma: Pontificia Università Gregoriana, 2006.

ZUM BRUNN, E. "Être" ou "ne pas être" d'aprés Saint Augustin. *Revue des Études Augustiniennes* 14 (1968), 91-98.

―――. Le dilemme de l'être et du néant chez S. Augustin: des premiers dialogues aux *Confessions*. *Recherches Augustiniennes* 6 (1969), 9-102.

―――. L'immutabilité de Dieu selon Saint Augustin. *Nova et Vetera* 41 (1966), 219-225.

Edições Loyola

editoração impressão acabamento
Rua 1822 n° 341 – Ipiranga
04216-000 São Paulo, SP
T 55 11 3385 8500/8501, 2063 4275
www.loyola.com.br